帝国陨落

君士坦丁堡的40次围城

[英] 约翰·D.格兰杰　著

杜美娜　译

浙江人民出版社

浙江省版权局
著作权合同登记章
图字：11-2022-448号

图书在版编目（CIP）数据

帝国陨落 ：君士坦丁堡的40次围城 ／ （英）约翰·
D.格兰杰（John D Grnger）著 ；杜美娜译. -- 杭州 ：
浙江人民出版社，2025. 5. -- ISBN 978-7-213-11802
-9

Ⅰ．K134

中国国家版本馆CIP数据核字第2024M4X830号

帝国陨落：君士坦丁堡的 40 次围城
DIGUO YUNLUO：JUNSHITANDINGBAO DE SISHI CI WEICHENG
[英]约翰·D.格兰杰 著 杜美娜 译

出版发行：浙江人民出版社（杭州市环城北路 177 号 邮编 310006）
　　　　　市场部电话：（0571）85061682 85176516
责任编辑：方 程 魏 力
特约编辑：涂继文 杨钰霆
责任校对：王欢燕
责任印务：幸天骄
封面设计：DD.DD Studio
电脑制版：北京之江文化传媒有限公司
印　　刷：杭州丰源印刷有限公司
开　　本：880 毫米 ×1230 毫米 1/32　　印　张：12.25
字　　数：233 千字　　　　　　　　　　插　页：4
版　　次：2025 年 5 月第 1 版　　　　　印　次：2025 年 5 月第 1 次印刷
书　　号：ISBN 978-7-213-11802-9
定　　价：68.00 元

如发现印装质量问题，影响阅读，请与市场部联系调换。

君士坦丁堡钩沉

　　纵观浩浩历史长河，鲜有城池如君士坦丁堡般饱经战火洗礼。历代曾大举来犯的有东方的波斯人、阿拉伯人、突厥人（Turks），有北方的匈人（Huns）、佩切涅格人（Pechenegs）、维京人（Vikings）、罗斯人（Russians），有西方的马其顿人（Macedonians）、希腊人、阿瓦尔人（Avars）、保加尔人（Bulgars）、法国人、英国人，甚至帝国内部亦不乏前仆后继的叛乱者，意图将这座城池据为己有。这些来犯之徒曾一路势如破竹，轻取其前身拜占庭城（Byzantion），但当拜占庭城易名为君士坦丁堡后，他们却无数次乘兴而来，铩羽而归，最终也只有两次得手。君士坦丁堡的坚韧，源于其无与伦比的防御工事，以及守城卫士的英勇无畏。据我统计，在君士坦丁堡遭受过的侵袭中，称得上围攻的就多达 40 次，另外可能还有不少于此数目的战事，只是尚未达到围城的程度。

当然，君士坦丁堡的建造初衷亦在于此：为罗马皇帝[①]提供一个坚不可摧的施政中心，使他们能够安坐于此，无惧外敌，统御辽阔的帝国。来犯者是希腊人、法国人、波斯人、阿拉伯人、土耳其人也好，是别的什么敌人也罢，是从陆路进攻也好，是从海上来袭也罢，全都不足为惧。这种信心并非凭空而来，君士坦丁堡历经 1700 余年战火洗礼，仅三次落入敌手。

当然，故事要追溯到君士坦丁堡建城之前，因为公元 324 年君士坦丁堡建城，但在那之前其前身拜占庭城[②]已在此屹立了 1000 年。上文提到的 40 次围攻，有几次就是发生在这个时期。相较于君士坦丁堡，拜占庭城规模较小，城防薄弱，居民的守城意志没那么坚定，面对敌人时往往处于兵力悬殊的劣势，因此防御并没有那么固若金汤。

拜占庭城于公元前 7 世纪由希腊中部城邦墨伽拉（Megara）的殖民者建造，具体年份已不可考。墨伽拉人控制了这块揳入海中的半岛高地，其南临马尔马拉海，北靠金角湾，东扼博斯普鲁斯海峡，只有一面是地势较低的陆地，与大陆相连，易守难攻。即便是唯一与陆地相连的一面，也很快竖起了城墙阻挡外敌的觊觎。

VIII

---

① 此处的罗马皇帝指的是东罗马帝国，也就是后来的拜占庭帝国的皇帝。——译者注
② 指的是古希腊城邦拜占庭，而非后来的拜占庭帝国。——译者注

对拜占庭城来说，加固城防从一开始就很必要，因为这片土地是从某个色雷斯（Thrace）部落手中抢夺来的。自新石器时代（the Neolithic Age）以来，色雷斯人就占据着这片位于博斯普鲁斯海峡西岸的欧洲土地，并曾跨越海峡征战亚洲。事实上，这座城市的名字拜占庭，就源自其创始人——拜占斯（Byzas）——一个显而易见的色雷斯姓名，但希腊人却声称拜占斯是墨伽拉人或者神的后代，这显然是想掩饰这座城市与色雷斯人的渊源。可以想见，色雷斯人被希腊人夺取土地后，和马尔马拉海周围几个希腊殖民地的人一样，怨愤难消，且在之后的几十年里积怨成祸。或许色雷斯人为光复故土还曾诉诸武力攻城。尽管他们没有能力发起围城战，但很可能突袭了城墙四合拱卫的拜占庭城，甚至发起了短暂的围攻，只是其中细节现已散佚。可能正是成功抵御这次围攻后，第一批希腊定居者才最终将这片土地据为己有。若果然如此，君士坦丁堡遭围攻的次数将超过 40 次，但我们只讨论那些有据可考的战事。

自作为希腊殖民地建城起，拜占庭城便长年遭受围攻、侵袭、劫掠和占领之苦，终在公元 193 年陷落于罗马皇帝塞普蒂米乌斯·塞维鲁（Septimius Severus）的冷酷铁蹄之下。塞维鲁的合围长达两年之久，最终实质性毁灭并在法律层面抹除了拜占庭城。之后，塞维鲁在原城遗址和内陆之间的低地上重建新城，赋予了它新名称，但新名在现存的历史文献中记述寥寥，似乎从未被广泛使用过。[①] 新城的防御体系也孱弱不堪。直到一个多世纪后，罗马皇帝君士坦丁（Constantine）在寻觅新都城时，最终选定了这个充满传奇色彩的城市。

君士坦丁登上帝位前，在 20 来年漫长的戎马征程中，北至英国的约克（York），南到爱琴海沿岸的塞萨洛尼基（Thessalonica），曾暂立多个都城。歼灭最后一个对手李锡尼（Licinius）后，他开始考虑在博斯普鲁斯海峡附近寻找一处地点建立新都，取代旧都罗马城。新都将是一座基督教城市，而非罗马那样的异教城市，以免异教历史文化及其顽固贵族势力的阻挠。君士坦丁曾一度考虑过尼科米底亚（Nikomedia），此城是他年轻时生活过的地方，也是之前数位罗马皇帝如李锡尼和戴克里先（Diocletian）的都城所在。除此之外，塞萨洛尼基、特洛伊（Troy）等地也曾被纳入考量。然而，这些地点皆因地理或地缘方面的重大缺陷，或是水源、粮食资源匮乏，或是异教徒势力过于强大而被排除。只有拜占庭，尽管陷落于塞维鲁之手后已经元气大伤，不复昔日荣光，但相对而言各方面均较为理想。

君士坦丁的新都面积广阔，包括已被夷为平地的拜占庭城、塞维鲁建的新城，以及延伸至西面内陆的大片土地。新都建设的重中之重是城墙的修建，城墙[②] 呈弧形从金角湾一路

IX

---

① 塞维鲁重建新城后将其命名为"奥古斯塔·安东尼纳"（Augusta Antonina），该名称仅使用了约 20 年。——译者注

② 这道城墙被称为君士坦丁城墙，于 1509 年的一次地震中被摧毁。——译者注

延伸至马尔马拉海岸，确切路径现已难寻。（当然，终有一天它会重见天日，但在城市中进行考古工作实非易事，且一段断断续续、存续时间不足一个世纪的城墙很难引起考古学家的兴趣。）自此，君士坦丁堡（意为"君士坦丁之城"）之名世人皆知，而它沿用了几个世纪的官方名称"新罗马"（New Rome）反无人问津。（同拜占庭城时期的希腊人一样，土耳其人也直呼其为"城"，故而有了"伊斯坦布尔"[①]这一名称。本书中，在1453年土耳其人攻占君士坦丁堡之后的叙事中会使用"伊斯坦布尔"这一名称）。

君士坦丁的新都配备了典型希腊罗马城市的标准设施：元老院、竞技场、剧院、神庙（当作基督教教堂使用）、码头、仓库，以及君士坦丁和官员们议政的宫殿。这些雄伟的公共建筑中，有一部分便是建立在拜占庭城遗址之上，其断壁残垣在新都建成时仍有留存。为吸引富人移居新都，帝国提供私人住房补贴，富人的需求和购买力则为穷人提供了就业机会，并为各类店主带来了稳定的客源。最初，君士坦丁希望能吸引8万名公民移居于此，并据此制定了政府福利粮（food dole）[②]发放制度，当然这一福利在过去数个世纪只有

[①] 据传，希腊人直接用"城"（polis）指代君士坦丁堡，而希腊语中的"进城去"（eis tin polin）的发音与"伊斯坦布尔"（Istanbul）相似，故而有伊斯坦布尔这一名称源于希腊语的说法。——译者注

[②] 罗马的福利粮制度，又称粮食津贴或"粮食配给"（Grain Dole），是古罗马时期一种向公民免费或低价提供粮食的社会福利政策。该制度始于公元前2世纪，恺撒时代，这一制度变得更加正式，最终形成了每月向符合条件的公民免费分发小麦的定制。公元410年后该制度渐渐瓦解。——译者注

旧都罗马城的公民才能享有。不过最终可能由于人口没有达到预期，抑或配给量缩减，福利粮配给额削减到 4 万人。长久以来，这些福利粮的供应地一直都是埃及，后来埃及被波斯人攻占，福利粮制度也就形同虚设了。非洲尽管一度替代埃及成为粮食供应地，但由于供应不稳定且需优先满足罗马城的需求，这一替代方案未能持续维持。

同旧都罗马城一样，新都君士坦丁堡也装饰着从帝国各行省如宗教圣地德尔斐（Delphi）[①] 和埃及搜刮来的战利品，当然还有各位皇帝的雕像。这些工程耗时数十年才使得新都成为一座真正宜居的城市，圣索菲亚大教堂（the church of Hagia Sofia）就耗时三四十年才完工。而充足的供水，直到公元 370 年左右在瓦林斯皇帝（the Emperor Valens，364—378年在位）在位期间，才通过新建的引水渠得到保障。

不久之后，人们就发觉新都的城墙不够坚固，且选址颇为不妥。因为城墙位于低洼处，不远处便是可以俯瞰其全貌的山丘，形成潜在的战略弱点。5 世纪初，在狄奥多西二世（Theodosios Ⅱ）的禁卫军统领安提莫斯（Anthemius）的监督下，新城墙在旧城墙以西 1500 米处的山丘上营建。新城墙的设计与建造工作由经验丰富的工匠主导，他们继承了几个世纪城墙与城市建设的经验与智慧，其选址优越，高高耸立，设有瞭望塔和巡逻走道，全长近 7 公里，即便只有少量的守

---

① 德尔斐是古希腊最重要的宗教中心之一，以阿波罗神庙及其神谕而闻名，德尔斐的神谕被认为是希腊世界的精神中心。——译者注

城兵力，也足以抵御外敌的侵袭。新城墙堪称建筑杰作，八个世纪以来经受了无数炮火洗礼，仅有两次被攻克。至 20 世纪，这套包括外墙、海墙和一道更高的内墙在内的复杂城防系统仍在有效地守护着这座城市。需要注意的是，新城墙的修建是出于军事需要，而非因为原来的城市太拥挤，需要扩展城市面积。因为直到 19 世纪，城墙内土地的使用才达到饱和。

君士坦丁堡的价值远超城池本身，三面环海的地理条件使其必然发展为贸易中心和海权中心。这一点在公元前 513 年就已得到公认，当时波斯将军迈加比佐斯（Megabazos）就曾指出，迦克墩（Kalchedon）位于博斯普鲁斯海峡东岸，与西岸的拜占庭城隔海相望，其建立者一定眼盲心瞎，因为建城时竟无视了对岸更好的地理条件。两城建立时间不过相距 17 年，但一个多世纪后，也就是迈加比佐斯作出上述评价时，拜占庭城的财富已远远超过迦克墩，这也是他如此断言的原因。不过，最初希腊殖民者选择迦克墩，是因为这里土地肥沃，XI 而拜占庭城所在地则多是干旱的丘陵，显得不那么宜居。当时这两个地方都被色雷斯人占据，定居在迦克墩的人口远远多于拜占庭城，主要就是因为前者农田丰饶。而拜占庭城为了发展不得不力推贸易，最终通过商业活动累积了大量财富。因此易地而处，最初的希腊殖民者定会对迈加比佐斯的论断嗤之以鼻。

直到 19 世纪末，君士坦丁堡一直仰仗狄奥多西城墙

（The wall of Theodosios）的庇佑。鉴于其受袭次数之多，在城墙外建房并非明智之举，事实上，直到 19 世纪末，城墙内的土地使用才达到饱和（19 世纪 50 年代后，土耳其人口普查才将城墙外的居民统计在内）。根据 1927 年的人口普查统计，城墙内的人口为 20 万人。这可能是历来人口的最高值，在该城历史上的大部分时间里，人口都低于这个数字。自 19 世纪 50 年代以来，城市不断扩张，现在"伊斯坦布尔大都会"（Metropolitan Istanbul，这个称呼听起来稍显夸张，但细想之下名副其实）一直延伸到马尔马拉海沿岸的塞利布里亚（Selymbria），囊括了北部博斯普鲁斯海峡沿岸的郊区，以及海峡以东的迦克墩和其他地方。其总人口目前约为 1200 万人[①]，是一座巨型城市，仍然是当今世界上最大的城市之一。

新城墙的建设不仅仅是为了打造更坚固的防御线，其背后的战略意图还包括圈占更多土地以用于耕种与放牧。在历史上的数次围城战中，该城所面临的最大威胁之一就是粮食供应断绝，这可能将城市推向绝境。虽然通过修建庞大的蓄水池和瓦林斯水渠，供水得到保障，但瓦林斯水渠也常常成为围攻者攻击的首要目标。中世纪时，城市向北扩张，横跨金角湾抵达加拉达郊区，即后来的佩拉（Pera）区，后来博斯普鲁斯海峡对岸的迦克墩也被并入斯屈达尔（Uskudar）区的郊区。不过，无论城市版图如何扩大，核心区域始终限于狄

---

① 此数据已过时，根据最新数据，伊斯坦布尔的人口可能更接近 1500 万。——译者注

奥多西城墙之内。事实上，在历史上大部分时间里，城市人口居住区甚至没有超过最初的君士坦丁城墙的范围。

君士坦丁堡的地理优势，不仅仅体现在其险要的陆地防线上，更在于其独特的海上补给能力。即使在最为严密的陆地围困中，这座城市也能通过其开放的海域获得外界支援。多数从陆路进攻的敌人都缺乏海上封锁能力，而从海上来袭的势力通常也没有足够规模的军队来实施陆路围攻。因此，狄奥多西城墙仅凭借其绝对长度就成为难以逾越的防线，因为进攻者想要合围必须得有足够庞大的军力。这种情形颇似拿破仑在西班牙半岛战争中的困境，① 军队人数过多，也将在色雷斯地区面临类似的补给困难。因此，只有来犯者同时拥有足够强大的陆军和海军，才能够攻陷君士坦丁堡，这一点直到攻城大炮问世后才得以实现。在 1453 年，也就是土耳其人最终得手的那次围攻中，攻城方同时拥有了三样利器：庞大的陆军、具有绝对优势的海军和猛烈的炮火。即便如此，君士坦丁堡仅凭大约 7000 名守军，依旧坚守了数周之久。此地易守难攻的特点早在拜占庭城时期便已显现。那时，城市被围攻时，可以通过海上运输补给至城中，因此进攻方须有海上作战能力才能进行有效封锁。公元前 4 世纪，拜占庭城将领土扩展到城墙以外，囊括马尔马拉海两岸的土地，大概

XII

---

① 在整个西班牙半岛战争期间，拿破仑庞大的军队在西班牙遇到了巨大的后勤困难，在西班牙的贫粮区作战时常无法征到足够的粮食，因此拿破仑军队经常面临食物短缺和士气低落的问题，从而削弱了战斗力。——译者注

就是为了更好地利用并维持这一战略优势。

事实上，即使无法从外界获得食物，拜占庭城也还有一个天然的食物来源，那就是博斯普鲁斯海峡中的金枪鱼。博斯普鲁斯海峡是金枪鱼洄游必经通道，其数量之多，以至于拜占庭城居民不费吹灰之力就能大量捕获。这些金枪鱼经过腌制和加工后，不仅成为拜占庭城居民的日常主食，还是城市发展制造业之前的主要出口商品。得益于地理位置，拜占庭城还成为转口港，在军力够强或面临绝境时可以对过往船只强制征税。不过征税历经了漫长的几个世纪才得以落实，最初也并非由拜占庭人首先执行，因为其时拜占庭的海军力量尚未壮大。拜占庭人早已认识到海军的重要性，早在公元前 600 年，也就是距建城不过一代人的时间，就拥有足够的战船运送军队，攻打位于马尔马拉海北部佩林索斯（Perinthos）的希腊人定居点。当时，拜占庭人与盟友一起，与前来支援佩林索斯的萨摩斯（Samos）舰队作战。尽管拜占庭人最终不敌精于海战的萨摩斯人，但这次经历标志着他们不仅拥有了自己的舰队，而且已经将其投入实战。直到被罗马帝国征服前，拜占庭城一直维持着海上力量。

人们常说，君士坦丁堡之所以成为帝国心脏，得益于其地理位置，它天然具备一座皇城所必需的条件，因而历经千年不衰。然而其前身拜占庭城，占据着同样的位置，却在公元前 7 世纪到公元 4 世纪的 1000 多年中，从不曾崭露头角，不要说帝国都会，甚至连一个具有显著政治重要性的城邦都算不上。拜占庭城人口最多时只有约两万，通常都低于这个数字。面对战争，多数时候要么一击即溃，要么一有风吹草动便向敌人俯首称臣，与该区域的其他城邦并无不同。甚至在公元前 3 世纪，它还臣服于加拉太人在色雷斯地区建立的王国 ①，定期纳贡长达 60 年。直到改建成君士坦丁堡，它才成为帝国核心。古代历史学家波利比乌斯（Polybios）洞察了这一点，因此他仅强调该城的经济价值，而从未提过其政治影响。

也就是说，君士坦丁堡这座权力之城，自君士坦丁大帝定都于此，在一个多世纪的时间里，在君士坦丁大帝和其后几任皇帝的励精图治下不断发展完善，其所在的巴尔干半岛亦被层层加固，终在狄奥多西城墙落成后一跃成为坚不可摧的帝国堡垒。此乃人工铸就，而非天然如此。 XIV

---

① 此处指的是公元前 3 世纪，由加拉太人在色雷斯地区建立的泰利斯王国（Tylis），泰利斯王国与拜占庭城相邻，都位于巴尔干半岛。——译者注

目　录

君士坦丁堡钩沉 ·· 01

卷一　拜占庭城邦时期

第一章　敌自东方来——波斯人 ······························· 16

第二章　敌自南方来——希腊人 ······························· 30

第三章　敌自西方来——马其顿人 ··························· 50

第四章　敌自西北和东方而来——加拉太人及塞琉古人 ········ 73

第五章　敌自东方来——安条克二世 ······················· 87

　　　别样视角之一　波利比乌斯笔下的拜占庭 ·················· 90

第六章　劫难自西方而来——罗马铁骑 ······················· 97

第七章　敌自北方来——哥特人及赫鲁利人 ················· 112

第八章　自西而来的征服者——君士坦丁大帝 ············· 122

　　　别样视角之二　君士坦丁堡的五重城墙 ················· 137

卷二　君士坦丁堡时期

第九章　敌自西北来——哥特人 148

第十章　敌自内部来——维塔利安 153

第十一章　敌自北方来——库特里古尔匈人 160

第十二章　敌自西北、东方和内部而来——阿瓦尔人、波斯人及希腊人 165

第十三章　敌自东方来——穆斯林阿拉伯人 182

第十四章　两次内战：阿塔巴达斯与君士坦丁五世之争，斯拉夫人托马斯与米海尔二世之争 200

别样视角之三　改宗 208

第十五章　敌自西北来——保加利亚人 213

第十六章　敌自北方来——罗斯人 224

第十七章　敌自西方来——第一次十字军东征 231

第十八章　敌自西方来——第四次十字军东征 243

别样视角之四　拉丁帝国 269

第十九章　于东方复兴——尼西亚帝国 276

第二十章　敌在内部——内战 291

第二十一章　包抄而来的敌人——奥斯曼土耳其人 302

第二十二章　城破——奥斯曼土耳其人的征服 323

别样视角之五　伊斯兰化 350

第二十三章　敌自巴尔干半岛来——保加利亚人 358

第二十四章　敌自海上来——一战同盟军 374

卷一

拜占庭城邦时期

第一章　敌自东方来——波斯人

公元前 478 年及前 470 年之围

公元前 517 年，波斯皇帝大流士一世（the Persian Great King Dareios Ⅰ）率大军西征，平定帝国的西部疆域。在这之前，一场席卷波斯帝国的动荡刚刚平息，皇帝和皇位正统继承人相继身故，大流士便在这个权力真空期登基。他自称出身于皇室分支，也许确有其事，但在法理上他的继承权站不住脚，因此，他不得不通过武力证明自己的合法性，通过战争来说服众人接受其统治。他大肆挞伐，肃清了帝国中心和东部的所有潜在对手后，又把目光转向了西部，意图通过进一步的征服来巩固自己的继承权。扩张帝国疆域，尤其是向东收服印度，向西大举征伐，不仅加强了他的统治地位，也为他赢得了执政合法性。

除了西部，大流士还将视线转向北部，因为在黑海（the

Black Sea）以北游荡的斯基泰人（Skythians）同样构成了潜在威胁。以他之前与中亚其他游牧民族交战的经验来看，斯基泰人无论是在血缘还是在生活方式上，都与中亚的游牧民族有着千丝万缕的联系，且同样表现出难以平息的敌对态度。为了抑制斯基泰人可能的侵扰，大流士计划攻入其家园，捣毁其住所、牲畜和生存资源。他并没打算占领他们的土地，因为以他对这些游牧民的了解，一旦己方军队接近，他们就会望风而逃，跑得无影无踪，等军队撤回后再卷土重来。因此，这次军事行动的核心在于打击而非征服。如果能够以某种方式对他们迎头一击，将迫使他们重新评估自己的立场，因为他能对他们痛击一次，便可再二再三。

　　而在出征斯基泰部落的途中，可以顺带解决小亚细亚（Asia Minor）西部、沿海城邦和爱琴海各岛屿（the Aegean islands）的管理问题，这些区域虽然此前已被波斯帝国的创建者居鲁士大帝（King Kyros，又作 Cyrus the Great）征服，但尚未被施以全面管理。大流士在爱琴海沿岸的萨摩斯岛和莱斯沃斯岛（Lesbos）的行动进展顺利。当时波斯倾向于扶持本地出身的僭主（tyrant）① 管理这些希腊城邦，拜占庭城也不例外，由一位名为阿里斯顿（Ariston）的僭主控制。大流士要求这些僭主协助其对斯基泰（Skythia）的征战，不过由于这些僭主

3

---

① 在古希腊，僭主通常是指通过政变或革命非法夺取城邦政权的人。在公元前 6 世纪和前 5 世纪，波斯帝国经常利用僭主来控制其在地中海的领土，尤其是小亚细亚的希腊城邦。在波斯帝国的扶持下，这些僭主成为波斯帝国在希腊城邦的代理人，负责执行波斯的政策并维护波斯的统治。——译者注

麾下以步兵，尤其是重装步兵为主，并不适合远征深入如今乌克兰地区的斯基泰草原。相反，大流士更急需这些希腊城邦的水手和船只，用以运送军队，此外还需要希腊工程师，很可能还有希腊工人，因为要靠他们修建横跨博斯普鲁斯海峡和多瑙河（the Danube River）的桥梁。

大流士一世对斯基泰人进行征战，很可能还意在攻占色雷斯，这是西征的首个必经战略要地。历史资料显示，大流士的军队曾向欧洲内陆挺进了一段距离，并至少遭到了色雷斯盖塔（the Getai）部落①的强烈抵抗。之后大流士继续西行收服马其顿，马其顿国王拱手而降。大流士顺利在爱琴海北岸建立了数个波斯据点，包括多里斯库斯（Doriskos）②。

斯基泰人的领土位于欧洲大陆深处，所以大流士必须先渡过连通着黑海与马尔马拉海的博斯普鲁斯海峡抵达欧洲，继而穿越黑海以西的广袤土地，其间要经过色雷斯地区。在此之前，大流士需确保其军队顺利通过博斯普鲁斯海峡，这条水道连通赫勒斯滂（the Hellespont）③，最终汇入爱琴海与地中海（the Mediterranean）。海峡两侧迦克墩和拜占庭城邦的僭主也像马其顿和其他城邦的僭主一样，早已被大流士收

---

① 色雷斯部落的一个分支，居住在现代罗马尼亚以及摩尔多瓦、塞尔维亚和保加利亚的部分地区。希罗多德在《历史》一书中提到，公元前 513 年，盖塔人抵抗了由大流士率领的波斯军队的进攻，但被奴役。——译者注

② 多里斯库斯位于马尔马拉海附近，靠近今天的希腊和土耳其边界，是色雷斯地区的一个战略要地，曾是波斯军队的集结基地。——译者注

③ 赫勒斯滂即现在的达达尼尔海峡，在本文中，涉及 20 世纪之前的叙述都采用赫勒斯滂这一古名。——译者注

服。在波斯军队抵达之前，他们专门修建了一座桥梁，横跨海峡连通两城北端，这座桥由一位名叫曼德罗斯（Mandrokles）的萨摩斯建筑师设计建造。后来大流士曾将拜占庭城的僭主阿里斯顿和其他僭主带到多瑙河渡口，此举表明他已完全掌控拜占庭城。而迦克墩的僭主没有被带走，可能就是为了留下守卫这座桥。除了这座桥，大流士还下令曼德罗斯在多瑙河上建了另一座桥——一座由船只组成的浮桥。大流士曾从爱琴海沿岸各希腊城邦征召船只，一方面是为建造浮桥用，另一方面也是为了运送军队和补给，不过大多数队伍还是经由陆路进入色雷斯。历史学家希罗多德（Herodotos）曾记录，这些聚集在多瑙河浮桥上的僭主曾争论是否要摧毁它，以此将波斯军队困在多瑙河以北。这一说法受到质疑，因为首个提出者米太亚德（Miltiades）是克森尼索（Chersonese）城邦的僭主，后来在雅典因通波斯被指控叛国，他很可能只是用这套说辞为自己辩护。当然，僭主们很可能有过摧毁浮桥的念头，只不过他们还需要借助波斯人的扶持来维护统治，而大流士也需要通过这些僭主来控制希腊城邦，因而最终并未付诸行动。

4

　　最终多瑙河上的浮桥还是安然未损，为波斯人运送军队和补给提供了便利，但博斯普鲁斯海峡上那座桥的命运却未在史料中留下只言片语。无论如何，这两座桥最终都不会留存，战事结束后都将不复存在。在大流士所立的众多纪念性石柱中，其中一个就刻有他横渡博斯普鲁斯海峡的壮举，这根石柱最终被迁至拜占庭城，成为阿耳忒弥斯（Artemis）祭坛的一部分，见证了那段波澜壮阔的历史。桥可能已不复存在，但并不是被彻底摧毁，也许"拆除"才是最恰当的描述，因为组成浮桥的船只并没有就此遗弃。

大流士回程时，经塞斯托斯（Sestos）穿过赫勒斯滂抵达亚洲的阿拜多斯（Abydos），① 此时博斯普鲁斯海峡发生了一些骚乱。当时大流士任命欧塔涅斯（Otanes）为"海岸地区"——赫勒斯滂弗里吉亚（Hellespontine Phrygia）行省②——的新总督。在欧塔涅斯治下，拜占庭和迦克墩城邦爆发了反抗，不过被他迅速镇压，其他如安坦德鲁斯（Antandros）、伊姆罗兹岛（Imbros）和利姆诺斯岛（Lemnos）的叛乱也迅速被压制，其中只有利姆诺斯岛进行了激烈抵抗。所以大流士选择这一非常规路线回程，主要是因为接下来他要赶往萨第斯（Sardis），穿越赫勒斯滂路程最短，而非因为博斯普鲁斯海峡区域发生的小骚乱。

显然，大流士率军返回亚洲后，拜占庭和迦克墩城邦的僭主也就恢复了统治权，当然前提是他们未煽动、参与当时的反波斯起义。反叛者无疑都受到了波斯的严惩，波斯已将这些希腊城邦牢牢控制在手中。在波斯人看来，局面已尽在

---

① 在大流士生活的时代，从欧洲到亚洲可取道拜占庭穿过博斯普鲁斯海峡，另可经由塞斯托斯穿过赫勒斯滂到达亚洲的阿拜多斯。——译者注

② 赫勒斯滂弗里吉亚是古代波斯帝国西部边疆的一个重要行省，因其靠近赫勒斯滂而得名。该行省是军事要地和商贸重镇，它的建立标志着波斯帝国向西扩张至爱琴海地区。——译者注

掌控，这些希腊城邦已掀不起什么风浪。至于色雷斯地区，则由波斯将军迈加比佐斯领军戍守。他曾断言迦克墩城当初的建立者眼盲心瞎，因为海峡对面的拜占庭城才更得天独厚。如此评价也说明当时拜占庭城的顺从与平静，不曾反抗波斯的控制。

这种平静维持了不到11年。公元前499年，小亚细亚附近爆发了反抗波斯统治的爱奥尼亚（Ionia）起义①，起义军占领并焚烧了萨第斯，这一行为激怒了波斯人。爱奥尼亚起义军被波斯镇压，但叛乱仍在蔓延。曾在斯基泰战役中为波斯贡献舰队的希腊城邦再次集结了一支舰队，只不过这一次，舰队是用来扩大尚未受叛乱影响的地区的反抗行动，包括马尔马拉海。地处马尔马拉海沿岸的拜占庭被说服加入反抗，这对拜占庭来说可能是个艰难的抉择，因为从地理上看，拜占庭远离叛乱地区，且波斯人的征服和统治让他们心有余悸。不过最终拜占庭还是加入了起义大军。如果当时拜占庭的僭主还是阿里斯顿的话，很难说他是何下场。

很快，拜占庭成为前米利都（Milesian）僭主希斯提亚埃乌斯（Histiaios）②的据点，他被米利都人民驱逐后，选择加入爱奥

5

---

① 爱奥尼亚起义是公元前499年至前493年间爱奥尼亚地区希腊城邦反抗波斯统治引发的一系列冲突。起义虽被镇压，但直接导致了公元前480年至前479年的希波战争。——译者注

② 米利都僭主，曾在波斯国王大流士一世的统治下身居要职，后来与波斯中央政权发生矛盾离开米利都，并加入反抗波斯的活动，起义失败后被波斯捕获并处决。——译者注

尼亚起义并反抗波斯。他从莱斯沃斯岛征集了八艘三列桨座战船（trireme）[1]，以拜占庭为基地，截击自黑海驶来的商船，征收通行费。希斯提亚埃乌斯的身份很难界定——海盗？私掠者？爱国义士？还是合法的税收代理人？这些标签各自带有不同的道德评判，但更重要的是，他在拜占庭到底扮演何种角色。

八艘三列桨座战船意味着他的队伍不过几百人，如果希斯提亚埃乌斯的活动没得到拜占庭人首肯，这样一支队伍就很容易被驱逐。因此，即使希斯提亚埃乌斯的行为不是拜占庭人心之所向，至少也得到了默许，这大概是因为其所得部分通行费转交给了拜占庭，另外他的士兵在城内消费对拜占庭也是利好。因此，拜占庭人至少是他的同谋。不过没有任何迹象表明拜占庭亲自派船参与这场劫掠，也许是因为当时其海军力量有限。导致这一点的原因可能是波斯人禁止其发展海上军力，也可能是僭主阿里斯顿的授意，因为他显然深知水手们对民主的向往，任由他们组织起来将会对他构成威胁。希斯提亚埃乌斯的行径终为拜占庭招致大祸。波斯人收复爱奥尼亚后，迅速平息了起义的最后余烬。希斯提亚埃乌斯乘船逃回爱琴海，继续对抗波斯，以明其志。然而，他终究未能抵挡住强大的波斯，最后被捕并被处决。波斯大军最终强行进入位于博斯普鲁斯海峡两岸的拜占庭和迦克墩，对其施以猛烈的攻击，两城居民撤离并逃到黑海北部沿岸的

---

[1]　古代地中海区域，尤其是腓尼基人、古希腊人和罗马人所用的战船。战船每边有三排桨，一个人控制一支桨。——译者注

墨森布里亚（Mesambria），由此可以看出拜占庭居民对波斯人由衷的恐惧，也暴露了他们对未来的绝望。墨森布里亚后来被视为拜占庭人的新定居点，但考古挖掘表明，这是一个历史悠久的色雷斯城镇，且早已融入大量的希腊人口。被波斯人占领后，拜占庭和迦克墩已不复往昔繁荣，但因其战略位置重要，波斯很可能派驻了军队，以确保对这一关键水道的控制。

6

本书在论述君士坦丁堡（拜占庭城）历史上数次围城之战时，难免会涉及一些难以定论的历史事件，比如，公元前513年和前493年的战事。已知拜占庭在这两次战争中并未被围困，但城池最终都被敌人占领。公元前513年，欧塔涅斯确实攻击并占领了拜占庭和迦克墩，但是历史学家希罗多德在对这次战事的记述中只强调了利姆诺斯岛居民的抵抗，由此可以推断拜占庭和迦克墩并不曾反抗波斯，或即使抵抗过，也没有持续多久，也就是尚未达到围城的程度便已投降。而在公元前493年的战事中更是完全未作抵抗，居民在预见了即将面对的局面后弃城而逃。所以这两次到底算不算是围城？如果有更多的信息佐证，欧塔涅斯的那次攻击或许勉强能称得上，但公元前493年的战事却不是围城战。

不过，有一点可以确定，拜占庭在公元前478年再一次沦陷。15年前拜占庭居民逃离时，腓尼基的船员曾占领并焚毁这座城市，可能部分地区得以留存或得到重建，足以让波斯人将其作为军事要塞使用。直到公元前479年希腊城邦与波斯之间的普拉提亚战役（the Battle of Plataia）① 爆发，驻守于此的波斯将军阿尔塔巴左斯（Artabazos）带军撤退后，拜占庭的最新状况才再次为外界所知。阿尔塔巴左斯在普拉提亚战役中的所为颇有争议，其部分部队在维奥蒂亚（Boiotia）遭到满腔仇恨的希腊人屠戮，而他自己则带领残兵北逃。在穿越色萨利（Thessaly）和色雷斯地区时，由于希腊海军已控制赫勒斯滂，他只能掉头从拜占庭过博斯普鲁斯海峡逃往迦克墩。离开拜占庭时他很可能加强了驻军，因为深知波斯帝国无法接受在希腊的失败。之后希腊舰队从赫勒斯滂开往拜占庭，小心翼翼地避免与阿尔塔巴左斯的部队相遇，因为此时这些波斯士兵无疑也像曾经的希腊人一样，满怀复仇厮杀的渴望。事实上，一支小型波斯部队在塞斯托斯和多里斯库斯坚守了一段时间。最终，波斯驻军留守在拜占庭，就像曾经的希斯提亚埃乌斯一样，不仅对黑海至希腊各地的贸易通道构成持续威胁，更为致命的是，影响了希腊的粮食安全。

于是，希腊船员在斯巴达国王帕萨尼亚斯（Pausanias）的指挥下围攻了拜占庭。这次围攻持续的时间不得而知，最终波斯人被驱逐，拜占庭被希腊掌控。这便是有据可考的第一次围城战，尽管具体细节难以考证。

7

希腊联军在帕萨尼亚斯的领导下在普拉提亚战役中大获

---

① 普拉提亚战役是公元前 479 年发生的一场决定性战役，此战中，波斯军队与斯巴达国王帕萨尼亚斯领导的希腊联军在普拉提亚对峙数周，最终希腊人战胜了人数远胜于己方的波斯军队。普拉提亚战役的胜利确保了希腊城邦的独立和自由，结束了波斯对希腊本土的直接军事威胁。——译者注

全胜，联军的战船一半由雅典提供，另一半则来自斯巴达和其他希腊城邦。不过，胜利后的政治走向，大大超出帕萨尼亚斯所料。他的强硬指挥方式激起联军的不满，他们劝说雅典人阿里斯蒂德（Aristeides）接替帕萨尼亚斯进行指挥。阿里斯蒂德婉拒了这一提议，但联军的不满情绪却日益高涨，以至于对帕萨尼亚斯的战船发起威胁，已实质上构成政变。据说，联军甚至冲撞了他的战船，联军舰队濒于分崩离析。最终，帕萨尼亚斯被召回斯巴达，随他一同返回的，可能包括所有伯罗奔尼撒（Peloponnesian）地区的舰船。被召回的原因部分是他的傲慢，但更深层的原因是斯巴达人坚持认为，作为反抗波斯的主力，他们有权指挥其他城邦，这显然并未得到盟友认同。帕萨尼亚斯被召回后，雅典接手指挥权继续征战，其指挥官阿里斯蒂德在整个过程中扮演了关键角色。他召集所有尚未离开的船长在自己的战船上召开了一次会议，此时舰队正停泊在拜占庭附近。这次会议为战时联盟的持续奠定了基础，且确立了阿里斯蒂德的领导。这一战时联盟后来演变成提洛同盟（the Delian League）①，进而发展为雅典帝国。

拜占庭最终收回自治权，可以推测，那些在墨森布里亚

---

① 提洛同盟，又称雅典同盟，是公元前478年左右由雅典和数百个爱琴海岛屿及沿岸城邦组成的军事和财政联盟，因其最初的会议地点提洛岛（Delos）而得名，同盟的共同财库也设立于此。同盟成立的主要目的是继续对抗波斯帝国，但后来逐渐从一个松散的防御联盟转变为雅典的帝国工具，逐渐激起其他城邦的不满，最终在公元前404年崩溃。——译者注

避难、归心似箭的拜占庭人终得以回归故土，并开始重建工作。在这种背景下，帕萨尼亚斯孤身一人重返拜占庭。他悄无声息地离开斯巴达，返回这片既见证了他辉煌胜利也铭记了他深刻耻辱的旧地，并受到拜占庭人的热烈欢迎。他在拜占庭是何身份尚不明确，但可以肯定绝非僭主，可能主要是通过支持或影响当地的统治势力来实现其政治目的，而非直接统治。他在外交上活跃，与达斯基利昂（Daskyleion）①的波斯总督以及色雷斯人进行了一系列谈判。这些行为后来被视为与波斯勾结，但很多细节众说纷纭，或许除了帕萨尼亚斯本人，没人了解全部真相。不过，就透露出来的信息看，足以让人对他的行为和动机产生怀疑。拜占庭人接受并容忍他，部分原因可能是对加入提洛同盟的不情愿。拜占庭起初并未加入该同盟，即便后来加入，也只是断断续续地参与。显而易见的是，帕萨尼亚斯不论是不是"投靠波斯者"（Medizer），②都在拜占庭生活了七年，时间大约从公元前 477 年持续到前 471 年，或前 476 年至前 470 年。并未见有针对他暴虐之行的控诉，由此可以推断他在拜占庭甚是和顺，得以波澜不惊地推进其外交策略。不过，不难推测，他

8

———————

① 达斯基利昂是古波斯帝国的一个行省，位于今天的土耳其西北部，近马尔马拉海。——译者注

② 关于帕萨尼亚斯与波斯人勾结的说法来源于他后期的一些可疑行为。古希腊历史学家希罗多德等人记载，帕萨尼亚斯在普拉提亚战役后表现出对波斯文化的过分欣赏，并采用了一些波斯式的生活方式和服饰，这在当时的斯巴达和更广泛的希腊社会中被视为不道德和不忠。——译者注

与波斯的交往——不论是出于阴谋、外交，还是友谊——终为人所知，并且很可能被添油加醋，广泛传播，最终被疑为叛国。拜占庭人可能了解并接受他的所作所为，但对雅典及雅典主导的提洛同盟而言，则不然。当时提洛同盟仍在与波斯人交战，帕萨尼亚斯在拜占庭与敌人的交往被揭露后，终使得雅典将军客蒙（Kimon）前往马尔马拉海，将其逐出。

为迫使帕萨尼亚斯离开拜占庭，希腊人不得不对拜占庭进行围攻，由此可以看出，帕萨尼亚斯获得了拜占庭当局（可能是寡头政体）的支持，以及市民的广泛拥护。至于希腊人的围攻持续了多久，无从知晓，但可以肯定的是，这场围攻持续的时间远超预期。帕萨尼亚斯后来逃至特洛阿德（Troad）的科洛奈（Kolonai）小镇寻求庇护，并在那里停留了一段时间，其间依旧形迹可疑。

这段历史表明拜占庭虽不曾给提洛同盟制造麻烦，但对加入其中也心有不甘，直至经历了围城和帕萨尼亚斯的撤离，才勉强加入同盟。可以推测，在一段时间内，拜占庭的主要精力都投入到了城市的重建工作中。拜占庭必须重新确立贸易中转站的地位，发展贸易体系，为此必须壮大自己的海军实力。拜占庭曾两次被雅典人主导的军队攻占，这种屈辱的经历可能与波斯的强行占领一样，给拜占庭人留下了深刻创伤。值得注意的是，拜占庭作为墨伽拉曾经的殖民地，从语言和种族上看属于多利安人（Dorian）[①]；而与之形成鲜明对比的雅典人，则属于爱奥尼亚人。这两大希腊族群之间历来剑拔弩张。因此，拜占庭人对于雅典人的到来以及成为其主导的同盟的一员，并没有太多的热情与向往。

在短短 30 年的时间里，拜占庭城两次被攻占、两次受围困，拜占庭人历经国破城毁、流离失所。其中一次围困令城邦沦陷，另一次则迫使其驱逐了一位外来领导者。这四次来攻均由水路发起——波斯人是通过博斯普鲁斯海峡，雅典人则是经由马尔马拉海。波斯人的进攻留下的是满目疮痍，雅典人造成的破坏虽相对较小，但也不遑多让。这一连串战事的源头其实都是波斯帝国，其向西扩张引发了一系列军事冲突和对抗。即便是最后一次战事，表面看似乎是希腊内部纷争，实际上也是帕萨尼亚斯与波斯人包括波斯皇帝暗通款曲引发的后果。

在这一系列战事中，拜占庭成为各方势力博弈的棋子，虽然这一点在第四次围攻中不那么明显。头两次被围，拜占庭人不战而降，甚至弃城而逃，远离故土。第三次围攻中他们击退了波斯人。第四次围攻，拜占庭人屈从了攻城方希腊人的要求，从这个角度来看也算是战败。上述种种绝非心甘情愿。但不论如何，这一系列战事为拜占庭随后 5 个世纪的

---

① 多利安人是古希腊四大种族之一，与爱奥尼亚人、爱奥利亚人和阿喀琉斯人一起构成古希腊的主要民族，可能来自希腊北部或巴尔干半岛，后向南迁移到伯罗奔尼撒半岛、克里特岛和其他爱琴海地区，斯巴达便是典型的多利安城邦。——译者注

地缘关系定下了基调：作为一个夹在大国势力中的小城邦，它在外交上必须见机行事，才能避免反复被蹂躏。　　　　10

第二章　敌自南方来——希腊人

公元前 407 年及前 400 年之围

公元前 470 年，提洛同盟对拜占庭的围攻终导致帕萨尼亚斯被驱逐。这次围城不仅影响了拜占庭内部政治格局，也深刻改变了其对外关系。帕萨尼亚斯时期的管理体制随着围城而瓦解。考虑到帕萨尼亚斯是斯巴达人，其统治方式或许偏向于寡头政治；而雅典人于公元前 470 年控制城邦后，根据雅典的政治惯例，拜占庭很可能转变为民主制度。此外，在对外交往上，拜占庭被纳入了提洛同盟。虽然没有直接证据支持这一点，但鉴于雅典舰队的主要目标是在马尔马拉海确保从黑海到爱琴海的航线畅通，它们很可能会坚持将拜占庭这一战略要地纳入同盟之中。这意味着拜占庭被卷进了亚洲战争，这是之前帕萨尼亚斯极力避免的局面。

拜占庭寡头政权的根基可以追溯到帕萨尼亚斯，他在城市重建之初来到这里，并很快形成影响力。后世尊称帕萨尼亚斯为拜占庭的克蒂斯（ktistes），即城市奠基人，这一殊荣专为那些使城市得以复兴的伟人而设。帕萨尼亚斯在拜占庭的主要任务，起初是组织城市的重建工作。作为一名斯巴达人，帕萨尼亚斯更倾向寡头政治，波斯战争前的斯巴达城邦和后来的斯巴达帝国都选择了这一政体。不过，在机构设置上，拜占庭与其他希腊城邦一样，都有公民大会、500 人议事会（boule）、执行委员会和每年任命一次的象征性国家元首，这在拜占庭被称为希耶若姆那蒙（hieromnemon）。

以上多属推测，但可以作为讨论的出发点。在拜占庭城邦历史的晚期，众所周知，寡头政治为主导，偶尔会出现僭主夺权的情况。不过，这些都进一步强化了拜占庭非典型希腊城邦的形象，因为多数希腊城邦的政体往往在民主政治、寡头政治与僭政之间轮替，如雅典就是这些政体变迁的典型代表。

拜占庭的地理位置使其无法完全效仿传统希腊城邦的发展模式。它地处博斯普鲁斯海峡要冲，很可能是有意选定这一战略性地理位置，以控制航道，或者换言之，对往来船只征收通行税。按照后人的记载，希斯提亚埃乌斯首次对过往船只征税，不过，很可能在希斯提亚埃乌斯之前，位于博斯普鲁斯海峡亚洲一侧的城邦克里索波利斯（Chrysopolis）早已开始征收通行税。克里索波利斯紧邻迦克墩，是波斯的重要据点。因此，希斯提亚埃乌斯可能只是沿袭了波斯人的旧习，后来帕萨尼亚斯也很可能以拜占庭的名义采取了类似措施，借口无非是为城市重建及修复波斯人造成的破坏筹集资金。不过，拜占庭加入提洛同盟后，征税的权力就移交给了雅典，只有得到雅典的批准，拜占庭才能收取通行税。这一点在公元前 389 年雅典民主派人士特拉叙布鲁斯（Thrasyboulos）到访拜占庭后得到了确认。[①]

关于通行费的历史，确切的记录缺乏准确性。有可能最初雅典并未征收此税，而是依赖拜占庭缴纳的联盟贡金。倒是在这之前的公元前 410 年，雅典人亚西比德（Alkibiades）在克里索波利斯征收过百分之十的税费，即什一税（dekate）。到了公元前 470 年雅典正式接管拜占庭时，通行费的实施已超过了一代人的时间，甚至更久。波斯人、希斯提亚埃乌斯、帕萨尼亚斯，可能还有拜占庭都曾收取过通行费，已经扩张为城邦帝国的雅典没理由不征收。但是，如果通行费真的存在，对此罕有投诉也着实令人惊奇。亚西比德在征收税款时似乎并未遇到太多阻力，而之前斯巴达为赢得支持曾废除过通行税。

拜占庭在雅典的强制下加入提洛同盟，对此可能一直心怀怨怼。提洛同盟初始是一个松散的希腊城邦组织，致力于

---

① 公元前 404 年，伯罗奔尼撒战争结束，雅典战败。斯巴达扶植了亲斯巴达的"三十僭主"（The Thirty Tyrants）统治雅典。三十僭主残酷统治雅典，激起了雅典人民的强烈反对。公元前 389 年，雅典民主派人士特拉叙布鲁斯率领一支由 1000 人组成的军队到达拜占庭。他得到拜占庭的支持，招募军队进攻雅典，最终击败三十僭主并恢复了雅典民主制度。——译者注

对抗仍然虎视眈眈的波斯帝国，此时各城邦自然同仇敌忾。
但公元前 449 年《卡利亚斯和约》（*the Peace of Kallias*）① 签
订后，波斯战争结束，和平到来，雅典便开始蚕食提洛同盟
诸城邦，迫使其成为雅典帝国的一部分，形势开始急剧变化，
联盟城邦间的敌对不断加深。公元前 440 年初，拜占庭附近
发生了骚乱，致使 50 多名雅典人丧生。这次骚乱起因可能是
色雷斯人滋扰克森尼索，雅典人于是对其发动攻击。在雅典
看来，此举是对拜占庭的守护，但在拜占庭看来，邻近的色
雷斯人会因此迁怒自己。

公元前 440 年，萨摩斯岛爆发内战。萨摩斯岛坐落在爱
琴海沿岸，此区域其他城邦已几乎全部落入雅典的掌控，而
萨摩斯是为数不多的雅典独立盟友，仍然保留着独立的海军
力量，必要时可供提洛同盟驱使。雅典人在执政官伯里克利
（Perikles）的领导下，介入了萨摩斯岛内战，部分是出于阻
止波斯人以援助为名控制萨摩斯岛，另外也是为了将萨摩斯
岛去军事化，使其完全成为提洛同盟的一员，或更确切地说，
变成雅典帝国的附庸。这一次拜占庭站在了萨摩斯岛这边。

拜占庭此举，出发点难以确知。有猜测是其母城墨伽拉
的授意，因为墨伽拉当时对雅典颇有微词，总之，拜占庭对
萨摩斯岛的援助不像是出于同情。合理的解释可能是，长期
以来，拜占庭对雅典的支配心怀不满，因此在这个雅典支左

12

---

① 《卡利亚斯和约》是公元前 449 年左右由雅典和波斯帝国达成的和平条
约，通常被认为标志着希波战争（Greco-Persian Wars）的结束。——译者注

绌右的时刻给它一击。一直以来，拜占庭都是提洛同盟中最
为不满的一员，其年贡金居同盟之首，缴纳金额高达 15 塔伦
特（talent）①。拜占庭支付这笔款项似乎很吃力，只得分期
缴纳。

拜占庭的"反抗"并未能持续。因为萨摩斯岛局势平定
后，继续抗争也就失去了意义。另外，由于雅典在打击拜占
庭的行动上花费了 128 塔伦特，在萨摩斯岛的战争耗资更是
高达 1400 塔伦特。不久后，在公元前 433 年左右，拜占庭的
年贡金被提高到 18 塔伦特，而到了公元前 429 年，则增至 21
塔伦特。雅典帝国中只有拜占庭和另两个城邦缴纳如此高额
的贡金。

拜占庭缴纳的贡金主要来自博斯普鲁斯海峡的过境贸易、
城市贸易和通行税。公元前 440 年左右，拜占庭负责收取部
分通行税，并将收入上缴雅典作为贡金。公元前 450 年以前，
由于提洛同盟的国库尚未从同盟创立之地提洛岛（Delos）迁
至雅典，缺失详细的贡金记录。现存记录始于公元前 454 年，
且部分残缺。同期，普洛彭提斯（马尔马拉海旧称）沿岸城
邦都缴纳了高于平均水平的贡金，其中基齐库斯（Kyzikos）、
拉姆普萨库斯（Lampsakos）、佩林索斯和塞利布里亚等城邦
分别缴纳了 6 至 10 塔伦特的贡金。除拉姆普萨库斯拥有金矿
外，其余城邦的主要财政来源都是贸易。公元前 437 年，伯

13

---

① 塔伦特是古希腊一种货币计算单位和重量单位，用作货币单位时，历史
学家估计，1 塔伦特白银约等价于 9 个熟练工一年的薪酬。——译者注

里克利率雅典舰队前往黑海，目的之一无疑是警示这些富裕城邦——其在政治上对雅典的依赖。

尽管拜占庭可能对雅典抱有难以言说的怨恨，但在公元前433年雅典与斯巴达领导的伯罗奔尼撒联盟（the Peloponnesian League）^①战事胶着之际，拜占庭却并未趁机发难。在史学家修昔底德所著的《伯罗奔尼撒战争史》中，对拜占庭在伯罗奔尼撒战争^②初期，即公元前433年至前421年期间的动向未着笔墨，同样，公元前415年到前413年雅典在西西里岛（Sicily）的惨败失利^③对拜占庭的影响也未见详述。不过，雅典的对手，包括波斯、斯巴达和其他伯罗奔尼撒联盟成员，都敏锐地察觉到雅典在锡拉库萨（Syracuse）的失利严重削弱了其对拜占庭的控制。公元前412年，雅典与斯巴达再次爆发战争，拜占庭随即宣告起义。更确切地说，拜占庭的反叛可能先于战争爆发。这次起义一定程度上由拜占庭内部人士策划，他们向驻扎在米利都的斯巴达舰队求援。应援而来的是拜占庭母城墨伽拉的指挥官赫利索斯（Helixos），

① 伯罗奔尼撒联盟是古希腊时期由斯巴达领导的城邦联盟，该联盟约成立于公元前6世纪末，由伯罗奔尼撒半岛的多个城邦组成，斯巴达是联盟的领导力量。联盟的主要目的是对抗日益强大的雅典及其领导的提洛同盟。——译者注

② 伯罗奔尼撒战争是公元前431年至前404年间希腊城邦之间爆发的一场大规模战争。以雅典为首的提洛同盟与以斯巴达为首的伯罗奔尼撒同盟之间进行了长达27年的战争，最终雅典战败，斯巴达取得了胜利。——译者注

③ 指伯罗奔尼撒战争中雅典远征西西里岛的失败。公元前413年，雅典军队在锡拉库萨战役中被彻底击败。在这场战争中雅典海军损失殆尽，大量士兵被俘或阵亡。这场惨败标志着雅典霸权的衰落，最终导致了雅典在伯罗奔尼撒战争的失败。——译者注

简直是不二人选。他率领舰队从爱琴海起航，硬闯赫勒斯滂，最终抵达拜占庭，促使拜占庭公开反叛雅典。

赫利索斯的到来对局势起到了举足轻重的作用。因为拜占庭曾是墨伽拉的殖民地，二者依然有着千丝万缕的联系。此外，塞利布里亚也与墨伽拉有类似的渊源，因此也随拜占庭举起了起义的大旗。更重要的是，起义还蔓延到了迦克墩和基齐库斯这两个与墨伽拉毫无牵扯的城邦。这些城邦位于雅典的战略区域，它们相继叛变，对雅典的黑海食物供应通道和贸易构成了严重威胁，很快雅典和斯巴达都加派舰队前往马尔马拉海一决胜负。双方在基齐库斯交战，雅典取得胜利，斯巴达舰队要么被击沉，要么被驱逐。

这次胜利为雅典军队收复那些意图脱离的城邦扫清了道路。雅典迅速攻克基齐库斯，并搜刮了大量战利品。此外，雅典军还迅速占领了马尔马拉海北岸的佩林索斯和塞利布里亚。之所以如此迅捷，主要是因为这些城邦并未决意抵抗，佩林索斯和基齐库斯实际都具备抵抗围攻的实力。

斯巴达眼看这些城邦相继失守，遂向雅典议和，但其中一项条件是，曾隶属于雅典帝国但现由斯巴达控制的城邦继续归属斯巴达，已经脱离雅典的城邦则继续保持独立。雅典绝不可能接受这样的条件，即使勉强接受，也很可能会因此再次爆发战争。斯巴达提到的这些城邦包括赫勒斯滂沿岸的阿拜多斯，以及迦克墩和拜占庭。雅典曾调派亚西比德在克里索波利斯设立海上关卡，与之前的波斯类似，对过往船只征收通行税，但即便不考虑通行税的收取，雅典也不会放弃对迦克墩和拜占庭的控制，因为这些城邦都是扼守博斯普鲁斯海峡的战略要地。斯巴达的和平提议最终被拒绝。

不过，雅典在基齐库斯海战中获胜后，并未进一步扩大战果，似乎限于力竭而止步于此，再难继续征战。雅典在基齐库斯的胜利本质上是因为双方海军力量对比悬殊，之所以能收复三个城邦也是由于斯巴达海上战力的不足，在收复其中某一城邦时只能说是堪堪胜利。而其他起义的城邦更强大，抵抗的决心也更坚决。因此，雅典人想要继续控制那些城邦，不仅需要足够的步兵和骑兵来对抗其重装步兵，还须分神防范来援的波斯骑兵。同时，雅典还必须在佩林索斯和基齐库斯驻守重兵，这进一步稀释了他们可用于其他战场的兵力。

在雅典整顿力量、厘清战事优先级之际，斯巴达不遗余力地重整旗鼓，加速海军力量的扩充。他们在普洛彭提斯海沿岸的安坦德鲁斯用艾达山上的木材建造舰船。雅典将领特拉西洛斯（Thrasyllos）率领一支舰队和重装步兵，截击了驶向赫勒斯滂的锡拉库萨舰队，击沉数艘船舰，并将剩余的船舰赶尽杀绝。之后特拉西洛斯率军进发普洛彭提斯海。斯巴达人亦不甘示弱，派出 15 艘战舰，在克利亚科斯（Klearchos）的指挥下，由墨伽拉人和盟军士兵操控，在雅典舰队眼皮底下穿过赫勒斯滂。虽然克利亚科斯折损了 3 艘战舰，但其余舰只成功抵达拜占庭。

雅典未能及时洞察斯巴达此举的真实意图，因此先集中力量解决北方问题，延误了对斯巴达行动的应对。雅典的两大将领亚西比德和特拉西洛斯会军后，极大地增强了联军力量，得以逐个攻克北方城邦。不过，雅典军队的首要任务是阻止更多的斯巴达军队抵达普洛彭提斯，拜占庭和迦克墩已做好与斯巴达里应外合的准备。为此，雅典人必须攻占由斯巴达驻军控制的阿拜多斯，因其扼守赫勒斯滂，如果成功，便可阻止斯巴达舰队穿行。然而，由于波斯总督法尔纳巴祖斯（Pharnabazos）指挥下的骑兵前来支援阿拜多斯驻军，雅典人的进攻最终失败了。尽管雅典最终击退了波斯援军，但原定的突袭计划已然暴露，重新进攻的机会也随之丧失。

15

于是雅典人的目光重新聚焦于博斯普鲁斯海峡沿岸诸城邦。雅典军队在塞拉麦涅斯（Theramenes）的率领下，由克里索波利斯进发，突袭迦克墩，迦克墩损失惨重，被迫将城中财宝转移到邻近的比提尼亚（Bithynia），由其代为保管。但亚西比德指挥另一支雅典军队沿着海岸线行进，与海上舰队配合，直入比提尼亚腹地。面对雅典强大的攻势，比提尼亚人慑于其威，最终上缴了迦克墩藏于此处的财宝。

之后雅典围困了迦克墩。这次围困充分体现了雅典人在攻城战中的局限性，不过另一方面也彰显了他们的主动性。雅典军队首先搭起了一堵木墙，自博斯普鲁斯海峡延伸至普洛彭提斯海，将整个城市团团围住。尽管波斯集结了大量步兵和骑兵，企图干预，但面对这堵木墙也只能"望墙兴叹"。斯巴达守军从城中出击，试图抵抗雅典人的围攻，并在城墙

与木墙之间的空地上与之展开激战。关键时刻，雅典指挥官
亚西比德率领骑兵和部分重装步兵加入战斗，最终取胜。不
过，斯巴达人并未恋战，成功撤回城内，但其指挥官希波克
拉特斯（Hippokrates）在此役阵亡。

雅典人不想久坐城下封锁迦克墩，因为那样一来将陷入
数月的僵持，更不愿意攻城拔寨。而迦克墩人，以及城内的
斯巴达守军，也同样不愿坐以待毙，眼睁睁看着城邦被封锁
后陷入绝境。雅典军队竖起的木墙和舰队将迦克墩四面合围，
形成了密不透风的封锁线。双方都在日复一日的等待中日益
焦灼。

此时坐观虎斗的波斯总督法尔纳巴祖斯，虽然所辖地区
被雅典人蹂躏，军队也在阿拜多斯败北，却在此时成了破局
的关键人物。就在亚西比德四处搜刮财物、战利品，扩充军
队时，其他雅典将领包括塞拉麦涅斯和特拉西洛斯则与法尔
纳巴祖斯进行了谈判。经过谈判，双方达成协议：迦克墩向
雅典支付拖欠的贡金，而法尔纳巴祖斯则另献 20 塔伦特，条
件是雅典人不再攻击迦克墩或法尔纳巴祖斯的军队；此外，
雅典需派遣使节前往波斯皇都苏萨（Sousa）觐见波斯皇帝，
以求和平。和约似乎没有提及斯巴达人。由于斯巴达指挥官 16
和大量士兵在战争中阵亡，可能已元气大伤，不足为虑，当
然也可能是在协议达成之前他们已获允离开并前往拜占庭。
斯巴达人的缺席使协议的达成更为顺利。当然，迦克墩人还
是心向斯巴达。各雅典指挥官包括亚西比德都宣誓遵守协议，

直到雅典使节从苏萨返回，这至少需要 6 个月。待迦克墩和法尔纳巴祖斯这边的局势平定后，雅典人着手处理拜占庭。雅典将领塞拉麦涅斯和特拉西洛斯率领军队渡过博斯普鲁斯海峡，开始对拜占庭发动围攻。亚西比德再次外出征集援军，此时雅典已经收缴迦克墩的财宝、拖欠的贡金和法尔纳巴祖斯的 20 塔伦特，有能力征集更多的士兵。亚西比德在此次征募中招募了雇佣兵，包括雅典士兵及一支由色雷斯人组成的部队。他在这次招募中最远到达了克森尼索。返程途中，亚西比德在塞利布里亚停驻。他曾于基齐库斯战役后来此收取贡金，但此次未获入城许可。亚西比德与城内的雅典支持者秘密联系，后者在夜间大开城门，亚西比德及其新征召的军队得以长驱直入。不过，亚西比德与城邦达成协定，虽然色雷斯与城邦间向来不和，但他保证率领的色雷斯士兵不会因此造次。亚西比德在塞利布里亚收缴了拖欠的贡金，在城内留下驻军后迅速向拜占庭进发。他不费吹灰之力就为雅典收复了这座城邦，为军队搜刮到了足够的资金，并迅速离开，未拖泥带水。虽然很明显他扶持了支持雅典者入主塞利布里亚，却并没有引起更广泛的敌意。

由三位雅典将领率领的军队、舰船和士兵对拜占庭发起了围攻。雅典拥有一支近 200 艘战船的庞大舰队，约 3 万名士兵，以及一支足以控制拜占庭所有入口的军队。此外，得益于搜刮来的贡金、战利品和法尔纳巴祖斯的献金，三位希腊将领有足够的钱支付士兵的薪饷并确保一部分补给。当然考虑到其军队规模，这笔钱将很快捉襟见肘。因此，一如既往地，战争拖得越久，压力便越大。

拜占庭守军此时由斯巴达督军克利亚科斯指挥，他冷酷无情，除了真正的斯巴达公民，瞧不起任何人。他带领的这 17 支军队人员构成复杂，有拜占庭人、赫利索斯率领的墨伽拉人、非斯巴达公民、从拉科尼亚（Lakedaimon，即斯巴达）获释的希洛人（Helots）奴隶、科伊拉塔达斯（Koiratadas）率领的维奥蒂亚人（Boiotians），以及一支雇佣军。面对如此良莠不齐的军队，克利亚科斯必须强硬才能治下。不过，这支军队已足以击退雅典人最初的强攻。雅典舰队对拜占庭实施了严密的封锁，并修筑了一道围墙加强陆上封锁。此时的拜占庭和雅典人一样，需要的是速战速决。

围城战陷入了胶着，双方各出奇谋，试图打破僵局。亚西比德打算联络城内的亲雅典势力，再现在塞利布里亚的成功，说不定能说服内应在某个夜晚打开城门。然而，克利亚科斯捷足先登，率先进行部署，相比起来他的这个计划目光放得更长远。克利亚科斯看到之前雅典人攻城失败，便认定拜占庭城内居民和守军忠诚一心，或至少也处于掌控之中。他便趁着夜色溜出了城池（由此可见雅典的封锁并不严密），此行目标是去向波斯总督法尔纳巴祖斯求援，但不巧这位总督已经和雅典使节一起前往苏萨。此计不成，克利亚科斯另有一计，可能成功率更高一些，那就是集结所有能招来的斯巴达战舰。普洛彭提斯海各处都停有斯巴达战舰，尤以阿拜多斯数目最多，安坦德鲁斯也有一些战舰在建造中，另外，色雷斯海岸还有一些克利亚科斯下属指挥官率领的战舰。虽然把这些战舰全部集结起来，也不足以在海战中击败雅典，但可以利用这些战舰在普洛彭提斯海给雅典制造麻烦，切断其补给线，骚扰其支队，引开其舰队。只是如此一来，赫勒斯滂沿岸的那些小城邦就要受到波及，就连在基齐库斯战役后被雅典控制的大城邦可能也无法置身事外。

不过，与亚西比德在拜占庭施行的计策相比，克利亚科斯的方案见效更慢。在拜占庭，除了士兵，其他所有人的口粮都接近断绝，这大大帮助了雅典人。不出所料，克利亚科斯首先确保城内守军有足够的粮食供应，若有剩余才分给市民。但是，他对拜占庭中的支持斯巴达者也表现得极其傲慢和蔑视，端的是斯巴达人对弱小民族的一贯做派。拜占庭城中最初向克利亚科斯求援的似乎是统治寡头，即夺取了城市政权的小团体，或克利亚科斯扶植起来的统治者。这些人与他接触最为频繁，却也遭受他的不屑与冷待。克利亚科斯离开拜占庭去征集战船，无疑让这些人松了一口气，但这也给反斯巴达，或者更准确地说，反克利亚科斯的派系创造了机会，他们得以与亚西比德取得联系，帮助雅典人攻入拜占庭。

虽然亚西比德承诺会给予优待，但攻占拜占庭比攻占塞利布里亚要难得多。拜占庭的防守力量更强，城内士兵坚定不移地反雅典，亲斯巴达，城墙上始终驻扎着警觉的守军。虽然城内有亲雅典的内应，但他们只能确保雅典军队入城，无法保证更多的援助，因此一旦雅典人踏入城墙，势必会发生激战。亚西比德机智过人，想出了一个计谋。他散布谣言，声称雅典军队要前往其他地方，并捏到要去的是爱奥尼亚，以此增加可信度。一天下午，整个雅典舰队扬帆出海，消失在拜占庭人的视野中。地面围攻城墙的雅典军队也拔寨起行，不过仅仅是行至拜占庭人视野之外。奇怪的是，无论是海上还是陆上，拜占庭方面都没有进行侦察以追踪雅典军的撤退动向。如果克利亚科斯还在拜占庭城内的话，他肯定会组织侦察行动。缺乏侦察的原因可能是指挥层面的不统一：斯巴达、墨伽拉、拜占庭及其他盟军各自为政，未能有效协同作战。

雅典军队悄无声息地折返，可能只有突击部队全部回到城墙之下。同时，雅典舰队负责吸引拜占庭守军的注意力，声势浩大地返回港口，攻击任何发现的敌舰。许多原本驻守在城墙上的士兵都急忙赶去支援港口防御，因为在他们看来，雅典军队受阻于城墙，可能会选择转向海上登陆作战。拜占庭陆地防御因此大大削弱，城里的雅典内应抓紧时机，向折返的雅典军队发出信号。然而，城墙附近仍然留有拜占庭的守军，他们很快意识到雅典舰队只是佯装登陆。因此，雅典军队对城门的攻击很快遭到了顽强抵抗。战斗随即陷入僵持，双方都调集更多兵力以求突破：雅典人加派了更多军队进攻，拜占庭人则构筑了更加坚固的防线，使得战斗越发激烈和复杂。

不过，亚西比德还有另一个撒手锏。他向拜占庭守军传达了他的招降条件，具体方式不得而知。可能是战斗间隙，也可能是天亮之后，总之拜占庭人知晓了塞利布里亚投降的情况，加之有内应在旁解释劝说，于是他们接受了亚西比德开出的条件：停止战斗，转去攻击城中那些伯罗奔尼撒联盟的驻军。拜占庭人掉转枪口，多数外籍士兵在战斗中阵亡，仅有 500 人残余军队逃到寺庙寻求庇护，这实质上标志着拜占庭的投降。就像之前招降塞利布里亚一样，雅典兑现了其承诺。拜占庭恢复了与雅典的联盟关系，并向其缴纳贡金。雅典人没有在拜占庭留驻，而是撤回了军队。毕竟，拜占庭人已经通过变换阵营充分表明了其政治立场，且他们杀害如此多的昔日盟友，已再无可能与斯巴达联盟重归旧好。战俘们被解除武装，送往雅典。

公元前 406 年，拜占庭的新政权（可能为民主政体）仅维持了一年便戛然而止，当时雅典最后一支舰队在赫勒斯滂的阿哥斯波塔米（Aigospotamoi）被斯巴达盟军击溃[①]。斯巴达盟友们为报复过去 30 年来雅典对其城邦和人民的搜刮虐行，一致投票决定斩杀雅典战俘。斯巴达指挥官吕山德（Lysander）随后巡视赫勒斯滂和普洛彭提斯沿岸各城邦，接受这些城邦的投降并调整其治理结构。拜占庭由斯巴达

① 即阿哥斯波塔米海战（Battle of Aigospotamoi），是伯罗奔尼撒战争中的决定性战役之一，斯巴达取得了这场海战的决定性胜利。雅典舰队在疏于戒备的情况下被斯巴达舰队突袭，舰队几乎被摧毁，雅典帝国和民主制度被推翻，随后几年内斯巴达在希腊实施了更严格的统治。——译者注

任命的督军（harmost）斯忒内劳斯（Sthenelaus）驻守，除驻戍卫军，还有由十名亲斯巴达派系成员组成的十人委员会（dekarchy）总揽大权。而原来拜占庭城内的雅典驻军则被遣返，这些雅典军返回后进一步加剧了雅典的人口压力和粮食供应紧张。雅典坚守了一年多后，最终说服斯巴达人允许其保留自治权，但曾经的民主制度和防御工事已不再，舰队也荡然无存。

斯巴达的统治并不受欢迎，而当斯巴达开始向各城邦征收贡金后，更加深了这种不满。在这些城邦看来，这不过是昔日受制于雅典帝国那段屈辱经历的再现，且相比之下，现在的斯巴达更令人难以忍受。这种普遍的反斯巴达情绪似乎也影响到了色雷斯人，他们又开始对邻近的希腊城邦发动袭击，克森尼索也好，拜占庭也罢，都未能幸免。这些是有记载的地区，其他城邦的情况大致也是如此。

昔日驻守拜占庭的斯巴达督军克利亚科斯，因兵败亚西比德，在斯巴达受审并被处以重罚。他逃离斯巴达，逃亡到拉姆普萨库斯，在那里沉溺于酒色之中。与此同时，公元前404 年，波斯皇帝大流士二世（Dareios Ⅱ）去世，其长子阿尔塔薛西斯（Artaxerxes）继承王位。大流士二世的幼子小居鲁士①，怀着取其兄长而代之的野心，在小亚细亚开始密谋集

20

———————

① 　此处指小居鲁士（公元前 424 年—前 401 年），而非波斯帝国的创建者居鲁士大帝。小居鲁士是波斯阿契美尼德王朝王子，大流士二世幼子。公元前 401 年，小居鲁士以推翻兄长阿尔塔薛西斯二世为名，起兵叛乱。在与阿尔塔薛西斯二世的军队交战中，小居鲁士战死，叛乱最终失败。——译者注

结兵力。他拉拢一些著名的将领帮助他召集兵力，条件是这些将领对兵力有使用权，但在他发动推翻兄长阿尔塔薛西斯的远征时，须听从调遣。克利亚科斯也是被拉拢的对象之一。他集结了一支军队，对威胁克森尼索的色雷斯人开战。

而拜占庭已然与克利亚科斯建立了联系。正如克森尼索一样，拜占庭也面临着邻近的色雷斯人的威胁。城内亲斯巴达派系的小型寡头政治集团向克利亚科斯发出邀请，希望他能重返拜占庭。克利亚科斯欣然接受，并在抵达后通过一场政变使自己成为拜占庭实际上的僭主。城内寡头们对克利亚科斯此举并不排斥，至少当时是如此，因为这意味着他们联手，全面控制了城邦。

克利亚科斯确实反击了色雷斯人。古希腊作家波利埃努斯（Polyainos）曾在其著作①中记录了各种军事策略和战术故事，其中就包括克利亚科斯征战色雷斯人的故事。不过，在希腊历史学家的笔下，克利亚科斯在拜占庭的行径与其他僭主并无二致：滥杀无辜、没收财产、驱逐异己等。克利亚科斯本人是否如此尚无定论，但彼时希腊各城邦已历经无数僭主，新晋僭主往往只是一味模仿前人所为稳固统治，克利亚科斯在史家看来也必不会例外。在他们笔下，几乎对每位僭主的描述都是如此，非是意图歪曲事实，而是出于对僭政的一贯看法：既是僭主，便不免行恶。

---

① 指波利埃努斯所著的《战术策略》（*Stratagems*），内容涵盖了从古希腊到公元 2 世纪左右的各种战争策略、军事思想和军事行动。——译者注

克利亚科斯也像斯巴达早期的其他僭主一样，使得一开始支持他的人也离心离德，最终拜占庭向斯巴达求助。克利亚科斯对外宣称是代表斯巴达行事，实际却未经斯巴达授权便在拜占庭就职，此举甚至可能违逆了斯巴达的意愿。因此，局势变得相当混乱。最终，斯巴达号令克利亚科斯返回斯巴达受罚，这迫使他离开拜占庭。克利亚科斯已是拜占庭弃子，被军队押回斯巴达之日很可能就是他的断头之期。斯巴达已派遣一位新的官员接手拜占庭，城中的政治寡头依旧稳固地掌握着权力。

如果克利亚科斯返回斯巴达，鉴于之前的行径和定罪，他将被判处死刑。因此，他选择逃离拜占庭，途经塞利布里亚，前去波斯会见小居鲁士。恰在其时，小居鲁士准备发动兵变，推翻自己的兄长。小居鲁士是否告知了克利亚科斯这一点还不得而知，但显然，克利亚科斯轻易就放弃了他在拜占庭的僭主之位。

克利亚科斯离开拜占庭后，斯巴达人阿那克西比乌斯（Anaxibios）接任督军一职。在他任上，拜占庭面临着新的危机：当初协助小居鲁士发动兵变的希腊雇佣军幸存者返回，由雅典人色诺芬（Xenophon）指挥（克利亚科斯已在途中被杀害）。这些幸存者抵达邻近拜占庭的比提尼亚，试图继续前进，但他们自己也不知道该去往何处。阿那克西比乌斯组织航船接幸存者进入拜占庭，但后来为了让他们为己所用，他做出了一些无法兑现的承诺。当这些幸存者意识到自己被

21

骗，怒不可遏。其中一些人没费什么力就爬过防波堤进入拜占庭城内，而另一些已经在城里的人，用斧头砸破了城门进行接应。拜占庭守军逃到城堡，市民们惊慌失措，阿那克西比乌斯则乘船逃往卫城。当时看来，拜占庭大概率会被洗劫，或被这些幸存者占领，他们的首领色诺芬将被推选为僭主。不过，色诺芬拒绝担任僭主，他带领这些人离开拜占庭并表明立场，洗劫同宗同属的希腊城邦令人不齿。拜占庭就这样逃过一劫。

公元前 390 左右，一些斯巴达前盟友因对斯巴达的专断和一家独大不满，转而支持雅典，雅典逐渐中兴。公元前 396 年爆发的科林斯战争进一步削弱了斯巴达的影响力。公元前 389 年，拜占庭还被斯巴达掌控，但此时，雅典舰队在特拉叙布鲁斯的指挥下抵达了赫勒斯滂。雅典此次远征是为阻止斯巴达重振其海上力量，而夺取斯巴达在北方的基地有助于达成这一目标，此行未遇斯巴达的抵抗。特拉叙布鲁斯率军继续驶向博斯普鲁斯海峡，在拜占庭推翻了寡头政治，建立了民主政体，随后在迦克墩也进行了类似的改革。在色诺芬的相关记述中，未提及任何斯巴达守将或驻军。

在颠覆寡头政治之前，特拉叙布鲁斯还接管了拜占庭的征税系统。他将征收通行税的权力移交给拜占庭，以此拉拢他们。具体做法不得而知，但这种示好，加之民主制度的恢复，似乎暂时取悦了拜占庭人，此时拜占庭城内曾与斯巴达及克利亚科斯勾连的政治寡头日薄西山，无力扭转局势。这意味着拜占庭城中不会再有雅典税务官，昔日雅典帝国时代的做派仍然让拜占庭人心有余悸；而雅典人则对什一税仍有主导权：雅典拥有更大的份额，而拜占庭可以从中抽取一定比例的费用。此外，经由此处的所有雅典船只可能都被免除了税收。

　　雅典此次远征促成了博斯普鲁斯海峡及普洛彭提斯海沿岸城邦执政体制的调整，并解除了斯巴达帝国对该地区的掌控，对雅典及其盟友意义重大。由特拉叙布鲁斯领导的这一行动也标志着雅典帝国复兴的开端，意味着雅典海军霸权雄心的重燃。不过，这次远征的最初目标——遏制斯巴达的海军力量——并未达成。两年后，雅典深陷封锁和饥荒之泥淖。① 之后，斯巴达外交使节安塔尔基达斯（Antalkidas）从苏萨带着一份与波斯皇帝阿尔塔薛西斯——小居鲁士、克利亚科斯及色诺芬昔日的敌人——签订的《大王和约》（*The King's Peace*）② 返回，斯巴达利用这份和约来实现其帝国扩张的野心，雅典则不得不接受和约以摆脱封锁。对拜占庭而言，这个和约暂时保障了其自治权，直到其他势力再次来袭。

23

---

① 　公元前 395 年—前 387 年雅典、科林斯、阿尔戈斯和底比斯组成的四国联盟与以斯巴达为核心的伯罗奔尼撒联盟间爆发科林斯战争，在这场战争中，斯巴达试图通过封锁和其他军事行动削弱雅典及其盟友的力量，这对雅典的粮食供应产生了直接影响。——译者注

② 　即公元前 386 年斯巴达与波斯签订的《安塔尔基达斯和约》，合约规定波斯承认斯巴达在希腊城邦中的霸权；斯巴达承认波斯对小亚细亚希腊城邦的统治；希腊各城邦必须保持独立自主，不得互相攻击。——译者注

第三章　敌自西方来——马其顿人

公元前 340 年及前 318 年之围

地中海地区力量的天平随着雅典的复苏、底比斯（Thebes）实力的增强以及斯巴达势力的减弱而重新达到平衡。这一平衡状态持续了大约 50 年，直至马其顿的突然崛起，引发了地缘政治的新一轮动荡，再次颠覆了这一脆弱的均势。战火绵延不断，城邦之间合纵连横，相互结盟仅仅基于权宜之计，而非出于道德或承诺。雅典可能与昔日死敌斯巴达携手，底比斯可能与雅典联盟，甚至所有城邦都可能暂时与老对头波斯结盟。而拜占庭却得以在这种乱局中偏安一隅，只是偶尔被来自南方的外部力量干预。

公元前 386 年签订的《大王和约》，旨在确立有利于波斯和斯巴达的国际秩序。这个和约对其他城邦构成了潜在威胁，不过雅典已足够强大，能够筹建第二雅典海上同盟

（Second Confederacy）^①，为其中较小的城邦提供保护，反过来也增强了雅典对抗其他大国的实力。该联盟从雅典与各个城邦的结盟中逐步发展而来。到公元前 378 年，拜占庭作为雅典的盟友加入该同盟，当时联盟中的城邦数量已增至约 75 个，其中大多数为较小的岛屿城邦。联盟协议的官方记录中明文指出，拜占庭将成为"雅典及其他盟友"的一员。在同一雅典历年（Athenian year）^②内，雅典还制定了联盟的一般条款——"章程"。在这份章程中，雅典谨慎而又明确地限制了自身权力，以防止该联盟演变成又一个雅典帝国。不过，雅典无疑是联盟的主导力量，并借此最终恢复了大国地位。

然而，拜占庭对于其雅典盟友的身份似乎并不以为意。公元前 364 年，底比斯将军伊巴密浓达（Epameinondas）带着新建的维奥蒂亚舰队在普洛彭提斯海巡游。这是对雅典的一次公然挑衅，但雅典对此视而不见，伊巴密浓达此后也未再尝试类似行动。这次巡游的一个后果是拜占庭退出了第二雅典同盟。无疑，其他城邦也同样跃跃欲试。退出联盟对拜占庭来说相对顺利，但几年后罗得岛（Rhodes）、科斯岛（Kos）和希俄斯岛（Chios）这三个较大的岛屿城邦试图脱离

24

---

① 第二雅典海上同盟成立于公元前 378 年，是雅典在伯罗奔尼撒战争后为恢复其海上霸权而建立的一个军事和政治联盟，该联盟标志着雅典在国际政治中的一种复兴尝试，但它最终在公元前 338 年马其顿王国崛起后解散。——译者注

② 雅典历年是指雅典的历法，以当选的首席官员——执政官（archon）——的任期来命名每一年。雅典历年通常从夏季开始，持续到下一年的夏季。——译者注

联盟时被百般阻挠；其他岛屿城邦如凯俄斯岛（Keos）和纳克索斯（Naxos）也曾尝试脱离雅典的控制，但都未能成功，雅典甚至为了重新控制凯俄斯岛发动了两次军事行动。由此可见，公元前 4 世纪 60 年代末，随着伯罗奔尼撒半岛危机日益严峻，雅典已无暇顾及拜占庭。拜占庭的地理位置远离雅典和爱琴海核心区，可能因此不是雅典此时最重视的城邦。岛屿城邦决定退出联盟终引发同盟战争（the Social War），此战进行了三年。拜占庭作为独立城邦加入了"脱离者"（the seceders）城邦的行列对抗雅典，毫无疑问是担心雅典胜利后会再次控制拜占庭。这些脱离的城邦与卡里亚（Karia）的波斯总督摩索拉斯（Mausollos）结盟，其强大势力最终迫使雅典在公元前 355 年认输。

一个不会演变为帝国的雅典联盟终只是空谈。公元前 355 年，随着拜占庭、岛屿城邦及其他城邦的相继退出，联盟在内外压力下崩溃。最终，联盟中只剩下雅典和一些较小的城邦，这些小城邦可以仰仗雅典海上力量的庇护。然而，即使将这些小城邦的力量全部集结，对于雅典而言，其带来的实质性益处也微乎其微。

拜占庭成功避免了深度卷入战争。他们部署了一支规模较小的海军部队，对仍忠于雅典的岛屿发起袭击，但拜占庭的这支舰队并不足以抵御雅典的发难。脱离联盟的城邦也集结海军力量，与拜占庭一样对那些仍然忠于雅典同盟的岛屿发起了突袭，包括利姆诺斯岛和伊姆罗兹岛等，这些由雅典

殖民者创建的岛屿城邦，扼守着赫勒斯滂。联合指挥的三位
雅典将军随后决定攻击拜占庭，此举可能是因为拜占庭孤悬
一隅，势单力薄。他们未料到的是，拜占庭的盟友派遣舰队
至赫勒斯滂海峡，意图阻止雅典的进攻。大战一触即发，却
因为一系列偶发事件得以避免。首先，一场大风暴突然来袭，
各方舰队不得不暂停战事对战船进行修复。随后，三位雅典
将军对战略产生分歧，其中两人被控叛国，另一位将军查瑞
斯（Chares）改投当地波斯总督，以筹集资金支付兵饷并维持
补给。但他所投靠的这位波斯总督意图反叛波斯皇帝，波斯
皇帝因此向雅典提出抗议并发出威胁。最终，波斯皇帝、摩
索拉斯以及各脱离城邦的强大合力迫使雅典接受和平，各城
邦终获独立。拜占庭在这场冲突中几乎毫发未损。

　　趁着雅典陷于纷争无暇他顾，公元前 359 年，腓力二世
（King Philip Ⅱ）即位成为马其顿国王，上任后不仅巩固了对
王国的控制，还对雅典在北爱琴海地区的势力进行了探查。
马其顿大举东扩，不仅使雅典的地位岌岌可危，也对爱琴
海及普洛彭提斯沿岸城邦构成了威胁。面对咄咄逼人的马其
顿，雅典向克森尼索输送了更多定居者以加强对这些关键区
域的控制，而腓力二世的应对是扩大在色萨利地区和北爱琴
海海岸线至阿布德拉（Abdera）的势力范围。双方均与色雷
斯地区的统治者结盟，腓力二世还进一步与佩林索斯和拜占
庭（可能还包括塞利布里亚）结盟，策划包抄色雷斯地区的
敌对势力，并成功占领了色雷斯地区的要塞赫拉城（Heraion

Teichos），此城位于普洛彭提斯北岸，靠近克森尼索。这一军事行动不仅标志着马其顿与雅典之间冲突的激化，也预示着更广泛的地区冲突的开始。马其顿此时囊括了马其顿、色萨利和色雷斯地区，而雅典同盟势力的辐射范围则覆盖阿提卡（Attika）、优卑亚岛（Euboia）、若干岛屿城邦和克森尼索，所以两者的冲突实质上是新旧帝国之间的矛盾，并逐渐向拜占庭及其在普洛彭提斯沿岸的邻近城邦溢出。

站在拜占庭的角度，马其顿和雅典这两个强大的势力都对其构成了威胁。两个国家之间的冲突在公元前 350 年至前 340 年不曾停歇，或公开交战，或暗中较量。拜占庭和佩林索斯希望通过与腓力二世结盟来避免其攻击，不过没有证据表明这两个城邦参加了上述任何战争。然而，作为沿海城邦，它们显然也是雅典的攻击目标。公元前 346 年，奥林索斯（Olynthos）城邦的战争以《菲洛克拉底和约》（*the Peace of Philokrates*）[①] 的签订而终结。但在雅典进行谈判和协商期间，腓力二世已经进一步扩张到色雷斯。与此同时，雅典与腓力二世的敌人——色雷斯国王克瑟布勒普提斯（Kersebleptes）——结盟，并建造了一系列小型堡垒，以此防卫色雷斯半岛北部通往克森尼索的通道。这些堡垒虽然由雅典人建造，但由色

① 《菲洛克拉底和约》是公元前 346 年雅典和马其顿之间达成的一项和平协议。根据和约，雅典承认腓力二世在已征服地区的统治权，腓力二世则承诺尊重雅典的领土完整和自治权。该和约常被视为雅典对实力渐长的马其顿作出的让步，显示了雅典面对腓力二世的政治军事威胁时的无力。——译者注

雷斯人驻守。腓力二世立刻率军前往，未费吹灰之力便将其
拆除。

在接下来的几年内，腓力二世南征北战，经常与雅典发
生冲突或侵犯其利益。随着他对色雷斯的侵犯日益频繁，其
战线开始逐渐逼近拜占庭。雅典激进且好战的指挥官迪奥佩
提斯（Diopeithes），利用克森尼索半岛上卡迪亚（Kardia）
城邦和雅典拓殖者（cleruchs）^①间的争执引发两国冲突，还
逮捕并残害了一名马其顿使者。此类事件的一再发生，进一
步恶化了雅典和马其顿本已紧张的关系。腓力二世对拜占庭
以北的色雷斯盖塔人部落发起攻击，根据一些资料的记载，
此举是为了确保对拜占庭的控制。腓力二世再次在色雷斯地
区吞并领土，并废黜了包括雅典盟友克瑟布勒普提斯在内的
两位色雷斯国王。为抵抗腓力二世，雅典启动了一系列外交
行动，寻找对腓力二世不满的城邦并结盟。雅典使节特别指
出并警示腓力二世不断逼近的威胁，不过这可能并无必要。
多数希腊人对雅典的说辞将信将疑，认为其此举只是出于一
己私利，不过雅典使节的游说确实有助于在城邦中形成更广
泛的联盟。之后，腓力二世任命了一位将军（strategos）管理
色雷斯，这标志着马其顿对该地区的进一步控制。另外他还
在博斯普鲁斯海峡以北的黑海沿岸发动军事行动，并与沿海

---

① 源自词语 Cleruchy（拓殖地），是雅典用以进行控制和扩大势力的一种
机制，通过将雅典公民安置在其他城邦或领地上，使其成为土地持有者，即
拓殖者，拓殖者通常负有军事义务。这种制度有助于雅典维持其海上帝国，
同时为其公民提供土地和资源。——译者注

的希腊城邦结盟。

在这一关键时刻，雅典政治家狄摩西尼（Demosthenes）[①]前往拜占庭进行访问。马其顿对黑海海岸进行控制，雅典深受其害，因为雅典的粮食和原材料需从黑海运送至希腊本土，但相比之下，拜占庭形势更为严峻，因为这意味着腓力二世的势力已逼至门前。对拜占庭人来说，与腓力二世结盟不再是安全的保障。狄摩西尼的访问并未如期促成拜占庭与雅典的直接结盟，与之前几次外交接触的结果似乎并无不同。然而，腓力二世却感到不安，特别是得知雅典使节还访问了希俄斯岛和罗得岛，这两个岛屿城邦都是拜占庭在同盟者战争期间的前盟友，焦虑更甚。似乎一个更加松散的第二雅典同盟正在逐渐形成。与此同时，雅典还派出使节前去拜访波斯皇帝阿尔塔薛西斯，双方都对腓力二世的崛起感到不安。雅典最终成功获得了波斯皇帝的资助，其正在组建的反马其顿联盟得到支持。公元前 340 年，在色雷斯北部征战的腓力二世，似乎突然意识到一股针对他的联盟势力正在酝酿之中。雅典使节获得波斯皇帝资助，可能正是这件事使得雅典筹建的联盟和腓力感受到的威胁明朗化。腓力二世对佩林索斯和拜占庭的不满可以理解，尽管这两座城邦名义上是其盟友，却已开始与其敌人雅典秘密联络。腓力二世可能打算在雅典

27

---

① 狄摩西尼生于公元前 384 年，卒于公元前 322 年，是古希腊雅典的一位著名政治家和雄辩家，其最著名的是"反腓力辞（或斥腓力）"系列演说，通过这些演说，他试图唤起雅典人对马其顿国王腓力二世的警觉。——译者注

联盟正式成立前先发制人，遏制其进一步壮大。不过，这一预防性策略是否能够成功，关键在于马其顿军队能否速战速决。如果腓力二世被拖入旷日持久的战争，那么新兴的雅典联盟便有足够的时间凝聚起来进行反制。

腓力二世首先对佩林索斯发起攻击，可能因为相较于拜占庭，这座规模较小的城邦看似更易攻克。然而，后来的事实证明这一判断并不明智，因为佩林索斯易守难攻，居民抵抗意志坚决。不过，腓力二世自信其军事力量足以取胜。在他统治期间，部分得益于他本人的启发和指导，一系列先进的攻城器械得以面世。其中一些在亚述（Assyrian）帝国①时代就已在中东的战争中有所应用，只是后来在波斯帝国的管制下未能进一步发展。有些器械首次出现在西西里战争中，还有些是在腓尼基人（the Phoenicians）传来的亚述模型基础上，由迦太基人（Carthaginian）改良后被锡拉库萨人偷师。据传，腓力二世在公元前 350 年的福基斯（Phokis）战役②中首次目睹这些令人震惊的攻城器械，当时其敌对方可能是在西西里学会了这些技术的雇佣兵。随后，腓力二世命人为部队制造了改良版器械，并将其拆解，随军携带，战争中如有　28

---

① 亚述帝国是古代近东地区的强国，存续时间约为公元前 2500 年至前 609 年。公元前 7 世纪，鼎盛时期亚述帝国的版图扩展到伊朗、小亚细亚、埃及等地，成为当时世界上最强大的国家之一，后被新巴比伦、米底亚和波斯联军所灭。——译者注

② 福基斯战役是福基斯人因侵占了宗教圣地德尔斐神庙而与其他希腊城邦，包括马其顿的腓力二世发生的冲突。——译者注

需要可就地组装。其中包括能够发射巨石的投石机（不过在佩林索斯围城战中这些器械可能还在开发，未投入使用）、辅助弓箭手和投石兵清除敌方城墙守军的攻城塔、用于攻击城门和城墙的攻城锤，以及射程远、威力大的复合弓。

尽管腓力二世曾使用冲锋车攻打安菲波利斯（Amphipolis），用投石机围攻奥林索斯，但攻打希腊城邦时很少大规模同时使用攻城器械。如今，他计划动用一切手段对佩林索斯发起全面攻击。在古代，早期的围城战通常意味着长时间的封锁，公元前 407 年雅典对拜占庭的围攻就是一个典型例子。腓力二世对奥林索斯的围攻也持续了三个月之久。在这样的情况下，被困城邦能从外界获取补给成为决定其生存的关键，佩林索斯在这场危机中得到了众多友邦的支持，得以存活。另外，作为一个港口城市，佩林索斯不仅更容易获得食物补给，还能接收到盟国军队或雇佣兵的增援。因此，尽管腓力二世拥有先进的攻城技术和器械，攻克佩林索斯仍然充满变数。

佩林索斯之围

公元前 340 年 7 月，腓力二世领军 3 万，对佩林索斯城发起围攻。他调集了巍峨的攻城塔，在塔上，弹弓手和弓箭手得以向城墙上的守军投石放箭。投射的弹丸很可能是铅制的，因为腓力二世曾在奥林索斯战争中使用的弹丸就是这种材质。这些铅弹形状规整、重心集中，其射击精度较石弹更高。攻城方一旦占领了上方城墙，便可相对安全地靠近城墙进行挖掘，从内部破坏城墙结构。与此同时，其他士兵则可挥舞攻城锤，向城门发起猛攻。然而，城门作为城墙防御的关键点，通常防备森严，上方的塔楼常设有遮蔽物，能有效抵御攻城塔的威胁。

佩林索斯人很快意识到，如果无法获得援助，很可能会败北，同时也明白即使有外援，主要战斗也只能依靠自己。随着城墙在攻击下开始崩塌，他们在倒塌的城墙后方建起了第二道防线。此时波斯援军赶至，波斯人不希望腓力二世继续崛起，因此皇帝命令附近的总督协助守卫佩林索斯，并调遣补给和雇佣兵增援。而拜占庭此时与佩林索斯可谓唇亡齿寒，如果佩林索斯城陷落，它也将不日覆灭，因此也送去了补给和一些投石机。佩林索斯得益于其沿海的位置，与拜占庭能够通过海路相互扶持。看来，腓力二世尽管在陆上指挥作战所向披靡，但在围攻佩林索斯时可能遗漏了这一点。 29

佩林索斯城墙在攻击之下大段倒塌。不过，佩林索斯人建立的第二道防线，加上拜占庭的投石机，某种程度上重塑了战场上的火力平衡。随着这座较为简易的第二道防线也被突破，马其顿军队必须进行连绵不绝的激战才能深入城中。佩林索斯位于海岸，或者更确切地说是建在沿海山丘上，房屋鳞次栉比，一直延伸至山顶。入侵者要想占领这座城市，必须一户户破门而入，在曲折的街道和一幢接一幢的房屋中进行残酷的巷战，这无疑可比作古代版的斯大林格勒战役

（Battle of Stalingrad）[①]。在这种极端的城市战中，两军都伤亡惨重。

战斗持续到 9 月，腓力二世终于意识到，这场战斗得不偿失。攻城战中，使用弹弓、箭矢、攻城锤攻击城墙，以及挖掘地道破坏城墙，都会造成守军的伤亡。但与保卫家园的市民、训练有素的雇佣军以及源源不断的援军进行逐街巷战，马其顿人也死伤无数。

公元前 340 年拜占庭之围

面临挫折的腓力二世依然拥有数个可行策略。既然佩林索斯是通过海路接收外援，腓力二世决定派遣小型舰队前往普洛彭提斯海，截断敌方的补给线。然而，这一行动需要穿越雅典殖民者控制的克森尼索半岛。为了夜间船只能在海滩安全停靠，腓力二世必须派遣守卫进行警戒。这种守卫行动是常规操作，士兵们会在岸边准备食物、进餐和休息。这里曾是阿哥斯波塔米海战的发生地，那时一支实力强大的雅典舰队因疏于防备而被力量逊于自己的斯巴达舰队击败。因此，马其顿舰队由一支强大的军队护卫，以抵御克森尼索雅典人的潜在干扰。这一行动无疑激怒了雅典，严格来说，雅典此

30

---

① 斯大林格勒战役发生于第二次世界大战中，从 1942 年 8 月持续到 1943 年 2 月。其间发生了激烈巷战，特别是在战役的关键阶段，双方在城市的废墟中进行了残酷的近距离战斗。斯大林格勒巷战被认为是现代战争史上最为惨烈的城市战之一。——译者注

时与腓力二世算是和平相处。为了掩盖真实意图，腓力二世向雅典送出了一封巧妙的解释信，使雅典人对马其顿军队的行动迟疑不决，未能立即做出反应。

马其顿舰队在普洛彭提斯海域巡弋，但仍无法阻止运抵佩林索斯的补给。不过，这支舰队还是发挥了作用，并对其他城邦构成威胁。腓力二世早有计划，决定将矛头指向拜占庭。他将部分军队留在佩林索斯，主要负责封锁，主力部队则调往拜占庭城下。他显然将攻城器械留在了佩林索斯，同时命一位名叫波利伊多斯（Polyeidos）的色萨利工程师率领团队，制造攻打拜占庭所需的器械。

腓力二世开始对拜占庭发起积极围攻，并对城墙造成了破坏，还封锁了其盟友塞利布里亚，以确保通信和补给线路尽在掌握。随着时间的推移，形势愈加紧迫。显而易见，雅典对马其顿舰队沿克森尼索海岸的行动，以及其穿越赫勒斯滂的事实大为光火，即将介入战事。因此，腓力二世须尽快占领拜占庭。

腓力二世在博斯普鲁斯海峡的行动堪称胆大妄为，竟在未经允许的情况下穿越盟友领土。更甚者，他扣押了一支庞大的商船舰队，其中包括180艘往来雅典的船只。这支舰队由雅典将领查瑞斯指挥的小队护卫。雅典常年需要防范的是海盗，所以这支护卫队规模较小。尽管雅典清楚腓力二世正在对普洛彭提斯沿岸城邦进行围攻，并对此深感忧虑，但未料到马其顿舰队会采取如此激进的行动。因为名义上，雅典与腓力二世仍旧维持着和睦关系，且雅典在整个冲突中都未曾插手，保持中立。

查瑞斯被召去与附近的波斯总督会晤，为了展示雅典的力量，他显然带走了一些战舰随行。在他离开的这段时间，马其顿舰队袭击了雅典商船，捕获了船上几乎所有商人。

31

腓力二世此举不仅是普通的劫掠，更是一次针对雅典海运贸易霸权的有力打击。他扣留雅典商船，从中掠获了大量食物、战利品以及船只，这些物资正是当下他的军队所需。这些被扣船只的木材，后被用于制造攻城器械；而船上的兽皮，也成了军队中重要的物资。据估计，此次劫掠所获得财富高达 700 塔伦特。腓力二世特意只扣押了雅典的船只，而释放了 50 艘前往希腊其他地区的非雅典船只，从这些数字不难看出雅典在海运贸易中的主导地位。腓力此举精准地削弱了雅典的经济和军事实力，通过这种方式，他搜刮到了大量补给，实质上是全面剥夺了雅典的物资供给。

不出腓力二世所料，雅典对此大为震怒，尽管收到了腓力二世的又一封解释信，但雅典人民大会仍立即宣战。在当时的形势下，雅典只可能做出这样的回应。然而，腓力二世在某种程度上也有为自己开脱的理由。他声称，一些被扣押的船只试图为他的敌人塞利布里亚提供补给，并且拜占庭和佩林索斯很可能也从这些船只获得支援。对腓力来说，更难以容忍的是，在这些商船被截获的同时，雅典将军查瑞斯正与波斯总督会晤，而后者一直站在他的对立面策应他的敌人。

查瑞斯的这次会面被解读为雅典与波斯协调行动，支持拜占庭和佩林索斯。鉴于这些可能的威胁，腓力二世先发制人，这虽然看似过激，但其实与他在佩林索斯所为颇为一致。这两次，他都确信自己将遭受攻击，因此选择先下手为强。这种战术在其他战争中也颇为常见。

在我们的视野转向拜占庭和博斯普鲁斯海峡前，不应忽视佩林索斯此时依然困于腓力二世部分军队的封锁中。有推测是安提帕特罗（Antipatros）或帕尔米尼翁（Parmenion）负责围城，但具体是谁仍然不明。史料提到，一位当时在场的马其顿将领名为安提戈尼（Antigenes）或安提戈涅斯（Antigonos），在佩林索斯守军的一次出击中失去了一只眼睛。围绕这位将领的具体身份存在一些争议，他很可能就是后来被称为"独眼"的国王安提柯一世（Monophthalamos），他在史书中多被记作安提戈尼。过分关注这位将领的身份，可能会让我们忽视一个更加重要的事实：佩林索斯人曾经有过有效的出击，这次出击表明他们仍在抵抗，且还击伤了敌方将领。显然，这一事件发生在腓力二世调走部分军队之后。

腓力二世同时围攻佩林索斯、塞利布里亚和拜占庭三座城邦，但只有对拜占庭的围攻能称得上富有成效。他持续封锁拜占庭至少两月有余。在这期间，他的工程师们巧妙地利用缴获的船只木材，制造了更多的攻城器械。此外，由于拜占庭为支援佩林索斯而调走了大量的防御器材和兵力，腓力二世便抓住了这一有利时机。尽管拜占庭早有防范，但因大量兵力调往佩林索斯，城内防守力量明显不足。在激烈的攻击中，拜占庭的城墙至少被攻破过一次。然而，就在攻城军队即将大举入侵之际，城中犬吠声突然响起，引起了守军的警觉，他们及时发现并修补了城墙缺口。

雅典最终公开参战后，查瑞斯及其领导的 40 艘战舰介入围城战，增援拜占庭，对战局起到了决定性作用。他与拜占庭舰队联手，将马其顿舰队驱逐出博斯普鲁斯海峡，逐入黑海。查瑞斯在博斯普鲁斯海峡设立了防御哨站，巧妙控制了海上交通要道，监控并限制马其顿的海上行动。然而，由于查瑞斯在雅典并不受欢迎，雅典政府另派出一支舰队来接替他的指挥。腓力二世借此机会，派遣部队在克森尼索进行突袭，可能意在转移雅典方面的注意力。拜占庭围城战的结果与佩林索斯相同，均未让腓力得手。腓力二世以其一贯的外交技巧，安全撤回了自己的军队，并凭借其军事才能在色雷斯成功出击，重振了士气。

腓力二世的失败，并不仅仅是因为某一城邦的抵抗，而是众多城邦形成了统一的对外阵线。这些城邦对他深感恐惧，并质疑他的目标及野心，这既源于腓力二世强大的军事实力带来的威胁，也是雅典在围城前及围城期间外交上不懈努力的成果。波斯和雅典说服其他城邦一致对抗马其顿，特别是像罗得岛和希俄斯岛这样的城邦——与拜占庭长期结盟且依赖博斯普鲁斯海峡的贸易，厥功至伟。腓力二世的攻城器械虽然有作用，但很快就被拜占庭原有的器械压制。他的外交手腕也颇为老练，不过此时多数城邦对他提供的任何援助或信息都不信任。他最大的战略失误在于过度分散了军力，将部队分配至佩林索斯、拜占庭、塞利布里亚和克森尼索等多个战场，导致了攻城部队的兵力过于分散。但归根结底，是两城居民的坚守使他们赢得了最终的胜利。特别是在佩林索斯，当地市民由于感受到腓力二世兵力的分散而士气大增，最终决定采取主动出击的战术。这种积极的防御策略是腓力二世失败的另一重要原因。

尽管遭遇挫败，腓力仍在喀罗尼亚战役[①]中击败雅典及其盟友，建立了一个旨在入侵波斯帝国的新希腊联盟。不过，就在他准备开始这一雄伟征程前不幸遇刺身亡。从公元前334年起，他的儿子亚历山大继承其遗志，继续推进这一目标，父子二人均未再将目光转向拜占庭。经历了围城失败后，腓力在其生命的最后四年中已将这座城邦置之度外，亚历山大同样忽视了它。亚历山大穿过赫勒斯滂，进入亚洲，这一行动与两年前腓力的先遣部队所采取的策略不谋而合。亚历山大曾在赫勒斯滂弗里吉亚行省任命了一位总督，在色雷斯也委派了总督，但只有后者可能与拜占庭有所联系。拜占庭是否加入了腓力建立的新希腊联盟，我们不得而知，考虑到拜占庭与腓力之间的紧张关系，这种可能性很小。

① 喀罗尼亚战役发生在公元前338年，在维奥蒂亚地区的喀罗尼亚城附近进行，腓力二世指挥的马其顿军队与联盟军队进行了激烈交战，并在战役中取得决定性胜利。战后，腓力建立了科林斯同盟，几乎所有希腊城邦都被迫加入，标志着腓力二世对希腊城邦统治权的确立。——译者注

33

公元前 318 年之围

在公元前 336 年至前 323 年亚历山大大帝统治期间，拜占庭未有新动向。亚历山大大帝去世后，在相当长的一段时间里其曾经的部下相继创立独立王国并彼此争斗。在小亚细亚，独眼国王安提柯一世控制了大片领土，先是征讨波斯总督，随后与控制马其顿的政治对手争斗，最终将拜占庭卷入其中。而亚历山大大帝曾经的近身护卫官利西马科斯（Lysimachos）则经过长期斗争控制了色雷斯。在此期间，与色雷斯相邻的拜占庭一直忙于自身的事务和贸易，无暇他顾。随着亚历山大"继业者"战争①的持续扩大，拜占庭开始对战况发展保持警觉，就像曾经面对腓力二世的威胁时一样，时刻警惕并做好战斗准备。

公元前 318 年至前 317 年，战事逼近拜占庭。公元前 318 年，赫勒斯滂弗里吉亚行省的总督阿里达奥斯（Arrhidaios）攻击了基齐库斯，原因仅是他想占领这座富饶的城市。对此，拜占庭和安提柯一世都有所行动，拜占庭通过海路来协助防御，安提柯一世则由陆路进发，不过在他们抵达之前基齐库斯就已成功击退了阿里达奥斯。

但是，接下来在公元前 317 年，冲突加剧，这一次是亚历

34

---

① 亚历山大的继承者之间的战争，又称继业者战争，是公元前 322 年至前 281 年间，亚历山大大帝的将军们（继业者）为争夺亚历山大大帝死后的帝国控制权而发生的一系列冲突。安提柯一世是继业者战争中最重要的角色之一。——译者注

山大的几位"继业者"之间的争斗。在小亚细亚西部，安提柯一世驻守于此并牢牢掌控着该地区，此外他还拥有一支舰队。而在希腊，亚历山大大帝曾经的将领卡山德声称有权摄政马其顿，因为其父亲安提帕特（Antipatros）是亚历山大委任的马其顿摄政。而亚历山大的另一部将波利佩孔（Polyperchon）也想控制马其顿，因此与卡山德冲突不断。波利佩孔也拥有一支舰队，由克利托斯（Kleitos）指挥，他将其派往赫勒斯滂，以防卡山德和安提柯一世会合。对此，安提柯一世则派出一支由130艘战船组成的舰队，由尼卡诺（Nikanor）指挥，前来争夺赫勒斯滂的控制权。同时，安提柯一世还亲自率军通过陆路进发，以确保赫勒斯滂亚洲一侧尽在掌握。

克利托斯从赫勒斯滂撤退，很可能是佯退诱敌之举。尼卡诺紧追其后，最终两支舰队在拜占庭附近交战，尼卡诺被击败。此时安提柯一世已领军抵达博斯普鲁斯海峡亚洲一侧的迦克墩和克里索波利斯，拜占庭似乎也已经与安提柯一世结盟。于是尼卡诺率可能只有原来半数的幸存战船前往迦克墩，与安提柯一世会合。而此时的克利托斯尚沉浸在胜利的喜悦中，将舰队停靠于拜占庭附近。在他看来，拜占庭显然是敌非友，所以很可能对拜占庭发起了围攻。

故事很快展开了新的篇章，但具体何时开始，尚不明朗。根据历史学家狄奥多罗斯（Diodoros）的记载，拜占庭受围后，安提柯一世似乎立刻进行了反击，但这似乎不太可能。因为海战失败之后，安提柯一世有许多事情亟待处理，如打捞受损船只、营救落水水手、修缮船舰、让水手休养生息、照顾伤员、安葬死者、召集人员和船只、建立行政制度和纪律，以及为水手提供食物等。此外，还要探查敌人的部署和兵力。因此，仅善后工作就需要至少几天时间，甚至几周时间才合常理。而在此期间，拜占庭一直处于围城战中，或至少受到了威胁和封锁。

探查克利托斯的去向相对较为简单，因为他已将船只停靠在拜占庭附近，部队也在岸上，拜占庭显然已将这一情况通报给了安提柯一世，无疑还发出了求援。安提柯一世可能知晓阿哥斯波塔米海战的故事，肯定也知道腓力二世曾经的战略：派遣小型舰队绕行克森尼索半岛，并派陆军拱卫。每晚海军都会上岸休憩的常规做法更是众所周知。实际上，安提柯一世就是吸取了这些经验，所以率领陆军在亚洲一侧向赫勒斯滂进发，再前往博斯普鲁斯海峡，增援舰队。现在的局势仿佛是阿哥斯波塔米战役的复现，而安提柯一世的处境则类似当初率领斯巴达舰队的吕山德[①]。

克利托斯可能并不了解上述历史，但安提柯一世的行动表明，他非常清楚克利托斯部署上的漏洞，也抓住了克利托斯和其部下的大意之处。安提柯一世重整军队，挑选精锐士兵作为海军战队。他让拜占庭人派遣船只运送弓箭手和投石手渡海，这下彻底地将拜占庭牵扯进来。安提柯一世的士兵

35

① 公元前 405 年，斯巴达和雅典爆发了阿哥斯波塔米海战，斯巴达一方由吕山德领军，在波斯的支持下战胜了舰队规模远超自己的雅典。——译者注

已经潜入拜占庭，对此克利托斯也许还蒙在鼓里。因为克利托斯如果真的围困了拜占庭，哪怕只是将其封锁，遇到这些轻装部队也只会将其视作守城援军，不作他想。这样安提柯一世就能够在敌人眼皮底下从容地进行所有准备，而不会引起他的警觉。在当时的局势下，安提柯一世这样部署再合适不过。因为此时他的对手克利托斯在俘获尼卡诺部分战船后，在战船数量上具有绝对优势。

　　虽然相关部署必然耗时甚久，但安提柯一世的反击还是较为迅捷的，当然没有狄奥多罗斯记述的那样夸张。安提柯一世的船只在黎明起航，当然更可能是天尚未破晓，战船一抵达敌方船舰和士兵驻扎的海岸，早已埋伏在拜占庭城中的弓箭手和投石兵便开始射击。而克利托斯及其军队，此时或正沉睡，或正准备食物，完全措手不及。安提柯一世的突袭一举成功，克利托斯的士兵、水手或被俘，或被击毙，船只尽皆被夺，就连克利托斯本人的船只也被俘获。这说明克利托斯的部下要么阵亡，要么被俘，克利托斯本人乘船逃脱，其他士兵则四散逃逸，或投降后被安提柯一世部队吸纳。克利托斯的船后来被迫靠岸，他再次出逃，但被利西马科斯的士兵截获并处决。

　　自腓力围城以来，这次战事对拜占庭最为凶险。拜占庭的统治者们权衡了双方实力，发现尽管尼卡诺战败，但其背后的安提柯一世更为强大。看到他的军队忙于休整，而克利托斯的军队却仍在进行漫无目的的围攻，拜占庭愈加确信这

36

个判断。曾经也是出于谨慎的权衡，在公元前 340 年，拜占庭与腓力二世对立，因为当时腓力二世不仅要对佩林索斯和拜占庭双线作战，背后还有其老对手波斯帝国虎视眈眈，很可能还有雅典的背刺，当时与腓力二世相对的一方看起来更为强大。这一次，拜占庭选择站在安提柯一世这边，幸运地逃脱了厄运，如果是他发起围攻，那远比克利托斯的围攻更难承受。这并不是说希腊人和马其顿人更擅长围攻，马其顿的腓力二世曾以身相试，尽管拥有最先进的装备和战无不胜的军队，他还是未能攻克包括拜占庭在内的三个独立城邦。克利托斯和安提柯一世选择拜占庭还是因其易守难攻，毫无疑问，此战之后，拜占庭防守之坚固更为人所乐道。

这一次两军逼近时拜占庭的判断，是对各方势力谨慎权衡后作出的，这也是众多希腊城邦的一贯做法。这些城邦能识别出战争中强势的一方，并与之结盟。拜占庭的邻城基齐库斯在此类策略的外交上炉火纯青，这一策略使其在数个世纪内保持了安全与繁荣；也正是得益于此，才能够击退阿里达奥斯的侵略。亚历山大大帝故去后，这样的策略确实导致了城邦间合纵连横，朝三暮四，不过普洛彭提斯沿岸各城邦在上一个世纪就已将这样的外交磨炼得炉火纯青。公元前 312 年，距拜占庭与安提柯一世联手打败克利托斯已过六年，安提柯一世再次来到拜占庭，寻求结盟，希望拜占庭帮助其渡过博斯普鲁斯海峡。然而，此时控制着色雷斯的利西马科斯已然声势见涨，他建议拜占庭不要与安提柯一世结盟。利西马科斯此时与安提柯一世敌对，自然会给出这样的建议，但这并不会贬损这一忠告的价值。拜占庭人自行评估形势，利西马科斯已牢牢把控博斯普鲁斯海峡欧洲一侧，且是拜占庭的近邻，而安提柯一世则位于海峡的另一侧，无舰可用，孰轻孰重显而易见。

拜占庭的这一决策影响深远，安提柯一世被拒后转向别处征战。在公元前302年至前301年的战役中，安提柯一世战败身亡。之后拜占庭再一次面对类似的抉择，不过威胁要小得多。公元前302年或前301年的冬天，安提柯一世的儿子德米特里奥斯（Demetrios）抵达迦克墩，与军队在城下扎营过冬。不过，不管他对迦克墩做了什么，似乎并没有威胁到海峡对面的拜占庭。这场战事发生在希腊和小亚细亚，拜占庭只是局外人。不过有一点，拜占庭商人把握了这个突然出现的巨大商机，向军队出售急需的物品。

拜占庭历经上述战事而毫发无损，得益于远离主战场，交战军队通常出于近便，渡河时取道赫勒斯滂而非靠近拜占庭的博斯普鲁斯海峡。不可因此否认拜占庭的繁华富庶，忽视其随时可管控博斯普鲁斯海峡的能力，查瑞斯就曾这样做过，腓力二世在围城期间可能也曾如此。安提柯一世后来向拜占庭求援，也表明拜占庭拥有一支不容小觑的海军力量，足以掌控博斯普鲁斯海峡；任何有心与拜占庭争夺海峡控制权的一方，都需要强大的舰队作为保障。这说明，即使是蕞尔小邦，只要远离交战中心，也能够控制博斯普鲁斯这样的

37

要道。只不过，在战火纷飞的时代，允许往来船只畅行可能更为保险。必要时拜占庭人会征收通行税，这一点毋庸置疑，但该城邦的繁荣主要得益于泊在其港口的船只和船员，他们需在这里等待顺风或落潮。

38

第四章　敌自西北和东方而来——加拉太人及塞琉古人

公元前 277 年、前 255/254 年及前 220 年之围

安提柯一世和掌控马其顿的卡山德谢世后，利西马科斯掌控了小亚细亚和马其顿，成为新任霸主。公元前 281 年，利西马科斯离世，同年，另一位亚历山大大帝的继业者塞琉古一世（Seleukos Ⅰ）[①]亦命归黄泉。局势再度混乱，兵燹四起。塞琉古之子安条克一世（Antiochos Ⅰ）承袭父志，志在拓展疆土，与安提柯一世的孙嗣安提柯二世（Antigonos Gonatas）针锋相对。另外，他还探查到小亚细亚北方众

[①]　塞琉古一世，公元前 358 年左右—前 281 年，曾是亚历山大大帝最杰出的将领之一。亚历山大大帝去世后，塞琉古于公元前 312 年创建了塞琉古帝国。塞琉古帝国包括美索不达米亚、波斯、叙利亚，以及印度部分地区。塞琉古身亡后，塞琉古帝国继续存在，直到公元前 63 年被罗马并吞。——译者注

城邦结盟，与其为敌，组成"北方联盟"（the Northern League），拜占庭亦是其中一员。四面楚歌的安条克一世力有未逮，难以单独或与其他势力结盟对抗北方联盟，随后，甚于北方联盟的重大危机，更令他雪上加霜。

托勒密·克劳诺斯（Ptolemy Keraunos）出身于执掌埃及权柄的托勒密家族，心怀帝王之志。正是他刺杀了塞琉古一世，一步步铺就登顶马其顿王位的阶梯。然而，他尚未登基，即遭到了一群加拉太人战士的进攻。这些人来自巴纳特（the Banat），即如今贝尔格莱德（Belgrade）所处的多瑙河谷地带，大肆侵袭马其顿和希腊。加拉太人属于凯尔特（Celts）人的分支，与历代的掠夺者无异，擅长寻找那些正陷于纷争与动荡之中、难以自保的猎物。在对马其顿和希腊几番劫掠，致使托勒密·克劳诺斯命丧黄泉，宗教圣地德尔斐被洗劫一空后，这些游兵又将目光投向了遥远的东方——小亚细亚。

浩浩荡荡的加拉太人，由三个部族组成，分兵两路东进。

39　一路由卢塔里奥斯（Loutarios）率领，直指赫勒斯滂。他们试图与亚洲一侧的塞琉古帝国总督安提帕特罗斯（Antipatros）交涉，希望获准渡海，却遭到了断然拒绝。加拉太人在希腊烧杀劫掠，恶名远播，安提帕特罗斯自然不会轻易放他们过去。他甚至将所有船只集结在欧洲一侧进行拦截，杜绝了他们秘密渡海的可能。另一路加拉太人则将目标对准了博斯普鲁斯海峡，在拜占庭城外安营扎寨。

取道赫勒斯滂的加拉太人攻下了利西马西亚（Lysimacheia）。

30 年前利西马科斯在加里波利半岛（Gallipoli Peninsula）上营建这座城池。不过，加拉太人攻下这里也并不值得夸耀，因为不久前的一场地震已将此地夷为废墟，自此几乎未见复兴之兆。因为城市的重建往往依赖于君主的资助，然而随着利西马科斯及塞琉古一世的离世，赞助之源亦随之干涸。此地对加拉太人来说满是危险，因为就在一年前，安提柯二世曾在此地击溃一支流浪的加拉太人队伍，并将之一网打尽。此举为安提柯二世赢得了马其顿王位的合法性。而后他更是巧妙地将一些加拉太人收为己用，借他们之手，清扫了王国中其他加拉太残余势力。如此，任何觊觎马其顿疆域的加拉太人，都注定要面对他的铁蹄铁拳。

这些在色雷斯的加拉太人，此时犹如困兽，返回马其顿之路已然封死。部分人放弃了寻找新土地的梦想，返回故土巴纳特。而那些被困在克森尼索等小城邦中的加拉太人，他们的命运则无人知晓。有人猜测，这些城邦已经被加拉太人攻陷并洗劫一空。然而，这不过是推测，并没有确凿的证据。事实上，我们完全有理由相信，城邦居民与加拉太人之间达成了某种协议。毕竟，加拉太人并不擅长攻城，在这方面甚至比希腊人还要逊色。然而，他们却深谙希腊式外交的精髓。因此，只要克森尼索等城邦能够与加拉太人建立起外交和贸易关系，并对偶尔的侵占和蹂躏睁一只眼闭一只眼，就有可能保全自身。加拉太人领导者卢塔里奥斯，在与塞琉古帝国总督安提帕特罗斯的谈判中，充分展现了希腊化的外交手腕。

他彬彬有礼，态度诚恳，提出请求而非要求。不过，这种温和有礼不可能永远持续。

踏上通往博斯普鲁斯海峡的征途的加拉太队伍，由莱昂诺里奥斯（Leonnorios）率领。显然，他们的行进也不顺利，或许是队伍成员长途跋涉，饥饿难耐，他们对拜占庭的疆土大肆蹂躏。同样的命运，或许也降临在了佩林索斯，以及已被纳入拜占庭版图的塞利布里亚，虽然史籍中对此并未留下太多笔墨。这支队伍浩浩荡荡，包含了男女老幼及奴隶，总数达万人之众。他们纪律松散，饥肠辘辘，心中只有一个念头——奔向小亚细亚那片肥沃之地，那些充满诱惑的城池。然而，拜占庭人显然与安提帕特罗斯的立场一致，坚决拒绝他们跨越博斯普鲁斯海峡的请求。莱昂诺里奥斯急需船只，而拜占庭恰是藏船之地。与另一位加拉太人领袖卢塔里奥斯相似，莱昂诺里奥斯也善于希腊化时期的外交手腕，对自己渴望踏足的小亚细亚土地的政治风貌也心知肚明。

此时的小亚细亚，烽烟四起，纷争不断。安条克一世力图对北方联盟诸国施加影响，以巩固自己的霸主地位。而北方联盟的成员之一比提尼亚王国内部，亦因王位继承之争风雨飘摇。此时，比提尼亚的尼科米德一世（Nikomedes Ⅰ），面对着兄弟篡位的巨大威胁，心如悬旌。他察觉到那些对盟友拜占庭构成威胁的加拉太人不仅人数众多，而且战力非凡，不得不在重压之下，与加拉太首领莱昂诺里奥斯达成了一份隐秘的协议。可以推测，拜占庭在其中或许扮演了调解者的角色。毕竟，它迫切希望将那些驻扎在城门前的加拉太人赶走，收复失地，同时也希望对其盟友比提尼亚伸出援手。这份协议商定，若允许莱昂诺里奥斯及其带领的勇士们渡过博斯普鲁斯海峡，他们便将助尼科米德一世一臂之力，镇压企图篡位的兄弟，并助其对抗另一敌人安条克一世。

加拉太人与比提尼亚王国的联盟正式缔结。此盟之成，使各方均获其所愿：尼科米德一世在王位之争的风波尚未完全酝酿之际便稳固了自己的宝座，并乐见对手安条克一世被迫卷入一场不得不倾注全部精力的防御战争之中；加拉太人则拥有了前往亚洲富庶之地的通行证，并最终在那里得到了一块可以安家立命的土地；拜占庭亦因此摆脱了那些令人头疼的不速之客。然而，拜占庭的安稳，终究只是昙花一现。

在赫勒斯滂的波涛之上，卢塔里奥斯率领的加拉太人与对岸塞琉古的守将展开了谈判，尽管交流未曾完全断绝，结果却是两败俱伤。安提帕特罗斯终于决定出动，派出两艘三桅战船，满载使者穿越波涛，意图深入了解加拉太人的动向，这也是谈判过程的一部分。然而，在外交手段告吹之际，加拉太人挟持了这些船只，利用它们将自己的族人一批批送往了彼岸的亚洲土地。关于安提帕特罗斯是否采取行动进行阻拦，史书上并无记载。考虑到每次仅有两艘船负载加拉太人渡海，若安提帕特罗斯手中有可动用之兵力，理应能在河岸边将他们一举拦截。因此，他要么是无兵可用——对一位地方长官而言似乎不太可能，要么便是从未真正阻挠。

41

于是，加拉太人从博斯普鲁斯海峡与赫勒斯滂海峡兵分两路踏上了亚洲的土地，在随后的几年对亚洲大陆进行了百般劫掠。终于，安条克一世将他们挫败，并将这些游牧民族安置于安纳托利亚（Anatolia）中部，那片土地因此被称为加拉达（Galatia）。在他们的掠夺浪潮中，基齐库斯、以弗所（Ephesos）和米利都等小亚细亚西岸城邦纷纷成为其目标。虽然他们未曾攻占任何一城，却侵入了狄迪马（Didyma）无人看管的阿波罗（Apollo）神庙，劫走了庙中珍宝，并将那些不幸身处乡野、与他们不期而遇的人一一掳走。加拉太人就此留下了无数恶名。

这可以视作拜占庭的又一次围困之劫，虽史书往往对此罕有提及。人们的目光大多投向了马其顿和希腊，尤其是加拉太人对德尔斐阿波罗神庙的劫掠。在亚洲，尽管加拉太人时常以协商之名慷慨解囊，仍有诸多城邦惨遭其蹂躏。不过，需要强调的是，这些入侵者固然粗暴蛮横，但当时其他势力也不遑多让。拜占庭备受莱昂诺里奥斯率领的势力的严峻威胁，其领土，如亚洲的众城邑般，被残暴扫荡。加拉太人虽未曾攫取城池，然而这并不代表他们未有此企图；若有城邑不幸陷落，必遭其毁灭性的洗劫。

拜占庭对加拉太人的警戒短暂松懈之后，新的加拉太群体已踏足邻近的色雷斯，并在那里扎根。关于加拉太人的这段历史，人们往往只关注他们对希腊、马其顿和小亚细亚的劫掠，或是在小亚细亚落脚的三个部族，他们在当地发展为被普遍认可的政治力量，渐渐演化成一个希腊化的政体，既非完的王国，又非纯粹的共和制。确切地说，它是一个由强大的封建贵族主导的寡头政治。作为政治实体，它总体上较为和平，尽管希腊人对其过往的掠夺与蹂躏依旧心存刻骨之恨。

在色雷斯的土地上，加拉太人铸就了一个新的王国，其开国君主被称为科蒙托里奥斯（Kommontorios）。这个国度被命名为泰利斯（Tylis），其政治中心也是这一名称，尽管其确切位置至今仍是一个谜团。科蒙托里奥斯领导的这批加拉太人，到来时机似乎与那些踏足亚洲的同胞不谋而合，部分成员可能正是那些从奔赴亚洲的队伍中折返回来的人。除了那些游荡劫掠的团伙和最终演变为常规政体的加拉太人外，当时还有其他小群体四处流窜。科蒙托里奥斯的部落选择在色雷斯的东部沿海定居，正位于黑海沿岸、拜占庭的北方。在这块土地上，他们逐渐发展为令人畏惧的掠夺者。

后来希腊人对所有加拉太部族的普遍观点就是，这些群体始终是威胁，即便是那些已在小亚细亚定居的加拉太人也不例外。但实际上，这些加拉太定居者与其他任何希腊化国家或军队相比，并没有展示出更极端的侵略性。不过，科蒙托里奥斯的加拉太王国始终沿袭了根深蒂固的掠夺传统：在数代国王的统治下，其子民在色雷斯大地上搜寻奴隶进行贩卖，掠夺食物与财宝；他们对辖域内的希腊城邦横加勒索，或征收税款，当然勒索和征税有时很难明确区分。所有这些

42

掠夺而来的财富都归加拉太国王所有，并由他分配给麾下的酋长们，后者利用这些资源维系其私人军队。这些军队再出击邻近土地，搜刮更多财物。这个国家，宛如铁器时代（Iron Age）的部落，固守着古老的生活方式，未能跨越这一历史阶段。而与之形成鲜明对比的，是在亚洲的加拉太人：他们面对的敌人更为强大，旧有的掠夺行径已不可行，他们相对和平地定居下来，只不过战争的号角吹响时，他们依旧会挺身而出。

这种看法已根深蒂固，源于泰利斯王国成立之初，就对拜占庭进行了某种形式的敲诈勒索。拜占庭并非遭此厄运的唯一希腊城邦；位于黑海（Pontic）沿岸的几座城邦深处泰利斯王国腹地，似乎也需缴纳常规税赋。然而，拜占庭的遭遇却大不相同。首先，它与王国的距离较为遥远，不会受到持续的施压。再者，拜占庭的富庶远胜于黑海沿岸的其他城邦，且还向途经船只征收什一税——一种近似掠夺的行为。（该税制在公元前 3 世纪被广泛接受，因为拜占庭隐晦承诺征税后会压制海盗行为，为此保有一支小型舰队。）

关于泰利斯王国对拜占庭的劫掠，我们所知皆源于史学家波利比乌斯，他在该王国灭亡之际留下了文字记载。在他的笔下，这些征缴的款项被称作"贡金"（tribute），他详细记载了公元前 270 年科蒙托里奥斯治下，即王国初建时期，贡金起初仅为 3000 金币，随后攀升至 5000 金币，再至 10000 金币，最终对拜占庭的索求更是高达 80 塔伦特。这一切，除了彰显泰利斯国王的无尽贪婪，也能反映出色雷斯作为掠夺目标和奴隶的来源地，因人口锐减或当地抵抗力量的壮大而日趋枯竭，这迫使泰利斯王国将更重的负担强加于希腊城邦头上。拜占庭是我们所知唯一遭此劫难的城邦，也是泰利斯国王所能触及的最为富庶之地。

对于这些贡金的索取频次，未曾留有明确的记载。起初并非一年一缴。第一次征缴令出自王国的奠基者科蒙托里奥斯，而那些不定期增加的金额也暗示这些贡金的索取时有时无。然而，到了公元前 3 世纪 20 年代，这项支出已不可避免地演变为每年一次的固定负担。拜占庭已无力负担每年高达80 塔伦特的贡金。这促使拜占庭采取行动，而这次行动终使得这一贡金制度曝光于众。这也隐含着一个事实：在约半个世纪的时间里，拜占庭心甘情愿地缴纳那些较低数额的贡金。

拜占庭所受的胁迫十分明确——如不缴纳贡金，城邦便要遭受洗劫之灾。这种局面的部分起因，无疑是公元前 276年，莱昂诺里奥斯率领的加拉太人在等待前去亚洲之际，在拜占庭的领土上掠夺粮食，并对城市展开围攻，企图借此获得乘船前往亚洲的机会。另一原因可能是拜占庭通过向掠夺者献金，换取其土地免受侵害。这一惯例与泰利斯首位君王科蒙托里奥斯紧密相关，尽管他未必是该惯例的创始人。我们可以推断，拜占庭并未轻易向这些要求屈服，因此偶尔会被警示。这可能意味着，虽然泰利斯王国不可能发动常规围城战，但其军队有时会直逼城墙。看上去，拜占庭在这一惯例确立的 50 至 60 年间，似乎一直处于间歇性的半围城状态中，它始终面临着被攻击的威胁。即便敌军并未显现，提前支付贡金也是更为实际的选择。任何在城墙外拥有土地的拜占庭居民，都不得不接受领地不时遭受破坏的现实。

44

公元前 220 年加拉太之围

公元前 221 年或前 220 年，时任泰利斯国王卡瓦罗斯（Kavaros）向拜占庭施加了高达 80 塔伦特贡金之重担。公元前 220 年，拜占庭的统治者们一致决议，不能再背负这种形同勒索的贡金。显然，之前金额较低的 5000 金币或 10000 金币的贡金尚能承受，因为与缴纳贡金相比，不支付的后果更为严重。然而，80 塔伦特的数额实在过于沉重。这一巨额贡金的索取频率（支付频率）尚不得知，可以确定的是，公元前 220 年的这次索取似乎并非首次。如果已多次被迫支付如此巨额的财富，拜占庭的反叛实属情理之中。但另一方面，人们不禁要问：为何卡瓦罗斯会向一座城邦多次索取如此庞大的财富？鉴于其所统治的泰利斯王国在此次危机之后不久即告瓦解，这一行为看似是王国在命悬一线时的绝望之举。因此可以说，双方此时皆陷入了困境。

拜占庭的困境透过其应对策略可观一二。毫无疑问，城邦议会经投票决定拒绝缴纳贡金，但似乎此前拜占庭已向其在爱琴海和黑海的贸易伙伴发起了求援，尤其是经济上的援助，以应对卡瓦罗斯的恫吓。唯一回应的城邦是赫拉克利亚·庞蒂卡（Herakleia Pontike），它也曾是北方联盟的成员。最终，拜占庭并未直接选择缴纳或拒绝缴纳，而是开始施行一项新的税收政策，即什一税的变种，向逆流北上通过博斯普鲁斯海峡的船只征税，此前只对顺流而下南行的船只征税。这一"新税"实际上只是扩大了旧税制的征收范围，如此一来，无论是北行还是南行的船只均需缴税。无论具体细节如何，这一决策都激起了潜在纳税人群的强烈反对。

拜占庭此举，实质上是试图把卡瓦罗斯对其施加的勒索，转嫁给整个爱琴海贸易圈。无疑，这一策略让卡瓦罗斯颇为满意，这意味着他将来能够对拜占庭提出更高的要求，因为拜占庭能通过向他人加重税负来满足自己。不过，对于那些将要承担这一重税的人而言，却是难以忍受的。他们齐聚罗得岛召开会议，那些将直接受到这一税收政策影响的人士达成了一致意见，认为这项要求极不合理，罗得岛应当对此采取反制措施。

45

罗得岛集结盟友，要求拜占庭撤销加税之举。但拜占庭对此要求置之不理，拒不接受。随即，罗得岛毅然决定动用武力，派出舰队封锁了博斯普鲁斯海峡，企图阻断拜占庭的税收来源。这场危机很快波及了周边众多城邦，不再只是向罗得岛求援的城邦的问题。有几位国王也借机加入战局，当然各有企图。小亚细亚的国王阿凯奥斯（Akhaios）借此危机，迫使托勒密释放其父，对拜占庭的困境置之不理。阿凯奥斯退出战局后，其宿敌佩加蒙（Pergamon）的国王阿塔洛斯（Attalos）也借此机会撤军，声称如果军队继续战斗，阿凯奥斯可能会趁机偷袭其领土。而比提尼亚的国王普鲁西阿斯一世（Prusias Ⅰ）积极参战，他与拜占庭之间早有积怨，将这场危机视为攻占拜占庭亚洲领土的良机。

在整个事件中，拜占庭面对封锁和攻击，竟未展现出任何抵抗迹象，仿佛他们早已预知了事态的发展，这着实令人不解。实际上，拜占庭无力同时对抗所有敌人，甚至无法对抗其中任何一个。罗得岛舰队，在盟友舰船的支援下，远比拜占庭的舰队强大；普鲁西阿斯的军队也远胜于拜占庭所能调动的任何兵力。面对强敌，拜占庭只能依靠城墙和海防工事，坐等问题的解决。

在这场争斗中，拜占庭尽管遭受了普鲁西阿斯的侵略和罗得岛的封锁，但尚不是真正的输家。真正蒙受损失的是卡瓦罗斯。面对他的勒索要求，拜占庭以一个无可辩驳的理由拒绝了：城邦此前的税收收入难以为继，需要将所有资源用于抵御罗得岛、阿塔洛斯、普鲁西阿斯以及其他势力的攻击。卡瓦罗斯第一个败下阵来。他以"和平斡旋者"的身份介入这场冲突，实属讽刺。尽管可能情非得已，但他不得不如此，因为虽有过攻城的念头，但他也深知自己无法攻占拜占庭，现在连索取"贡金"也成为泡影。和平协议要求参与方各退一步——拜占庭放弃征税，普鲁西阿斯放弃征服地，罗得岛解除封锁（结束征税就是其最初诉求）。显然，卡瓦罗斯也

不得不放弃索取贡金。拜占庭人从一开始就料到这一切的可 46
能性虽然很低，但总归它是最终受益者，因为它现在已手握
有利牌面，未来面对任何贡金勒索都可从容应对。

这场斗争的真正失败者是卡瓦罗斯及其统治的泰利斯王
国。他显然野望过甚，没料到爱琴海地区会有如此强烈的反
应。而色雷斯人在被泰利斯王国压榨了近50年后，终于在
几年内发动了自由之战，泰利斯王国土崩瓦解。王国的一部
分族群可能早已分崩离析。公元前217年，一支名为艾戈萨
格斯（Aigosages）的加拉太流浪部落，在阿塔洛斯的邀请下
进入亚洲。他们的具体来源未明，但明显是在泰利斯王国崩
溃之际，从王国中分离出来的。他们的行径唤醒了希腊人关
于加拉太部落种种野蛮暴行的记忆，于是亚历山大·特罗亚
（Alexandria Troas）城将其驱逐；阿塔洛斯将其抛弃；普鲁西
阿斯一世更是对他们进行了无情屠戮。公元前212年，随着
卡瓦罗斯的去世，泰利斯王国也告终结，这段历史被波利比
乌斯记载。

本书核心在于讨论拜占庭所历经的种种围城，而其多次
在未遭直接围攻的情况下便陷入危机。围攻的定义问题自始
至终都颇为棘手。拜占庭最初在公元前513年向波斯人屈服，
随后在公元前490年，面对意图复仇的波斯军队的逼近，市
民们选择弃城而逃。严格来说，虽然这两起事件并不符合围
攻的定义（当然我很想将第二起事件归类为围攻），但最终
都导致拜占庭落入敌手，而这正是所有围城战的终极目的，

也就是说，虽未遭围城，结果却与围城殊途同归。换言之，定义围城绝非易事，特别是在与泰利斯王国发生的冲突中，问题尤为复杂。公元前 220 年，拜占庭尽管未被外敌占领，但显然始终处于威胁之下，这些威胁来自泰利斯国王卡瓦罗斯，也来自罗得岛及其盟友。卡瓦罗斯治下的加拉太人对色雷斯地区的拜占庭领土百般劫掠，但更深层的隐含威胁在于，如果拜占庭拒绝支付贡金，则可能会遭其封锁陆地，真正地围攻。而更严重的威胁还在于海上封锁，拜占庭可能因此无法进口食物或进行贸易。拜占庭的敌人及彼此的敌对势力发起双重封锁，这种可能性确实存在。就目前来看，加拉太人仅止于掠夺拜占庭周边乡村（chora），并未更进一步，但连续 50 年的赎金支付，即使是断断续续，也间接证明了围攻威胁始终存在。因此，尽管拜占庭并未遭受加拉太人的直接攻占，但与泰利斯王国的冲突仍纳入本书对其围城历史的探讨之中。因为城邦虽未被攻陷，却与围城一样受到了极大威胁和限制，甚至被敌人间接控制，仿佛公元前 513 年城邦被波斯人控制的重现。

第五章　敌自东方来——安条克二世

公元前 255/254 年塞琉古来攻

第二次叙利亚战争（The Second Syrian War）在公元前260 年至前 253 年期间爆发，是塞琉古帝国皇帝安条克二世与托勒密帝国统治者托勒密二世（Ptolemy Ⅱ）之间的较量。在这场冲突中，唯有安条克二世亲自投入战斗，其间更是在公元前 255 年对色雷斯进行远征。在这次征战中，他穿越克森尼索的利西马西亚进入色雷斯，对位于色雷斯南部的基普塞拉（Kypsela）城发起攻击。

关于这次远征，我们所知甚少，仅有些零星且分散的记录提及了基普塞拉和利西马西亚的战事。还有一则片段记载了安条克二世对拜占庭的袭击。评判此次袭击的严重程度，以及它是真正的围攻，或仅是短暂的威胁，颇具挑战。但有一点确定无疑，这引起了托勒密二世对马尔马拉海地区的注意，当然只是外交层面的关注而非亲自介入。托勒密二世自诩为拜占庭的盟友，将托勒密帝国临近海峡亚洲一侧的领土赠予该城，此外还赠有谷物、金钱和武器。所赠领土的确切位置尚不明确，但拜占庭后来确实在伊兹尼克湾（Gulf of Iznik）与盖姆利克湾（Gulf of Gemlik）之间的半岛上获得了一块颇为可观的土地。

托勒密二世赠予土地之举对拜占庭无疑是天降利好，不过，托勒密之所以选择将这片土地拱手让出，很可能是因为其从地理位置上来看极易被安条克二世吞并。安条克二世在亚洲一侧活动频频，不久后甚至分封给前妻劳迪科（Laodike）一块位于基齐库斯西侧的广阔领土。而拜占庭被赠予的土地，可能就位于塞琉古帝国东侧，与基齐库斯相邻。

拜占庭获赠粮食、金钱和武器表明其迫切需要这些资源，这暗示其可能此时正遭受攻击。如果情况果然如此，那么这些赠予显然对拜占庭颇为关键，最终帮助它维持了独立。作为对托勒密二世的回谢，拜占庭决定为其建造一座神庙，自此他在城中有了自己的神殿；这又一次显示了这场危机的严峻性。因此，可以推断安条克二世确实对拜占庭发起了围攻。

值得一提的是，塞琉古帝国对色雷斯的远征正逢泰利斯王国在同一地区的活跃期。尽管安条克二世抵达了拜占庭，距泰利斯王国只有一步之遥，但没有迹象表明他在外交或军事上与泰利斯王国进行了接触——他的行动甚至可能被视为对泰利斯王国领土的侵犯。因此，似乎所有的君王们，安条克二世也好，托勒密二世以及泰利斯王也好，都在小心行事，以避免相互之间发生任何军事冲突。安条克成功穿越了赫勒斯滂，并未受到托勒密的干涉，而托勒密则控制了爱琴海海域，泰利斯国王听之任之；除被侵袭的拜占庭及一些色雷斯人外，安条克并未惹怒其他任何一方；托勒密对拜占庭的援助也主要在于物资和外交支持，并未出兵。塞琉古国王安条克对拜占庭发起的这场围攻显然既是外交策略，也是军事行动，借此展示实力，并在一定程度上消耗了托勒密王国，令其在本质上对己无利的事务中投入资源。 50

别样视角之一　波利比乌斯笔下的拜占庭

波利比乌斯[①]对公元前 220 年罗得岛与拜占庭之间的"战争"进行记叙，巧妙地将其作为一根引线，引出了对拜占庭的地理位置和战略重要性的深入探讨。这段讨论不仅仅停留在城市本身，更扩展至博斯普鲁斯海峡及其莫测的水流，使得整个叙述层次丰富、内涵深远。波利比乌斯细致地描绘了拜占庭的地理优势，指出其在海上的重要性不言而喻，但在陆地上却屡遭色雷斯人的威胁。随后，他将话题转向对博斯普鲁斯海峡的水流复杂多变的长篇论述，最终又巧妙地回到罗得岛与拜占庭的战事上。

在波利比乌斯关于拜占庭的记述中，散见的几处似乎偶然的评注，与他遗漏的细节一样，令人深思。他对于拜占庭

---

① 波利比乌斯是古希腊历史学家，生卒年约为公元前 200 年—前 118 年，其著作《历史》（*Histories*）详细记录了地中海世界的历史，原书 40 卷，但只有前五卷和一些残篇留存下来。该书对后世史学和政治学产生了深远影响，许多著名历史学家和政治家，如马基雅维利、蒙田、吉本等，都曾从此书中汲取灵感。——译者注

地理位置的描述草率而简略，仅提及其与海洋的位置关系，而对城中的建筑物，及在他成文前一个世纪就曾成功抵御过腓力二世侵袭的城墙却只字未提。而谈及色雷斯人的威胁时，这些城墙在他笔下似乎成了不言自明的背景，他坚持认为色雷斯人对拜占庭的威胁是持续的，这种说法不免带有夸张之嫌。然而，他也指出，拜占庭人无法彻底结束与色雷斯人的冲突，因为一旦拜占庭军队击溃某个形成威胁的色雷斯族群，其他未参战的色雷斯群体便会乘虚而入，对失败者进行劫掠，这样一来纷争将永无止境。这一解释透露出他可能并未亲自去实地考察过，所知皆来源于拜占庭对过往船只征税的说辞。

波利比乌斯对拜占庭细节描写的缺失，以及其可能是依据一百年前拉姆普萨库斯的斯特拉托（Strato of Lampsakos）[1]的记述这一疑点，共同指向了一个结论：波利比乌斯本人未曾亲眼见过拜占庭。而在其后大约 150 年，地理学家斯特拉波（Strabo）在对拜占庭的简要记述中也显露出类似情况。斯特拉波的叙述部分依托斯特拉托和波利比乌斯的记述，但其主要目的似乎在于质疑波利比乌斯的某些结论和主张。对拜占庭缺乏详尽描述的原因，可从波利比乌斯关于拜占庭鲜少有外人造访，且位置"偏僻"的评论中寻得线索。在斯特拉波的时代，这一情形似乎依旧，当然罗马对拜占庭的关注即

51

---

[1]　拉姆普萨库斯的斯特拉托是公元前 3 世纪的希腊哲学家和历史学家，最著名的是他在亚里士多德之后的逍遥学派哲学方面的贡献，另外，他也以其历史和地理著作而闻名。——译者注

将扭转这一状况。

拜占庭的地理位置，对于贸易和控制往来船只，可谓极为有利。波利比乌斯列举了拜占庭从黑海贸易中获得的商品，包括牛、奴隶、蜂蜜、蜡，以及腌鱼；返程的主要货物则是橄榄油和"各式各样的葡萄酒"。此外，还有从北方运来的皮革、亚麻、铁和大麻。波利比乌斯还提到了玉米交易随着需求而变化，有时从黑海地带向希腊输送，有时又从地中海运往黑海各城。沃尔班克（Walbank）[1] 通过伊斯特罗斯（Istros）的一则铭文对此加以证实，该铭文记载了一名迦太基商人将玉米运至该城进行销售的事迹。波利比乌斯未忘强调，拜占庭自身从这两种贸易中大为受益，不仅能够轻易地从经过的船只中买进商品，同时也能将本地产品输出到外部世界。

拜占庭面临的来自色雷斯的威胁，在其他古代资料中鲜有提及。这可能意味着，波利比乌斯在公元前 2 世纪上半叶著书撰写时，这个问题并不是特别严重，或者因为过于常见而不值一提。色雷斯人对所有希腊殖民城邦皆怀有敌意，且这种敌视源远流长，可追溯至公元前 7—前 6 世纪这些城邦的建立，但真正的冲突只是断断续续。然而，公元前 2 世纪初，色雷斯的威胁变得严峻起来，他们不仅入侵了克森尼索，还摧毁了利西马西亚城——尽管该城在此之前就已遭地震重创。

---

[1] 此处指弗兰克·威廉·沃尔班克（Frank William Walbank），英国历史学家，以研究希腊化世界和波利比乌斯《历史》闻名。——译者注

色雷斯人新起的敌意可能源自泰利斯王国的衰落，自公元前3世纪70年代建立伊始，该王国便引发了色雷斯人的仇恨，最终也是被色雷斯人推向灭亡。泰利斯王国对拜占庭的敲诈，曾间接为其转移了色雷斯人的敌意，泰利斯人不愿与色雷斯人分享勒索的收益，从后来泰利斯王国及其核心地带的完全消亡，可看出色雷斯人摧毁一切时的狂怒。泰利斯王国显然在一定程度上依赖于将色雷斯人掳走并贩卖为奴，还掠夺了色雷斯受害者的所有财物。因此，泰利斯王国覆灭后，色雷斯人的仇恨转移，对希腊城邦的敌视渐长，波利比乌斯对此有所记述。拜占庭是销售和出口那些被俘色雷斯人的主要奴隶市场之一。泰利斯王国掳来色雷斯人后卖给奴隶贩，这些奴隶贩很可能是希腊人，这可能也加剧了色雷斯人对希腊人的敌意。泰利斯王国被毁后，崛起的色雷斯王国显示出惊人的持久力和对来犯者的顽强抵抗，后来罗马人花了几十年的时间才完全征服这片地区。而拜占庭人虽然参与了泰利斯王国的倾覆，但在这之前的几十年里一直在向泰利斯王国缴纳贡金，于是自然承接了色雷斯人的仇恨。或者换言之，色雷斯人别无其他目标时，这种敌意便全部聚焦到了拜占庭，导致他们"陷入了一场永无休止、极其艰苦的战争"。拜占庭似乎收买了某些色雷斯人，表现得好像泰利斯问题从未存在过一样，但这反而招致了其他色雷斯人的更多要求，"一拳未打开，百拳随之来"。

52

波利比乌斯并未细致描绘拜占庭的领土边界。他提到了其土地的肥沃，但也不忘提及其常受色雷斯之害，尤其是在收获季节，他们会前来劫取尽可能多的粮食。这似乎折射了某种不满，因为尽管遭受掠夺，作物的丰饶及其价值在口碑上反而越发升高。波利比乌斯还提及拜占庭更为广泛的领土。在欧洲一侧，塞利布里亚被并入拜占庭后沦为了一个小村庄。这一事件在德摩西尼的演说中有所记载，可见其发生在公元前4世纪30年代。腓力二世于公元前340年对塞利布里亚的占领可能正逢拜占庭吞并该城，或许正是腓力的行动导致了塞利布里亚被吞并。博斯普鲁斯海峡欧洲一侧早已归拜占庭管辖，而亚洲一侧的希耳俄（Hieron）港口，原本由迦克墩控制，后来在塞琉古二世（Seleukos Ⅱ）或塞琉古三世（Seleukos Ⅲ）时期，拜占庭将其从一位塞琉古官员手中买下。具体时间很可能是公元前3世纪20年代，因为当时塞琉古势力再度扩张至这一地区。希耳俄不仅是商船避风等待之处，也是腓力二世夺取雅典舰队的关键地点，其控制权对拜占庭来说至关重要。

托勒密二世在公元前255年赠予拜占庭的土地，应位于亚洲一侧，通过对相关铭文内容的深入研究，已经能够推断出这片土地大致所在位置。拜占庭在这些区域施行了一套苛刻的农奴体系，其压迫性与斯巴达对希洛人的统治可谓异曲同工。

因此，拜占庭事实上建立了自己的微型帝国，在这一过程中成为潮流的引领者。基齐库斯和比提尼亚亦在沿着相似的道路拓展自己的势力，同时，克森尼索和位于达达尼尔海峡的亚历山大·特罗亚城也分别将周边的小城市纳入自己的统治之下。拜占庭早已不再单纯依靠贸易和税收为生，而是将内在资源与对外贸易巧妙结合，从而铸就了繁荣与富庶。

波利比乌斯笔下未曾见关于拜占庭市井生活的描绘。众所周知，这座港口城市因是水手和商贾的聚集地而著称，其生活之奢、酒风之浓、惬意之态可谓尽人皆知。城中庙宇林立，不仅供奉着传统神祇如阿波罗、雅典娜、阿耳忒弥斯及奥林匹斯山众神之母莱亚（Rhea），其他异教神祇，如色雷斯的宙克西波斯（Zeuxippos）和贝迪斯（Bendis）[1] 也有一席之地。且以拜占庭之放纵，对爱美神阿佛洛狄忒（Aphrodite）及酒神狄俄尼索斯（Dionysos）的狂热崇拜也自是情理之中。此外，这里还供奉有托勒密二世的神龛，这种崇拜很可能后来扩大至所有值得颂扬的托勒密家族成员。其他的宗教输入还包括古埃及神祇塞拉皮斯（Serapis）[2]、伊西斯（Isis）[3] 和亚洲的库贝莱（Kybele）[4]，种种神祇能够在此地和谐共处，

---

[1] 宙克西波斯和贝迪斯都是色雷斯神祇，关于宙克西波斯的信息十分有限，少有人知；贝迪斯是色雷斯的月亮女神，形象通常带有色雷斯特征，如狩猎服装和弓箭，表明她的神力可能也与狩猎有关。——译者注

[2] 塞拉皮斯是古埃及后期出现的一位结合了希腊和埃及宗教元素的神祇，通常被描绘为带有冠冕的男性，脸上有宽厚的胡须，是冥界和生育之神。——译者注

[3] 伊西斯是古埃及最重要的女神之一，是代表魔法、治疗和复生的女神。——译者注

[4] 库贝莱是小亚细亚的大地母神，形象通常包括复杂的王冠和野生动物，尤其是狮子，代表大地、野生动物和自然的生育力量。——译者注

映射了拜占庭居民及其贸易的国际化特色。

　　然而，众神荟萃在希腊城市中可谓平常，还不足以动摇波利比乌斯的断言：拜占庭鲜少有外人访问，与重大历史事件隔绝；拜占庭依旧只是个忙碌的小型港口和腌鱼的供应地，再无其他。波利比乌斯未曾提及的是，拜占庭有成为帝国核心的潜质，在他眼中，此地不过是一个自足的中等希腊城邦，面临风险时，宁愿低调自守，淡出纷争。

54

第六章　劫难自西方而来——罗马铁骑

公元 192—194 年之围

关于拜占庭的史料，在公元前 167 年之后便渐渐变得支离破碎，稀缺无几，其主因在于记载这些往事的文献已湮灭于尘土。尽管该城因其地理之独特而不时吸引各路人马的关注，但自公元前 220 年后，长达 400 余载的时光里，它似乎巧妙地避开了更多的围困之灾。对比公元前 220 年之前以及公元 190 年之后拜占庭历经的种种围困，这简直可堪称颂，当然它面对每一个潜在征服者都会俯首以自保。

自公元前 129 年起，罗马帝国的铁骑逐渐踏上并征服拜占庭。在彼时的鼓角争鸣中，罗马及其盟军将小亚细亚西部的阿塔罗斯王朝（Attalids of Pergamon）变为自己的附庸。同样的命运早已在公元前 160 年和公元前 140 年分别降临于希腊和马其顿的土地。罗马道路系统的拓展，是这一系列征服的重大成果之一，它从亚得里亚海（Adriatic）蜿蜒延伸至东地中海沿岸。这些由罗马精心设计的道路，本质上是军事要道，其目的是引导罗马士兵迅速抵达各个潜在或现实的危机地带。当马其顿和希腊在公元前 140 年落于罗马之手后，埃格那提亚大道（Via Egnatia）被铺就。它起始于亚得里亚海畔的都拉斯〔Dyrrhachium，即埃皮达鲁斯（Epidauros）〕，是来自意大利南端新兴港口布林迪西（Brundisium）的船只的停靠之地，通过另一条道路与罗马城相连。埃格那提亚大道绵延而下，直逼近赫勒斯滂尽头。直至公元前 129 年，克森尼索及色雷斯部分地区仍归阿塔罗斯王朝控制，故而此路于赫布罗斯河（Hebros River）边界戛然而止。更确切地说，其尽头位于临河的最后一座城镇基普塞拉。然而，随着阿塔罗斯王朝被纳入罗马版图，克森尼索群岛亦被罗马旗帜所覆盖，一条新铺就的道路——阿奎利亚大道（Via Aquillia）——横贯小亚细亚大地，自赫勒斯滂直达旁非利亚（Pamphylia）的西德（Side）。之后埃格那提亚大道得到扩展，自基普塞拉延伸至海峡，自此可直达克森尼索。如此，便有了一条道路从罗马直达塞琉古叙利亚边境附近的西德，道路有明确标示，方便行军。

　　这些古老的通道，并非罗马新造，而是古已有之，罗马只是将其连通扩展。罗马治安官格奈乌斯·埃格纳提乌斯（Cn. Egnatius）与马库斯·阿奎里乌斯（M. Aquillius），勘测规划了这些道路。他们也许召集了工程师团队，对这些古路进行了细致的测绘，并下令在沿线以里程碑为标记，碑石上皆用拉丁文镌刻着里程信息，指明前往下一站点的距离。然而，这拉丁文对于附近的居民而言，几乎是不可解的天书——可见，这些道路的真正使用者，是公元前 135 年至奥古斯都（Augustus）时代，往来于战场的罗马军团。罗马人铺展的不仅是物理的道路，更是一条连接帝国各地的文明之路。如多米提亚大道（Via Domitia）便贯通了意大利与西班牙，成为古代世界的一条重要纽带。由此，人们得以踏上罗马精心规划的路途，从西班牙的边际一直行进至叙利亚腹地。

罗马的征服脚步沿着古老道路而至，为拜占庭带来了切实的变迁。罗马帝国的版图扩张，在小亚细亚东部遇到了壁垒：群山之中，帕提亚帝国（Parthian Empire）和独立的亚美尼亚王国坐镇，结成罗马东进的终结线。这片边界的确立，将罗马与这些势力的对峙长久地画上了句点，当然罗马人曾屡次试图跨越。自此，这一界线成为后续千年间罗马军队守护的边疆。在罗马最初的设想中，共和国时期的军团会征战于叙利亚、美索不达米亚（Mesopotamia）及埃及——塞琉古帝国与托勒密王国的土地上，这些势力曾被罗马视为最强大的对手。然而，由于与帕提亚帝国的相持，在多瑙河的边界确立后，罗马铁骑转而东指亚美尼亚（Armenia），而非东南之叙利亚。因此，博斯普鲁斯海峡成为他们首选的渡河路径，而非赫勒斯滂。于是一系列道路将多瑙河之畔与拜占庭相连，埃格那提亚大道亦从基普塞拉跨越色雷斯南部直至此地，使得从意大利至拜占庭的主干道与多瑙河方向的道路在此交会。从拜占庭出发，又有两条大道被规划，可穿越小亚细亚北部直抵其东部边界，拜占庭这片曾经的边陲之地，逐渐成了军旅频繁驻足之所。

56　　拜占庭的重要性因此得到了进一步提升，它不仅保持着主要贸易枢纽的地位，偶尔还充当着海上要塞（有时候罗马黑海舰队会驻守于此），现如今它还成长为陆地交通枢纽。道路网四通八达，向西，可穿过亚得里亚海直达意大利腹地；向北，可达多瑙河畔，并越过这条河流，通往意大利；向东，则通往亚美尼亚及边境地带，而东南方向则是叙利亚。如此，博斯普鲁斯海峡超越赫勒斯滂，成为更关键的战略要地。

　　不过，拜占庭未能安享商业繁荣和税收增加带来的利好。自罗马尼禄皇帝（Emperor Nero）统治初期开始，罗马施加的沉重税负，以及途经此地的罗马军团的索取就令拜占庭不堪重负。而这一切皆源于罗马道路系统的重新规划以及罗马将色雷斯王国纳入版图。塔西佗（Tacitus）在其《编年史》（*Annals*）中记载了这一情况，与 3 个世纪前的波利比乌斯一样，他也提及了拜占庭的地理位置、财富与繁荣，而这些在当时的拜占庭人看来，已因近期色雷斯（被罗马吞并）及克里米亚的战争而受到严重破坏，拜占庭的物资供给和膳宿承受着巨大压力。不过他们未曾预料到的是，一场波及范围更广的东方战争即将爆发，这将使拜占庭面临更加严峻的挑战。

　　拜占庭使节前往罗马向元老院传达不满，他们将拜占庭并入罗马帝国的历史追溯至公元前 151 年，当时罗马小题大做，对拜占庭的一个小疏漏作出了激烈回应：当时，自称为马其顿王位继承人的安德里斯科斯（Andriskos）造访拜占庭，并得到较为热情的接待。在这之前的半个世纪，罗马通过三场艰苦卓绝的战争征服了马其顿，故此人显然是一个潜在的篡位者，他随后也确实颠覆了罗马的统治秩序，短暂执掌王权，击溃罗马军队并杀害了一位罗马执政官。他最终被驱逐，遭到手下反叛后在罗马被游行示众。之后，罗马将马其顿设为正式的罗马行省——马其顿行省，建立了新的秩序。

而拜占庭，因为对那位篡位者的欢迎接待招致了处罚，被降格为罗马附庸，这彻底改变了它的地位，使其从一个完全独立的城邦转变为隶属于罗马的城市。最终，拜占庭被并入本都 — 比提尼亚行省（Pontus-and-Bithynia），它在博斯普鲁斯海峡两岸的微型“帝国”也随之消亡，除了在色雷斯一侧的原始领地（chora）外，几乎一切都被剥离。

拜占庭使节们明确指出，拜占庭除了曾因一时失察对那位篡位者伸出欢迎之手，在诸多战役中历来都是罗马的坚定支持者。他们细数了这些战役：公元前 192 年至前 189 年与塞琉古国王安条克三世（Antiochos III）的对抗、公元前 172 年至前 167 年与马其顿国王珀尔修斯（King Perseus of Macedon）的战斗、公元前 133 年至前 129 年对抗阿塔罗斯僭位者安德洛尼卡（Andronikos）、公元前 100 年在克里特战争（the Cretan War）中支援克里特岛总督马库斯·安托尼乌

57

斯·克里蒂库斯（M. Antonius Creticus）、公元前 80 年和前
70 年在对抗米特里达梯六世（Mithridates VI）的战争中协助
卢基乌斯·科尔内利乌斯·苏拉（L. Cornelius Sulla）和卢基
乌斯·李锡尼·卢库鲁斯（L. Licinius Lucullus），以及在亚
洲声援庞培大帝（Pompey the Great）和尤利乌斯·恺撒（Julius
Caesar），及至罗马的所有皇帝。这份清单经过审慎编排，刻
意对其曾支持过的那些罗马的手下败将或敌人只字不提。也
就是说，在罗马道路铺设之前，拜占庭就已频繁卷入多场战
争，可能并不情愿，但还是以罗马人盟友的身份参战。不过，
从安德里斯科斯事件可以看出，即便拜占庭在名义上是自由
城邦，但实际上几乎没有选择的余地；在被纳入罗马帝国后，
对罗马的支持更是一种义务。且因其规模较小，对罗马提供
的支持几乎不值一提，比如，对克里蒂库斯的支援仅限于派
遣了一艘战舰。

　　拜占庭在享受了五年税收豁免的恩泽后，自尼禄时代起
延续了一个多世纪的相对繁荣。然而，如公元前 150 年安德里
斯科斯纷争般的王权斗争历史再次上演了，使其陷入了一场
堪比希波战争时期被波斯占领的劫难。公元 192 年年末，罗
马暴君康茂德（Commodus）遭刺杀，让饱受其苛政的百姓如
释重负。然而，确立新君却困难重重。佩蒂纳克斯（Pertinax）
仅执政三个月，其后的尤利安努斯（Julianus）更是昙花一
现。罗马内乱使各方势力蠢蠢欲动：不列颠尼亚（Britannia）
行省的总督克洛迪乌斯·阿尔比努斯（Clodius Albinus）控制

着三个军团；叙利亚行省的佩森尼乌斯·尼格尔（Pescennius
Niger）拥有六个军团；多瑙河边境潘诺尼亚（Pannonia）行
省的塞普提米乌斯·塞维鲁（Septimius Severus）则亲领三
个军团，并得到了北部边境其他总督的支持。最关键的是，
塞维鲁距离罗马最近，得以率领军队横穿意大利，在罗马正
式加冕为皇帝。在加冕过程中，其下属武装士兵一直对元老
院议员们严阵以待。由此，塞维鲁拔得头筹，获得了执政合
法性。

　　这一胜利为塞维鲁赢得了更多支持，不久，除了不列颠
尼亚外，他几乎掌握了整个欧洲和北非之地，而尼格尔控制
的地区则延伸到了东部行省，直抵普洛彭提斯。尼格尔率军
西进，却未能在拜占庭以西寻找到新的援军。他在小亚细亚
勉强建立了势力范围，并试图从周边的总督处寻求支持。但
即使他获得支持也不足以扭转局面，因为除了叙利亚及在东
部边界与帕提亚相对的前线，其他地区并无大规模军力。他
渡过博斯普鲁斯海峡，踏入色雷斯。而拜占庭虽然驻有雄厚
的守军，却在一夜之间成为边陲孤城。

　　不过这一次，公元69年罗马帝国危机时，驻守东方的韦
斯巴芗（Vespasian）一路奔袭至意大利的情形并未重演。[①]尼
格尔发现色雷斯已有一支由卢基乌斯·法比乌斯·西洛（L.

58

---

①　即"四皇帝之年"，公元68年，尼禄自杀后，罗马经历了一系列混乱和
权力更迭，加尔巴、奥托、维特里乌斯和韦斯巴芗相继成为皇帝。最终，韦
斯巴芗胜出，稳固了自己的统治，并在公元69年12月攻下罗马城，成为唯
一的罗马皇帝，结束了混乱。——译者注

Fabius Cilo）指挥的塞维鲁军队驻守，很可能是从其驻地伊利里亚（Illyricum）经海而来。两军为争夺佩林索斯爆发冲突。历史学家卡西乌斯·狄奥（Cassius Dio）记载，尼格尔曾一度向佩林索斯进发，但后因心感不祥而选择撤退。虽然卡西乌斯未详述战斗经过，《罗马帝王纪》（*Historia Augusta*）与历史学家希罗迪安（Herodian）却对此都有提及。尼格尔自诩此战获胜，并在随后铸币以进行庆祝。其指挥官——亚细亚总督阿塞利乌斯·埃米利安努斯（Asellius Aemilianus），可能早于尼格尔渡海至色雷斯，并在此地交战。

塞维鲁在色雷斯进行增援，这迫使尼格尔放弃了在普洛彭提斯对岸占领的土地，唯有拜占庭例外；尼格尔自诩的"胜利"并不足以支撑他继续西进。随后，莫西亚（Moesia）行省总督卢基乌斯·马里乌斯·马克西穆斯（L. Marius Maximus），率三个军团包围了拜占庭，与此同时，克劳狄乌斯·坎迪杜斯（Claudius Candidus）指挥的另一支军队则从色雷斯横渡到了普洛彭提斯南部的赫勒斯滂弗里吉亚。虽然史籍未有直言，但显然这支部队是经由达达尼尔海峡而来。基齐库斯城似乎已归顺塞维鲁，部分塞维鲁军队可能是直接从佩林索斯乘船抵达该城。值得一提的是，基齐库斯再一次显示出对各争锋势力的敏感洞察；而拜占庭，因有庞大的尼格尔军队驻扎于此，已无退路。塞维鲁军队现身于特洛阿德，之后向基齐库斯进发，迫使埃米利安努斯率军相迎。这支军队可能原本就驻扎在比提尼亚半岛的迦克墩和其他可能的登

陆点，旨在支援拜占庭并阻截任何企图穿越博斯普鲁斯海峡
的行动。该地区的城邦无疑也加强了防御。控制这些比提尼
亚城市——迦克墩、尼科米底亚、尼西亚（Nicaea）、普鲁萨
（Prusa），以及基齐库斯、阿帕梅亚（Apameia），成了战役
的关键。尼科米底亚在埃米利安努斯率领的尼格尔军队和克
劳狄乌斯统率的塞维鲁军队之间摇摆不定，最终投向塞维鲁，
并迅速得到塞维鲁的增援。尼格尔的驻军要么数量寥寥，要
么已被埃米利安努斯撤回。尼科米底亚之所以背弃尼格尔，
部分原因在于与尼西亚的竞争，部分则在于其认为尼格尔政
治地位不稳。于是，尼科米底亚倒向了塞维鲁，而尼西亚则
投向了尼格尔一方。

59

基齐库斯附近爆发了一场小规模的战斗，尼西亚的战事
则更为惨烈，弓箭手从湖中于船上放箭，对方尼格尔军队则
驻守在城南的丘陵防线上。战斗激烈异常，尼格尔亲至前线
鼓舞士气，坎迪杜斯亦不得不亲临沙场，振奋节节败退的塞
维鲁士兵。交战持续至夜幕降临，尼格尔的军队开始溃败。
坎迪杜斯此役胜利，尼科米底亚作为比提尼亚行省首府的地
位得到巩固，而在此之前，尼西亚似乎更显重要，因为相较
之下其更为富庶。在比提尼亚各城中，地方政治与罗马帝国
继承大统的人选一样重要。

埃米利安努斯被擒并被处以极刑，尼格尔及其部队的残
余势力向东方"逃窜"。这一表述可能不够精确，因为这支
军队在穿越小亚细亚时仍保持着相对有序的状态，并在金牛

山脉（the Taurus passes）关口作出了阵地抵抗；从此地被击退后，他们再度撤至奇里乞亚（Cilicia）与叙利亚交界处的伊索斯（Issos），在那里，经过一番顽强抵抗后，最终被彻底击溃。

这场战役，在某些方面，仿佛是 5 个世纪前亚历山大大帝东征的再现。当时，他在赫勒斯滂弗里吉亚取得了第一场胜利，战场就在基齐库斯附近。而那场终结了波斯帝国的决定性战役，则是在伊索斯赢得的。这可归结于小亚细亚的军事地理结构：其西北边界由普洛彭提斯和狭窄的海峡构成，而东南边缘则被金牛山脉和阿曼努斯山脉（Amanus）环绕。显然，一旦有军队顺利渡海（两支军队均取道赫勒斯滂），并击破第一道防线，整个小亚细亚便大门洞开。加拉太人的侵袭，以及反方向出发的居鲁士大帝的征服之路，都证明了这一点。塞维鲁和尼格尔在基齐库斯 – 尼西亚的战争，堪比亚历山大的格拉尼库斯河（Granikos）战役[①]；而伊索斯就在阿曼努斯山脉脚下，是东进叙利亚最后的防御线。

拜占庭的驻军并未随叙利亚军一起撤离，他们曾在尼西亚战役中受尼格尔亲自指挥。随后，对拜占庭的围攻又延续了两年，卡西乌斯·狄奥与希罗迪安对此有着细致的叙述。

[①] 格拉尼库斯河战役是亚历山大大帝征服亚洲的第一场重要战役。公元前 334 年春，亚历山大带领大约 3 万步兵和 5000 骑兵进入波斯领土，在格拉尼库斯河（现在的土耳其境内）遇到了波斯 4 万大军的抵抗。亚历山大指挥部队强渡河流，最终击溃了波斯军队，为进军小亚细亚打开了大门。——译者注

狄奥的记录看似详尽，但鉴于围攻长达两年，所以更像是一种印象式的记述。他着重描述了城墙的雄厚和防御时所用的守城机械，但对战斗本身仅描写了某些片段。守城机械的使用最引人注目。它们被置放在城墙上（城墙上有走道，且走道上有廊顶遮蔽），很明显，无论塞维鲁在围攻中使用了何种攻城器械，都未能与守军使用的器械抗衡。虽然被罗马人征服后拜占庭得享数世纪的和平，但从狄奥的记述中不难看出，拜占庭的城墙并未疏于保养，依然状况良好。

拜占庭拥有庞大的船队，当然狄奥的"550 艘"之说过于夸张。在他的记录中，这些船只装备了冲撞角，换言之，它们是战舰。但这或许只是拜占庭人临时应变之举，将征收来的商船进行了改造。不管这支舰队是何船只构成，确实暂时控制了周边海域。博斯普鲁斯海峡中的商船依然畅通无阻，不过拜占庭人却另出奇谋：派出潜水员截断锚链，绑上钩索，从而能将船只拖往岸边。一些船长表面上抗议，却还是将船驶入城中，毕竟，一旦拜占庭实施封锁，粮价便会暴涨。

因此，对于塞维鲁的军队来说，真正有效的武器是让拜占庭受饥荒之苦。塞维鲁的舰队抵达并控制了博斯普鲁斯海峡后，拜占庭的居民意识到此役已至终局。他们食不果腹，顽强抗争，有些人还试图乘船撤离。但这些逃亡者遭遇拦截，舰船被击沉；次日清晨，岸边布满了遇难者的尸体和船只的残骸。而且，正如围城战中常见的，此时城墙上站满了民众，将这一切尽收眼底。

在无法撤离、补给断绝的双重压力下，拜占庭终被迫屈服。狄奥的记述表明，由埃米利安努斯指挥的尼格尔军队曾得到拜占庭市民的坚定支持。因此，塞维鲁认为有必要对此施以重罚。尼格尔军被残忍屠杀；也有一批有影响力的拜占庭市民被杀害，包括城市的官员，狄奥还特别提到了一位知名的拳击运动员，但并未指明是谁。之后，整个拜占庭被夷为平地。塞维鲁特赦了尼科米底亚的工程师普里斯库斯（Priscus），此举是为了将其收为己用，他在防御器械上的巧思曾为防守贡献了很大助力。

狄奥出生于比提尼亚，对拜占庭颇有了解。他在叙述中不仅细致描绘了城墙及其装配的机械和有廊顶遮蔽的走道，还详细阐述了防守方使用的机械装置（但未对塞维鲁军队的攻城器械作出相应描述）：

> 一些守军……对试图靠近的敌人猛投石块与原木，另一些守军则向远处之敌投掷石头、各式投射物及长矛。

他称这一战术使得围攻者难以靠近，若此言真实，实属罕见。此类器械一次仅能掷出一件投射物，石块也好，木梁也罢，似乎并不足以抵挡密集的攻势或阻止敌军靠近。不过，加上那些高耸坚固的城墙，已足够成为一种威慑。拜占庭城墙的设计能保护走道上的守军，使其免受投射物的攻击，这种情况下，即使使用攻城塔似乎也难奏效。

显然，拜占庭在遭受围攻前已准备了诸多器械，且普遍认为普里斯库斯还现场制造了新的器械。自腓力二世围城以来，此类机械的功能显然已大幅提升。拜占庭作为重要的交通枢纽，且驻有大量守军，这些器械很可能不像腓力二世围城时那样可自由调用，而是用作帝国军备。

拜占庭始终笼罩在被侵袭的阴影下，哪怕纳入罗马帝国版图数百年后仍然如此。在整个围城过程中，围攻者究竟以多大力度攻打拜占庭尚不可知，但直到舰队到来之前，他们始终未能得手。这似乎暗示只有攻城和封锁并用才能攻克拜占庭，城中居民对此心知肚明。但直至围城后期，塞维鲁的将领们似乎才意识到这一点。市民对尼格尔的忠诚程度不得而知，不过塞维鲁坚信他们站在了尼格尔一边。在被迫作出选择之前，拜占庭已落入尼格尔军之手，鉴于其以往历史，如果有选择余地，拜占庭很可能会中立。很可能是因为尼格尔派驻于城中的军队授意，拜占庭才进行抵抗。不过显而易见的是，一旦围城成为事实，且市民意识到自己被视为塞维鲁的敌人，他们就像士兵一般坚定抵抗。

拜占庭守军与市政官员首当其冲，被塞维鲁处决。对官员的处决，或许是因为他们积极参与了抗争。其余市民虽未被直接加害，却很可能沦为奴隶。那位最终被行刑的拳击手在被囚禁时反抗看守，宁死不屈，很可能就是抗拒被贩卖为奴。拜占庭被夷为平地，至少不再具有防御或居住的条件。

那些一直以来饱经赞誉的城墙——考虑到其漫长历史中遭受的种种围城战，确实担得起这些赞誉——被逐一拆毁。拜占庭还在另一层面上遭到摧毁，那就是失去了自由城邦的地位；沦为废墟的它被划归给佩林索斯，成为后者的一个村落。

这是波斯帝国时代和雅典帝国时代以后，拜占庭首次因围城而陷落。诚然，其间的若干围城并不激烈，多是对城市施加影响，而非意在征服。然而，雅典人、波斯人和塞维鲁采取的策略惊人的一致，都是陆上围攻配合海上封锁。显然，单一策略难以奏效，唯有结合海上的封锁，切断补给与援助，加之陆地上的猛攻，方能成功。这是在未来需要屡屡铭记和借鉴的教训。

拜占庭未过多久便恢复了之前的地位。传说是塞维鲁之子卡拉卡拉（Caracalla）的提议，从后来进行的重建工作来看，塞维鲁对该城的重要性有着充分认识。塞维鲁击败尼格尔之后，转而进攻帕提亚，并在取得胜利、缔结和平之后，率军队途经拜占庭归来。他具有军人对战略要地的敏锐洞察力，鉴于罗马的军事力量现在被分配在多瑙河前线（他已非常熟悉）与东方边境之间，拜占庭这一海陆通道交会点对他来说是一个不可忽视的关键位置。因此，重建与加固工作随之展开，但是新城的选址却削弱了其防御力。旧城坐落在山上，易守难攻，这一点已在过去的多次战事中淋漓展现。而塞维鲁却将新城建在旧城下方的低地上，可能是担心新城再次对其进行防御。

在重建的新城中，城墙、竞技场、集市、浴场和大教堂一应俱全，这些都是罗马城市的常规设施，只有一点例外，城内的竞技场奢华无比。旧城湮灭在山上，成为废墟，警示着违抗帝王之令的下场，废墟无疑成为新城建设材料的来源。新城建立在旧城西侧的低地上，理论上新城的面积是旧城的两倍，但因为旧城也被纳入新城墙之内，且已废弃无法使用，所以新城实际可用面积与旧城相仿。在金角湾畔还建立了两个港口，一个用于军事，另一个用于商业，此举显然是在模仿迦太基和亚历山大城等著名港口城市。军事基地及指挥中心（Strategeion）在附近重建，仓库一并建立。新城中心至新城墙的城门一段铺设了一条柱廊大道（colonnaded street），是当时流行的样式，直通埃格那提亚大道——那条从基普塞拉延伸至博斯普鲁斯海峡的大道。这座新城的诞生要归功于塞维鲁及其子卡拉卡拉，他们可以称得上是城市的奠基人。城市虽被赋予新的名称——奥古斯塔·安东尼纳（Augusta Antonina），但旧名依然在沿用，并很快盖过了新名。塞维鲁时期唯一留存至今的建筑杰作是米利翁里程碑（Milion），它是罗马帝国测量道路距离的起点。这是一道典型的罗马式拱门，帝国中此类拱门比比皆是，只有它成为未来拜占庭在帝国中央地位的象征。不过这是后话，一个半世纪后才实现。　64

第七章　敌自北方来——哥特人及赫鲁利人

公元257年及267年之围

　　在一个多世纪的时间里，自斯堪的纳维亚（Scandinavia）起，一拨又一拨的游牧民族南下，跨越波罗的海（the Baltic Sea），穿行于现今的波兰与俄罗斯西部。其中，以说着日耳曼语（Germanic language）的哥特人最广为人知，他们人数众多，分散于不断变迁的部落与氏族之中，追随着那些靠厮杀掌握权力的临时首领。这股族群的流动不仅引起了其他群体的迁徙，也使得罗马帝国的北部边界动荡不安，边境的压力与日俱增。

　　哥特族群，是乌克兰草原与俄罗斯—波兰森林广袤土地上，各民族交融的产物。众多非哥特族群被纳入其中，有的保留了其独立地位，拥有自己的首领；有的拥有其他日耳

曼血统，亦有些是斯基泰人与萨尔马提亚人（Sarmatians）①
的后裔，如在哥特族群兴盛之前就在草原上纵横的布兰人
（the Borani），在公元前最后几个世纪向东迁徙的汪达尔人
（Vandals）②、撒克逊人（the Saxons）、凯尔特人，以及曾
在罗马帝国的北疆与罗马长年累月对峙的其他日耳曼族群。
这一融合过程，是强者吞并弱小、败者归顺的过程，当然也
有大的族群为了争夺更多疆土而分裂，东西哥特（Visigoths，
Ostrogoths）的并立③便是一个例证。

　　哥特人的歌谣和传说中，记述着他们从波美拉尼亚
（Pomerania）地区向黑海的漫漫迁徙。考古学家们在波罗的
海沿岸的波美拉尼亚和马佐维亚（Masovia）找到了维尔巴克
文化（Wielbark Culture）④的遗迹，认定其为哥特人的起源
地，后来，哥特人在乌克兰基辅地区发展出切尔尼亚霍夫文

65

---

① 萨尔马提亚人是东伊朗语族的游牧民族，大约从公元前5世纪到公元4世纪在今天的南俄罗斯草原一带活动，以其重骑兵而著名。——译者注

② 汪达尔人属于日耳曼民族分支，约4世纪到5世纪活跃在欧洲。他们曾侵入罗马帝国，最终建立了北非的汪达尔王国。这个王国在5世纪和6世纪初存在，最后被拜占庭帝国征服。——译者注

③ 哥特人原本是一个统一的日耳曼民族，大约从公元3世纪起从斯堪的纳维亚向东南迁移，并在黑海北部地区定居。之后，哥特人逐渐分裂为东哥特人和西哥特人。东哥特人最初定居在今天的乌克兰地区，后于公元493年攻占意大利并建立东哥特王国，直到公元6世纪中叶被拜占庭皇帝查士丁尼一世摧毁。西哥特人则在公元418年得到授权，在今天的法国南部定居，逐渐扩展到西班牙，并在公元5世纪末建立了西哥特王国，直到8世纪初被穆斯林征服者推翻。——译者注

④ 维尔巴克文化存在于1世纪至4世纪的波兰和德国地区，与早期的日耳曼民族，尤其是哥特人的迁移有关。——译者注

化（Cherniakhov Culture）^①。凯尔特人曾在此定居，此地是控制乌克兰中部地区的地缘政治中心。公元 230 年，哥特人已占据乌克兰地区，控制区域触及亚速海（Sea of Azov）、克里米亚（Crimea）、第聂伯河（Dniepr River）以及第聂伯河河口。公元 238 年，哥特人大举入侵，越过多瑙河河口，攻陷了古希腊殖民城市伊斯特罗斯。

与此同时，罗马帝国的塞维鲁王朝风雨飘摇，仅维持了 40 年便土崩瓦解，王朝的覆灭伴随着宗教丑闻、幼帝无能母后专政，以及暗杀迭起的阴暗历史。塞普蒂米乌斯·塞维鲁之后的所有塞维鲁王朝皇帝皆死于非命。中央权威的衰落导致罗马帝国自 2 世纪 30 年代起纷争迭起，在公元 238 年更是呈摇摇欲坠之势。这一年，先后有六位皇帝轮番称帝，其中五位死于非命，最终的幸存者是少年皇帝戈尔迪安三世（Emperor Gordian Ⅲ）。哥特人在那一年入侵罗马绝非偶然。他们或许并不清楚罗马和意大利内部危机的具体细节，但已然察觉到帝国内部危机导致的边境防御的削弱。那一年第一个被刺杀的皇帝是马克西米努斯（Maximinus），据说凶手是色雷斯人，曾为巩固北部边境做出重要贡献，却与元老院交恶，最终被元老院所厌弃。在接下来的几年里，罗马皇帝走马灯

---

① 切尔尼亚霍夫文化存在于 2 世纪至 5 世纪，覆盖了摩尔多瓦、乌克兰和罗马尼亚的广大地区，与哥特人和其他日耳曼以及斯拉夫民族的融合有关。——译者注

般轮番上任，加之与波斯萨珊王朝（Sassanid Persia）^①战事胶着，无暇他顾。来自大草原和黑海北岸的其他族群，趁机对这个富裕的帝国发动了攻击。

公元3世纪40年代至60年代，哥特人、卡尔皮人（Carpi）和夸迪人（Quadi）多次袭击巴尔干半岛，其中尤为令人瞩目的，当数萨尔马提亚人的分支布兰人。他们以亚速海北部为据点，并由此控制了克里米亚，在那里他们夺取了基默里安博斯普鲁斯王国（the Cimmerian Bosporos）的港口船只，开始出海劫掠。第一次进攻发生在公元256年，他们袭击了高加索（Caucasus）北部的小城皮提乌斯（Pityus），但随后被击退。第二年，公元257年，他们再次尝试进攻并获胜，之后继续袭击了本都王国（Pontos）的特拉比松（Trapezus）和安纳托利亚内陆。一年后，一群哥特人效仿布兰人，夺取并建立了一支舰队，袭击了安纳托利亚中部。

在公元258年的一次大规模袭击中，哥特人展现了空前的野心。他们早期的侵袭仅限于达契亚（Dacia）、巴尔干或黑海东岸。而公元257年哥特人的袭击目标更甚，这些袭击并非毫无计划地掠夺，而是经过周密策划和准备的。受其他族群出击的启发，尤其是布兰人的行动激发了哥特人，在见证了对方获得的丰厚收益后，哥特人决定效仿。当时各族群

66

---

① 萨珊王朝（224—651年），又称波斯第二帝国，是罗马帝国和后来的拜占庭帝国的主要对手。萨珊王朝以其强大的军事力量和丰富的文化成就而闻名，对中世纪早期的艺术和建筑有重要影响。——译者注

竞争不断，如卡尔皮人在索要财富被拒绝后曾恐吓对方："我们可比哥特人更强大。" 哥特人的政治图谱中吸纳了众多非哥特元素，这些人在保留自己民族特色的同时，也成了哥特人的一部分。

哥特人的陆地大军沿着黑海西岸浩浩荡荡行进，还有一支在海上并肩而行的舰队。很难说哥特人此举是不是效仿腓力二世当初在克森尼索的行动。他们无视沿途几座城市，直抵伊斯特兰卡半岛（the Istranca peninsula）沿岸，此地位于拜占庭以西。特尔科斯湖（Lake Terkos）畔的渔民们为躲避哥特人的追捕，逃入沼泽地中躲避。然而，被哥特人找到后，他们还是在威胁之下顺从地交出了船只。抢夺渔船看起来更像是哥特指挥官们的一次临时行动，虽然他们已拥有一支舰队，但显然无法容纳整个军队，他们事先也没料到会找到渔民和他们的船只。之后，哥特军队登上缴获的渔船，绕过拜占庭，在博斯普鲁斯海峡的迦克墩一侧登陆。

哥特人铁骑直指比提尼亚的城镇。迦克墩与尼科米底亚的罗马驻军见势不妙，选择撤退。这些驻军只有十数人，寡不敌众，抵抗无疑是自寻死路。显而易见，这些城市缺乏有效的民兵组织，而罗马驻军并不在意平民的安全，他们的职责是管控而非保护。尼西亚、希俄斯、阿帕梅亚与普鲁萨接连沦陷，接着是尼科米底亚和迦克墩。哥特人企图通过陆路深入基齐库斯，却因林达科斯河（Rhyndakos River）暴涨而被迫撤回。归途中，尼科米底亚与尼西亚再遭劫掠，并被付

之一炬。满载而归的哥特人最终扬帆返航，他们的舰队可能 67
一直停泊在迦克墩或其北方。

在这次劫难中，拜占庭——这一区域最富有的城市，却未遭洗劫，出人意料。哥特人显然知道拜占庭的富庶，且曾发出威胁，但终未举兵。他们曾在特尔科斯湖抢夺了渔民的船只，此处离拜占庭不到 20 公里，毫无疑问，这些渔民完全知晓并能提供有关拜占庭的信息。哥特人可能从近处观察过拜占庭城垣，或从博斯普鲁斯海峡对岸的迦克墩隐约望见过，但无论是从陆地还是海上都未曾尝试过发起攻击；拥有舰队后，他们已具备横渡海峡并登陆的能力。显然，拜占庭的坚不可摧让他们望而却步。拜占庭的罗马驻军数量百倍于比提尼亚，罗马皇帝瓦莱里安（Valerian）还派了指挥官费利克斯（Felix）戍卫拜占庭，当然，除了保卫拜占庭，他无任何其他成就。尽管无战事发生，但这一切无疑构成了一场围城，因为城市在陆海双重威胁下陷入实质性的封锁，船只难以起航。如同该区域的其他城市，拜占庭对此毫无准备。

拜占庭的坚固防御使得哥特人望而却步，尽管后世历史学家对费利克斯被派驻此地的行为嗤之以鼻，视其为罗马帝国应对危机的可笑之举，然而，他的到来无疑整合了拜占庭的防御力量，提高了对陆海军事力量的控制。拜占庭的驻军异常庞大，这从公元 262 年或公元 263 年发生的兵变就能看出，当时驻军调转枪口指向市民，大肆烧杀劫掠。兵变者被罗马皇帝伽利埃努斯（the Emperor Gallienus）亲自率兵镇压，他说服叛军让他进城，之后他亲自监督秩序的恢复并下令处决所有哗变兵将。这一严酷的处置或许表明此次哗变背后的原因不只是物资要求这么简单，但更深层的原因不得而知。在当时，驻军与市民之间的紧张关系由来已久，普遍怀疑是哥特人来袭时士兵的不作为加剧了双方矛盾。

68

公元 267 年或公元 268 年，哥特人携手赫鲁利人（Heru）再次发起突袭。这是赫鲁利人首次出现在历史记录中，他们可能是哥特族群的一个分支。这一次，他们集结了一支庞大的舰队。赫鲁利人和哥特人分别从亚速海地区和第聂伯河口地区进发，组织有序。他们首先对黑海沿岸的城市托米斯（Tomis）发起了进攻，但罗马的强大防御让他们无功而返。随后，他们沿着多瑙河逆流而上，试图攻击位于内陆的马尔基安诺波利斯（Marcianopolis），但那里的坚固防守让他们再一次铩羽而归。之后他们放弃了这次攻击，返回舰队。

他们的下一个目标是再次袭击海峡沿岸城市。在那里，他们遇到了更加顽强的抵抗。驻扎在拜占庭的罗马舰队封锁了他们通过博斯普鲁斯海峡的道路，其陆军亦在拜占庭的反击下败北。他们在博斯普鲁斯海峡北部入口处的希耳俄安营扎寨，往来商船通常停于此处进行缴税并等待穿行海峡，这里也是当初腓力二世俘获雅典商船的地方。他们重新集结，意图控制海峡东岸，精选装备精良的舰船再次发起突击，最终成功突破并驶入普洛彭提斯海域。

此时，基齐库斯早已获悉并进行了充分的准备，成功抵御了哥特人的入侵。但即便如此，基齐库斯仍在此次袭击中蒙受了损失，或是附属岛屿惨遭劫掠。根据历史学家阿米阿努斯·马塞利努斯（Ammianus Marcellinus）的说法，基齐库斯本身的防御不逊于拜占庭，甚至更加坚固，所以最终在此次围攻中幸存下来。而另一位历史学家佐西穆斯（Zosimus）则认为，哥特人和赫鲁利人的船只通过海峡时，受湍急的水流影响自顾不暇，根本没有攻击基齐库斯，不过以他对船只或海洋的了解，这一说法可能有误。

尽管之前的突袭屡遭失败，但哥特人并未放弃。他们从基齐库斯继续进发，进入达达尼尔海峡，并成功突破海峡封锁进入爱琴海。他们可能采用了陆军沿岸行进、舰队相伴的战术。接着，他们从爱琴海出发，袭击了利姆诺斯岛，并在阿索斯山（Mount Athos）扎营。在那里，舰队兵分三路，在接下来约一年时间里分头行动，展开新的洗劫。

69

很明显，在哥特人的这次突袭中，拜占庭赫然成为目标。控制这座城市，将为哥特人提供一个坚实的大本营，方便他们进行大范围的出击，并确保必要时撤退路线的安全。公元263年驻守拜占庭的罗马军发生兵变后，城内驻军想必已经换防，由经验丰富的当地指挥官领导，还有一支组织良好的舰队协同作战。如同之前的多瑙河和托米斯，罗马的防御体系再一次在博斯普鲁斯海峡和普洛彭提斯海发挥了效力。然而，出乎意料的是，哥特人竟然继续进犯达达尼尔海峡，几乎不费吹灰之力便突破了海峡防线。这让爱琴海的岛屿和城邦措手不及。最终，赫鲁利人遭遇了罗马皇帝伽利埃努斯新组建的重装骑兵部队，被彻底击败。伽利埃努斯的继任者——克劳狄乌斯二世（Claudius Ⅱ），在战胜了哥特人军队后，赢得了"哥特人绞杀者"（Gothicus）的称号，最终重返家园的哥特人寥寥无几。哥特人的舰队，也被自埃及方向驶来的罗马舰队在爱琴海击溃。同五个世纪前的加拉太人一样，哥特人将劫掠目标对准了富裕的城外寺庙，以弗所的阿耳忒弥斯神庙被他们洗劫一空并最终付之一炬。赫鲁利人从家乡召集了更多人手加强战力，但最终还是被不断打击并驱逐出境。一些哥特人不得不多次穿越海峡，所以博斯普鲁斯海峡的舰队很可能再次投入了战斗。

这次袭击对拜占庭不啻一次严重的打击，尽管袭击者在陆上和海上都以溃败告终，但依然保有实力并在其后一段时间内反复发动攻击，形成威胁。不过显而易见的是，此时罗马的防御系统与公元 257 年相比更为坚固，帝国军队也相对迅捷地到达，将袭击者逐一击破。在这次行动中，拜占庭的防御显然起到了关键作用。

哥特人的袭击是否可以算作对拜占庭的围攻，值得探讨。哥特人第一次来袭，被攻击洗劫的特尔科斯湖渔民显然是拜占庭公民或臣民，指挥官费利克斯也是奉罗马皇帝之命保卫拜占庭，可见其目标指向的是拜占庭；第二次袭击中，拜占庭城无疑遭到了攻击，军队和船只忙于作战，保卫博斯普鲁斯海峡。从以上情况来看，在这两次袭击中拜占庭城都是明确的目标。而最终，拜占庭凭借自身的力量、防守和决心，成功抵御了哥特人的袭击。因此，尽管无法确切统计城墙外和沟渠中的伤亡人数，但这些战事已极为接近围城战。　　70

第八章　自西而来的征服者——君士坦丁大帝

公元 313 年及 324 年之围，新都始成

自公元 3 世纪 80 年代起，在皇帝戴克里先及官员们的铁腕治理下，罗马帝国结束了 3 世纪中叶以来的无政府状态。当然这一过程不乏艰辛。他们实质上是从过去施行的各项权宜措施中求得解决方案，使之长期化，并将帝国分而治之。按照戴克里先的计划，罗马帝国由四位皇帝共治，其中两位实权皇帝称为奥古斯都，两位副帝称为恺撒。这些称谓意在借古老的头衔来掩饰政权结构的创新。这些皇帝各自治理帝国的一部分，实际上是各自守卫一段与蛮族接壤的边境地带。最初计划是恺撒在奥古斯都退位或驾崩后继位，轮换周期为 20 年。然而，戴克里先退位却引发了四位皇帝间的连番争斗，他是唯一自愿退位的皇帝，但在退位后也屡次复出争权。内战又起，当然这也可以看作传承下来的一贯做法。

公元 311 年，距戴克里先退位已过六年，他很可能就是在这一年离世的。他唯一成功却未被后人继承的创新制度——"四帝共治"——引发新的混乱，出现了四位主要争权者。在东部，博斯普鲁斯海峡至叙利亚和埃及的大片区域由马克西米努斯·达亚（Maximin Daia）掌控。巴尔干半岛由伽列里乌斯（Galerius）统治。在意大利，戴克里先昔日同僚的儿子马克森提乌斯（Maxentius）篡位。而西部则是君士坦丁的天下。尤其值得一提的是君士坦丁，正是他连续地、系统性地颠覆了经商议达成的共治方案。公元 306 年，他父亲在约克去世，他由此篡位，自那刻起便致力于拓展自己治下的疆域，并在公元 312 年击败马克森提乌斯，控制了整个西方，包括意大利、非洲、西班牙、高卢（Gaul）和不列颠。伽列里乌斯于公元 311 年离世，之后巴尔干地区由李锡尼继承，马克西米努斯·达亚则从叙利亚出发，接管了伽列里乌斯在小亚细亚的统治权。

71

此时正值基督教的影响力在罗马帝国内部日益增长，这使争权者之间的冲突更加错综复杂。戴克里先将基督教视为颠覆力量，对其发起迫害以图根除；马克西米努斯·达亚效仿戴克里先，对基督教欲除之而后快；李锡尼则不置可否。君士坦丁则不同于任何一方，他首先在自己的辖域内实行了对基督教的宽容政策，后逐步接纳，最终皈依为基督徒。显然，他此举主要是想赢得帝国各地基督徒的支持，特别是在马克西米努斯·达亚统治的地区，因为那里基督徒数量最多。

君士坦丁自称皈依基督教是出于真诚，但贯穿他整个政治生涯的根本动机是个人雄心。他的主要和长远目标，是获得并巩固对整个帝国的控制。毕竟，他首先是一个成功的政治家和军事家，足智多谋，军事才能出众，雄心勃勃。

公元 312 年，君士坦丁在战场上凯旋后进驻罗马。尽管他已有心理准备，但亲眼所见仍不免颇为悻悻，因为罗马城虽然是基督教高阶主教的驻地，他们因身在帝都而拥有极大的教权，但这里亦是帝国内异教信仰最为根深蒂固的堡垒，作为统治阶层的贵族几乎全部信奉异教。他们坚称，罗马帝国是在朱庇特（Jupiter）、朱诺（Juno）和密涅瓦（Minerva）这三位异教神祇的庇佑与激励下建成的，一旦摒弃了这种神助，便是自掘坟墓。如同所有宗教预言一般，它们与现实似乎并无直接关联，然而又在某种意义上似是而非，难辨对错。

面对君士坦丁在意大利的接连胜利，李锡尼和马克西米努斯·达亚在博斯普鲁斯海峡的波涛之上，乘舟会晤并缔结了休战协议。公元 312 年，君士坦丁成功占领意大利，加之他的宗教政策，使得这场断断续续的内战进入下一个阶段。

72　他与管理着巴尔干半岛的李锡尼携手，而他对基督教的包容与实质上的支持招致了马克西米努斯·达亚的公开反对，后者明显察觉到君士坦丁的宗教政策对自身地位构成了威胁；显然，君士坦丁也欲除他而后快。

公元 313 年，战火再起，马克西米努斯·达亚跨越博斯普鲁斯海峡，侵入李锡尼的疆域。马克西米努斯·达亚首先需要确保自己的后方安全，因此不得不对拜占庭施以长期围困。而就在前一年，这两位对手还在博斯普鲁斯海峡的会面中握手言和。世事流转，很快拜占庭及博斯普鲁斯海峡便成了新的危机中心，左右了接下来十数年的历史进程。

马克西米努斯·达亚在短短 11 天的围城后便宣布拜占庭投降，即商议之后拜占庭便告投降。他的军队随后沿着普洛彭提斯北岸的埃格那提亚大道推进至赫拉克利亚（Heraklea，古称佩林索斯）。尽管跨越博斯普鲁斯海峡运送庞大的军队并对拜占庭展开围攻消耗了一些时间，但马克西米努斯·达亚似乎自信能同时推进这两项军事行动。李锡尼当时正与君士坦丁在米兰会晤，在那里他获悉了达亚来袭的战报。正是这次会议，让马克西米努斯·达亚对可能达成的协议心有猜忌，才激得他对李锡尼发动进攻。

李锡尼果断迅疾地调动部队，带领野战军，可能还包括继承自伽列里乌斯的旧部，横扫整个巴尔干半岛。在此期间，马克西米努斯·达亚正艰难地率其大军渡过博斯普鲁斯海峡，对拜占庭发起围攻，并向赫拉克利亚进军。两军在赫拉克利亚西侧短兵相接。经过长期的兵力部署，最终战役由人数较少但斗志更为昂扬的李锡尼军赢得，李锡尼无疑在统率能力上胜过了马克西米努斯·达亚。达亚的残部撤退，再度越过博斯普鲁斯海峡退回亚洲大陆。

达亚对拜占庭的迅速围攻暴露了拜占庭城防之薄弱，当然也可能是马克西米努斯·达亚的攻城战术极为高效，可能使用了攻城器械，而不只是通过谈判劝降。在罗马帝国晚期，军队在围攻技术上与腓力二世时代相比几乎是原地踏步，不过塞维鲁在一个世纪前重建的拜占庭城墙可能也不像之前那样坚不可摧，因为新城建于低洼地带，防守难度陡升。之所以能顶住哥特人和赫鲁利人的侵扰，是因为围攻方缺乏攻城器械，但面对皇帝亲率的训练有素的罗马正规军，拜占庭的防御便捉襟见肘。

达亚败退后，并未尝试坚守拜占庭。他退往亚洲一方，但正如在小亚细亚的常见情形，他节节败退，最终退至金牛山脉这一天然屏障；可能是到达山区时兵力已折损过多，防守未能成功。他显然也病痛难行，因为不久之后便在金牛山脉附近辞世。据说可能是自尽，基督教史学家和编年史作家对他的末路津津乐道，这些描述很可能是为了宣传目的而虚构的。

罗马帝国现由两位皇帝分治：君士坦丁控制意大利及西部诸行省，李锡尼则统治亚得里亚海以东的全部领土。不可避免地，两人的矛盾终于爆发，数月之内便交战起来。这回，李锡尼军队兵力更为雄厚，而君士坦丁指挥的队伍规模虽小，但战斗力却更胜一筹。得益于其出色的将领才能，君士坦丁赢得了这场战斗。李锡尼被迫退至色雷斯，两军在此地再度交锋。战局虽然未见分晓，但李锡尼通过巧妙调动兵力，威胁了君士坦丁部队的通讯线甚至后勤补给。与此同时，君士坦丁东进，追赶一支溃败之敌，直至拜占庭。在双方各自反思如何破局之际，李锡尼派遣使者，君士坦丁也表露了和解的意愿，毕竟，他已在巴尔干半岛取得了大片土地。李锡尼则保有东部及色雷斯，如此，拜占庭便成了边境线上的重镇。

和平延续了八年，但纷争依旧。到了公元324年，长期积累的种种不满最终点燃了战争的导火索。君士坦丁自公元306年在约克接替其父上位以来，便孜孜寻求战略上的优势，不断挑逗对手，诱使对方首先开战，再趁势牟利。实际上，最终的开战源于一场误会——君士坦丁在参与多瑙河边境的一场战役期间，不慎侵入了李锡尼的疆域。这本是一桩小事，一句简单的道歉或许就足以平息，当然可能需附上一些赔偿。然而，这样的小事却演变成了一场战争，这深刻反映了两位帝王之间的紧张和不信任已积重难返。

74

君士坦丁的反蛮族战役确实使其主力军队深入巴尔干半岛南端，同时他还在塞萨洛尼基亲自指挥建造帝宫和扩建舰队所需的港口。这些筹备行动虽然可能有多重解释，但最直观的是，君士坦丁正在为进攻李锡尼做准备。此举无疑引发了诸多猜测，被认为是君士坦丁挑衅李锡尼的策略，自反蛮族战役以来就已酝酿。不论外界如何解读，待李锡尼回过神来，君士坦丁显然已完成备战。塞萨洛尼基的建设似乎预示着这座城市将成为君士坦丁的另一帝都，就如同过去20年在莱茵兰（the Rhineland）地区，他也曾以其他数座城市作为自己的帝都。正是这一系列动作，加上君士坦丁本人及其军队靠近边界，之后君士坦丁更是越界进入李锡尼的领土，促使李锡尼调集军队进驻色雷斯，在哈德良堡（Hadrianopolis）扎营。他们的靠近酝酿了下一场风暴。

君士坦丁的战舰集结于新兴的塞萨洛尼基港，其长子克里斯普斯（Crispus）从莱茵河边界被召回指挥这支舰队。克里斯普斯首先需要在比雷埃夫斯（Peiraios）与一支运输舰队会合，该舰队从西方带来了军队所需的补给。联合舰队抵达塞萨洛尼基后，君士坦丁整装待发，开启了另一场战争。他从西部沿着埃格那提亚大道侵入李锡尼的领土，此时李锡尼驻扎在哈德良堡附近的丘陵中，防守密不透风。据说两方总兵力达到了 30 万人，这虽是古代夸张的表达，但也在一定程度上表明双方投入的军力之大。在接下来的战斗中，君士坦丁再次展现了他卓越的将领天赋，击败了李锡尼，不过后者带领大部分军队成功撤退，并在拜占庭派驻了强大的守军，毫无疑问他此举是在借鉴过去马克西米努斯·达亚在拜占庭的经验，或参考一个世纪前塞维鲁的情形。任命马提尼亚努斯（Martinianus）为副帝之后，李锡尼派他穿过普洛彭提斯海到拉姆普萨库斯召集新军。君士坦丁则召集了克里斯普斯和他的舰队，据说共有 200 艘战舰。据说李锡尼的舰队拥有 350 艘三列桨座战船，集结于普洛彭提斯海区域，由阿班图斯（Abantus）指挥。

拜占庭再次遭到了围攻，不过君士坦丁的围攻更像是封锁而非猛烈的攻击，至少初期如此。战争的转折点发生在海上。克里斯普斯率舰队驶入海峡，在加里波利（Kallipolis）上

75

方的狭窄海域与阿班图斯的庞大船队交锋。尽管克里斯普斯带有众多的运输船，但阿班图斯的战舰数量显著多于克里斯普斯。不过，两位指挥官都缺乏海战的经验，因为自罗马共和国末期以来，海战并不多见。

在狭窄的海峡交战意味着只有部分船只能参与战斗。如此一来便削弱了阿班图斯舰队在数量上的优势，克里斯普斯仅使用了 80 艘被称为"三十桨战舰"（triaconters）[①]的小船，其体型均比阿班图斯指挥的三列桨座战船要小。阿班图斯动用了 200 艘战船，但是他的进攻缺乏组织，而克里斯普斯指挥下的舰队在海峡中井然有序，他也指挥得更为得心应手。首日战斗虽未见分晓，阿班图斯的舰队却遭受了沉重打击。随后两军各自撤离，克里斯普斯的舰队在克森尼索半岛南角的伊莱奥斯（Elaious）安营扎寨，而阿班图斯则驶向亚洲岸的港口。次日，阿班图斯发现敌军已得到增援，同时天气也开始变幻。一股猛烈的北风袭来，将阿班图斯的舰队冲向敌方，而到了下午，风势却一反常态转向南方，战局也随之逆转，阿班图斯的舰队被逼至亚洲的岸边，据传他此次损失了 130 艘战船及数千名水手。最后仅剩四艘战船，他只能拱手投降。克里斯普斯得以顺利穿越海峡，直指拜占庭。

一旦海战的胜负昭然，李锡尼即刻从拜占庭撤往亚洲一侧，先至迦克墩，继而到达古老的克里索波利斯关卡。与此

[①] 一种较小型的船只，通常配有三十个桨手。——译者注

同时，君士坦丁已围困拜占庭。他所面对的是，城池坚固，守军庞大，其中有李锡尼的部分军队。长期封锁终将奏效，因为城内物资消耗必定与日俱增，但围城伊始，李锡尼在博斯普鲁斯海峡的舰队仍能为拜占庭提供补给。于是，君士坦丁果断着手下一场攻势。他带来或就地建造了与腓力二世时代相仿的攻城兵器，用高耸的攻城塔瞄准拜占庭城墙上暴露出来的通道，他的兵士得以逼近城墙，挥动攻城锤，对坚固的城墙发起猛烈冲击。

76

李锡尼显然对自己的部分部队持有戒心。在君士坦丁的军队逐步摧毁拜占庭城墙时，他自己带着最忠诚的部下撤至迦克墩，与此同时，他的新晋副手马提尼亚努斯则在拉姆普萨库斯召集新军。君士坦丁可能洞察到李锡尼军队中出现的猜疑与分裂，遂派兵渡海至亚洲一侧，在神圣岬角（the Sacred Promontory，推测是曾经位于希耳俄对往来船只收税的古老税务站）登陆。由于李锡尼已率其部下撤离至安全地带，而君士坦丁现在得以过海至亚洲一侧，这暗示此刻克里斯普斯已在海战中胜出，并确立了对博斯普鲁斯海峡和普洛彭提斯的控制。君士坦丁调动了足够的兵力至对岸，组成一支足以击败李锡尼部队的强大军队，并在克里索波利斯取得了胜利。李锡尼再次退至尼科米底亚，其驻守在拜占庭中的部队旁观了事态的发展，在海峡对面的君士坦丁告捷后便向其投降。

君士坦丁进入缴械投降的拜占庭，举行盛大的竞技庆典，以庆祝克里斯普斯及其舰队的辉煌功绩。这一嘉奖是克里斯普斯应得的，因为他海战获胜奠定了最终的决定性胜利的基础。如同先前塞维鲁围城时的情形，这次胜利同样源于陆上猛攻和海上严密封锁齐头并进。而在尼科米底亚，李锡尼的妻子君士坦提娅（Constantia）——也是君士坦丁的同父异母妹妹，劝说其夫君放下武装，缴械投降，并从兄长那获得了饶其丈夫性命的承诺。君士坦丁的这份诺言只坚守了一年。

君士坦丁一举掌控了整个罗马，成为近一个世纪以来首位统一全境的皇帝。这值得大书特书，他自己似乎打算通过一种传统的举措来庆贺：建立一座新的都城。

君士坦丁在凯旋之年建立新都，这绝非偶然，可视为克里斯普斯胜利庆典的延续。不过，罗马境内城池遍布，选址成了一大难题。过去的 15 年里，拜占庭曾数次进入他的视野：李锡尼和马克西米努斯·达亚在博斯普鲁斯海峡的会晤，两次围城，以及他在与李锡尼的战斗后攻占了这座城市，都让他印象深刻。从近期两次陷落来看，此地似乎并不适合建立新都，然而，拜占庭只是众多选址之一，君士坦丁的选择范围相当广泛。在过去的 20 年里，他曾驻扎在罗马帝国各地，多个城市都曾被他作为临时政府驻地，因此想必他对新都已有清晰的构想。

君士坦丁建城之举，并非首创。在古代希腊与罗马的君主中，建立城池久已成为一种传统，而辉煌的胜利往往被视为兴建新城的充分理由。据说亚历山大大帝便因建立了众多城市而声名远扬，不过真正由他创建的城市仅四五座，其中

77

以埃及的亚历山大城（Alexandria-by-Egypt）最为知名；亚历山大大帝的父亲——腓力二世——仅在色雷斯地区就至少兴建了两座城邦；塞琉占在叙利亚与巴比伦（Babylonia）兴建了约 24 座城池；而托勒密不仅重建了亚历山大城，更是以己之名命名了数座城市；利西马科斯也在克森尼索创建了利西马西亚，不过最后烟消云散了。他们之后的罗马皇帝亦步亦趋，纷纷仿效，有些甚至将自己的故乡小村提拔为城市，如阿拉伯人菲利普（Philip the Arab）与伽列里乌斯便是如此；连罗马共和国时期的执政官们也曾创立城市。因此，君士坦丁大帝东征西战 20 年并以一连串的胜利结束征战后，选择仿效这些先辈实属意料之中。考虑到他不断膨胀的自豪感和雄心，他决定建立一座规模空前的城市也就显得顺理成章了。

君士坦丁曾在各地铸就皇宫，这些皇宫遍布高卢、罗马、米兰、塞尔迪卡（Serdica）以及塞萨洛尼基，或许还有更多未名之所。他继承了李锡尼、马克西米努斯·达亚与戴克里先的政治遗产，在尼科米底亚接手了一座历史悠久的宫殿和一个运作良好的帝政机构；另有矗立在叙利亚安条克（Antioch-in-Syria）和埃及的亚历山大城的宫殿。然而，君士坦丁胸怀壮志，志在修筑一座更加雄伟的城池。有人建议他将新都建在特洛伊，这是帝国史上的荣耀之地，可在此修筑新宫并自封为城市的创建者。特洛伊毗邻亚历山大·特罗亚，一座传说由亚历山大大帝建立的城市，实则其创建者是安提戈诺斯（Antigonos），当然还有一部分建设功劳属于利西马

科斯，不过这两位君王的结局都是战死沙场，这是个不祥之
兆。特洛伊本身也不过是偏安一隅的小城，待扩建之余地虽
多，却须拆除旧神庙，替之以教堂；另有一更大的缺陷，那
里缺乏优质水源。与之隔水相望的是利西马西亚的废墟，由
安提戈诺斯的竞争对手所建，数次陷落于色雷斯人之手。与
这些城市的光辉历史相比，尼科米底亚，这个由比提尼亚国
王所建、受异教徒迫害者青睐的帝都在君士坦丁心中，已失
其昔日光芒。

君士坦丁大帝莅临特洛伊，亲自踏勘那里的土地，在此
过程中，他得以亲自审视利西马西亚的遗址；而尼科米底亚，
他因为早年曾居住在那里，也颇为熟悉。他踏上特洛伊，内
心或许早已知晓这里并非理想之选。他之所以在意大利和巴
尔干连连得胜，部分归功于对基督教的支持和信徒们的拥戴。
在罗马外的米尔维安桥（Milvian Bridge）之战中，他得到了
胜利的神示，自此之后，每一场战事都见证了他皈依基督教
带来的利好，且基督教对他的影响日益加深。如今他治下的
帝国疆域，无论是小亚细亚、叙利亚抑或埃及，皆已深深烙
印着基督教信仰。若君士坦丁选择特洛伊这般充满异教色彩
的城市，或其他有异教信仰的城市，或由亚历山大大帝和利
西马科斯这样的异教君王建立的城市，或戴克里先那样狂热
的异教徒拔擢的城市，无疑会激起东部基督徒们的反感，他
们刚刚逃脱戴克里先和马克西米努斯·达亚的严酷迫害。因
此，就宗教信仰而言，君士坦丁志在打造的新都，必须是个

78

有望塑成基督教风貌的地方。

决心既已定，君士坦丁便着手考量新都可能落脚的地方，在一众政治军事枢纽中，拜占庭脱颖而出。它既临海（君士坦丁的胜利在很大程度上归功于克里斯普斯舰队在海上的胜利），又易于加固防御。历史上，它依托海滨之便，不止一次地撑过了围攻，在此处，补给可顺海运而至。拜占庭城内虽然遍布着各种神殿和神庙，却并未受到异教的影响；有传言称君士坦丁一度下令破坏这些神殿，但这似乎更像是基督徒的某种宣传，他们通常对事实缺乏尊重。在历史舞台上，拜占庭虽不甚显赫，但在几场重大历史事件中也曾小有作为，特别是在与塞维鲁长达近三年的对抗中，展现出防御坚固的一面。不过，军事上拜占庭声势微弱，至少在帝国大军面前是这样，不久前两次轻易被攻克便是实证，它现在显然疏于防守，君士坦丁曾目睹拜占庭因自己的围困而陷落。因此，这里有很大的空间展现帝国建筑的创新和规划之长，有可能进一步提高皇帝的威望，确保其身后之名，这也符合建城的目的。要使拜占庭地位显赫、牢不可破并基督化，只需投入金钱与劳作便可，而君士坦丁此时已财力雄厚，能动员大批熟练的工匠，所以这些都不在话下。最终，拜占庭因其各方面均较为均衡，被君士坦丁选中。

君士坦丁大帝亲自监督新都的早期建设工作。当时流传着这样一则逸事：他率领着一行朝臣和建筑师沿着心中构想的主街前行。他们到达了塞维鲁城墙，此处理当是道路的尽头，但君士坦丁却未停步，继续前行。随行人员指出这点，而君士坦丁却宣称他是在追随前面的引导之人，然众目所及并无旁人，最终方知晓其向导是一位天使，带领他们至新城墙与此街交会之处。这段佳话，既是后世市民津津乐道的传说，也展现了君士坦丁自称受神谕引导的典型做派。君士坦丁还曾宣称，一个神谕之梦使他放弃选择特洛伊作为新都，显然他那澎湃的想象力，总能及时想出合宜的故事笼络臣民。

实际上，在拜占庭的这片土地上，新城市的规划蓝图早已奠定。君士坦丁大帝所踱步的这条街道由他亲自参与规划，这一点毋庸置疑，因为这是传统君王的职责之一。而这条街正是塞维鲁时期的主干道，它在距未来皇宫之址约两公里的地方分岔成两条路，各自伸展向不同的方向。一条向西北延伸，经色雷斯中心的哈德良堡，直至多瑙河边界；另一条路出城之后便连通埃格那提亚大道，向塞萨洛尼基、亚得里亚海及意大利延伸。〔现如今哈德良堡大道被称为梅兹街（Meze），是世界上数一数二的繁华大街。〕可以说，城市整体布局的轮廓基本已经显现。除了这些干道之外，还建有希腊城市的常规建筑，君士坦丁命令在此增建新皇宫、议会大厦、士兵营房、新港口、教堂，以及古代城池所必需的一切设施。那座被塞维鲁拆毁、坐落于高处的旧城，如果在之前的那个世纪末被占据的话，本可重焕生机，俯瞰博斯普鲁斯海峡的入口。而城墙则会依照君士坦丁所见的天使指引的线路修建。

80

从防御角度而言，此地并非最佳选址，或许那位天使不懂兵法。当然，最终的决定权握于君士坦丁手中。岬角〔后成为卫城，现为奥斯曼帝国皇宫托普卡匹宫（Topkapi）的所在地〕和内陆的丘陵皆可俯瞰此处。此选址很快被证明存在缺陷，但新城内其他建筑已先行一步落成，包括皇宫和教堂，以彰显其基督教城市的定位。无论如何，至公元 330 年，新城已基本建成，一场为城市"洗礼"的基督教典礼仪式盛大举行，宣告了君士坦丁堡的正式诞生。

81

别样视角之二 君士坦丁堡的五重城墙

　　拜占庭曾筑有五座防御壁垒，内部还设有隔墙，这些隔墙虽多用于私隐之需，但在奥斯曼帝国攻来时，亦曾充当防御之用。城市的第一重城墙，为古希腊城邦时期所建，环绕着广袤的丘陵岬角，囊括了初期的聚落。这道古老的城墙，虽然未能抵挡住波斯人和雅典人的侵袭，却在腓力二世的进攻中显现出了坚不可摧的防御力。城墙全长约 1.5 公里，不足一英里（约 1.6 公里），沿着半岛低地向形成岬角的山峰而建，由低至高，由缓至陡。此处是筑城的理想之选，自城市始建直至被塞维鲁征服之前，其结构几乎未曾改变。如今，这道城墙大部分已被奥斯曼皇宫的围墙替代。

　　显然，被波斯人和希腊人轻易攻破的那段城墙与后来腓力二世动用攻城器械攻击的城墙并非同一个。历史学家波利比乌斯曾描述，拜占庭在朝向陆地一侧较为脆弱，但城中部署了一系列城防武器，有效地将马其顿人的攻击拒之门外。

某段城墙因遭到猛烈攻击而崩塌，马其顿军队得以顺势而入。不过，一个小小的缺口并不会导致城市全面溃败，来犯者最终被击退，城墙也迅速得到了修复。这座城墙显然足够坚固，成功地发挥了其应有的防御作用。古罗马历史学家希罗迪安是这样描述这道城墙的："由巨大磨石筑成，坚不可摧，看起来浑然一体，宛如一整块石头。"而另一位历史学家卡西乌斯·狄奥则对城墙上的七座塔楼给予了高度评价。他们描述的都是塞维鲁军队曾试图攻破却未能如愿的那道城墙。换言之，这道城墙与腓力二世时期受损的城墙极为相似，甚至可能是同一座。可以确定的是，这座旧城墙在罗马军队经过此地，往返于多瑙河和亚美尼亚边境之间的过程中，得到了充分的维护和加固。

82　　这座城墙经过加固、维护和修复，在公元 193 年至 196 年塞维鲁军对拜占庭发起围攻时成功抵御了攻击，这再次证明了其坚固性。城市最终陷落是由于封锁和饥荒的双重压力，而非来自敌人的直接突袭，敌方部署的重型攻城器械未能对城墙造成决定性破坏。塞维鲁曾下令，一旦攻占拜占庭，必须拆除这道城墙。显然，对于刚刚坐稳的王位，他心存忧虑，拜占庭和尼格尔的顽强抵抗曾对他构成巨大威胁，可能激励其他人纷起效仿，抵抗其统治。但塞维鲁生性残暴，任何抵抗都能激发出他更猛烈的回击。拜占庭的地理位置显然给他留下了深刻印象，当其子卡拉卡拉提议重建城市时，他虽然同意了，但条件是按照他的规定，在一个全新的位置重建。

到了公元 196 年，由于战争造成的伤亡，居民的逃离、疏散及被屠杀，拜占庭已几近荒废，除城墙外，其他多数建筑亦已荡然无存。当卡拉卡拉重建拜占庭的建议得到采纳时，这里已是人烟稀少、废墟一片。实际上，塞维鲁和卡拉卡拉获得的只是一片可以重新规划建设的空地。新城的中心被确定在原先的山岬之下，其前方就是新的城墙。据说，这道城墙从金角湾的尼奥里翁港（Neorion Harbour）直达普洛彭提斯海岸，但具体轨迹尚不明确，尤其关于其南端在普洛彭提斯这一侧的起始点，有几个不同的说法。新城墙的长度与原城墙大致相当，但西移了约 700 米。而旧城废墟所在的小山与塞维鲁新城墙之间的空地上，便是新城。

公元 324 年，在君士坦丁的进攻下，拜占庭的城墙顽强抵御，长达三个月，这与公元 313 年该城在短短 11 天内即告陷落形成了鲜明对比。这一差异无疑主要是因为城里驻军的规模和士气，城墙本身在防御上无可指摘。君士坦丁还部署了攻城器械，导致城墙严重受损。历史学家阿米米乌斯（Ammianus）在其记述中谈及了当时君士坦丁一方所使用的攻城器械，包括攻城塔、攻城锤（即投石器）、投石车（蝎弩）和箭炮（弩机）；这些器械与六个世纪前腓力二世所用的相差无几，只不过规模更大，数量也更多。事实上，直到君士坦丁的舰队控制了海峡，并在博斯普鲁斯海峡对岸的克里索波利斯击败了李锡尼的军队后，他才真正占领了拜占庭。在其围攻的三个月里，大部分时间可能只是进行封锁。最终，

83

拜占庭不待直接受袭便选择了投降。

　　拜占庭易守难攻本就不足为奇，因为即使面对最先进的攻城器械（君士坦丁在攻城期间还专门建造了一座土坡以便攀越城墙），只要得到外部援助，城墙往往足以抵御长期围攻。君士坦丁可能确实对拜占庭的坚不可摧印象深刻，但他之所以选择在此建立新都，还有其他更深层的原因。

　　为了匹配他的雄图大志，君士坦丁的新都规模远超塞维鲁所建。他规划的城墙，无论是出于天使的指引、他的直觉，还是更可能由建筑师与测量师实际标定，其精确度并不令人满意。这堵墙可能沿着金角湾一路蜿蜒而至普洛彭提斯，与塞维鲁时代的城墙相比，向西扩展了将近三公里。其在金角湾的一端靠近一个叫作泽乌格玛（Zeugma，意为"桥"，此处可能指渡口）的小湾西侧；而延伸至普洛彭提斯的这一端则没有显著的地标。如果这堵城墙呈现出一条规整的曲线，可能只是依照设计图上的绘制，而没有严格考虑地形的实际情况；这种做法在军事上有缺陷，可能会暴露出一些防御上的弱点。这段城墙并没有维持太久，仅存续了一代人的时间。它将另两座山环绕在内，形成了七座山被纳入城市版图的格局，新墙围定的区域面积比之前扩大了四至五倍，达到约 600 万平方米，是共和时期罗马的两倍大小，这使得拜占庭成了一个与安条克相当的大城市，但仍旧比亚历山大城小，只有奥勒良（Aurelian）时期，即 3 世纪 70 年代罗马城的一半大小。

这座城墙已经不复存在，当拜占庭的城市版图再次扩展时，它被拆除了，现在我们只能对其原始路径进行推测。城市之所以向外扩张，部分是因为成为在位皇帝的驻地，更为关键的是，它成为帝国政府的中心，吸纳了官员、文职人员、奴隶、家庭成员以及卫兵。福利粮食和福利酒的发放无疑也有助于吸引新的居民群体，这项福利最初只有罗马城的公民才能享有，不过君士坦丁堡的人口从未真正达到过饱和状态。

公元 378 年和公元 395 年，哥特人及其盟友的威胁，以及之后哥特人对古罗马的侵袭和在意大利全境的劫掠行为，无疑使罗马帝国高度关注君士坦丁堡的防御系统。城市免受哥特人的侵扰本是幸运之事，但考虑到未来可能会有持续更久的封锁，就如同君士坦丁在公元 324 年的封锁，加之人口增长，使得安全威胁急剧上升。巴尔干各行省面对蛮族侵袭时的不堪一击已成为公认事实，一旦多瑙河边境线被突破，赫莫斯山脉（Haemos Mountain，即现在的巴尔干山脉）便成为侵略者与爱琴海海岸之间的唯一天然屏障，这也是公元 376 年罗马皇帝瓦林斯在多瑙河防线被穿透后首次设置防御的地点。哥特人在巴尔干的反复侵袭，造成大批难民涌入君士坦丁堡，哥特人的直接逼近无疑加剧了城市资源的紧张。公元 378 年，哥特人因对防御设施自觉无策和供给短缺而撤退，而在公元 395 年则是因为禁卫队长官鲁菲努斯（the praetorian prefect Rufinus）的巧妙外交策略而撤军。也就是说，对城市位置及其防御的深思熟虑和详尽考量，是因为其在面对更坚决的敌人时与多瑙河边境一样脆弱。普遍认为，君士坦丁选择的城墙位置不佳且易于遭受猛烈攻击，脆弱性与塞维鲁新城的墙体不相上下。

即使在君士坦丁统治期间，拜占庭这座扩张后的城市依然迫切需要可靠的食物和水源供应。当城市的人口数量达到一定程度后，商人们会运入食物，这些供应将会对福利粮配给制度形成补充。然而，供水情况则更为复杂。罗马皇帝哈德良（Hadrian），在君士坦丁之前两个世纪，资助了一条引水渠的建设，此外还有一条名为吕科斯（Lykos）的小河流经君士坦丁堡，正是这条河，在狄奥多西城墙上形成了一处易受攻击的薄弱点。后来瓦林斯皇帝修复了这条引水渠，但由于其源头位于城墙数公里之外，切断供水几乎成为任何围攻者的基本战略。因此，在 4 世纪，为了保证水源供应，城内修建了一系列蓄水池和引水渠。引水渠始于伊斯特兰贾山（Istranja Hills）的比泽城（Bizye），全长约 120 公里。4 世纪 60 年代，又建造了一个名为莫德斯托斯水库（of Modestos）的大型水池，并在后来增建了更多蓄水池。

一旦拜占庭的食物和水源问题得到缓解，城市的规模和防御能力也得到扩大和加强。到 4 世纪末，人们普遍认为有必要再增建一座城墙。哥特人及其盟友在公元 378 年和公元 395 年的侵袭已经充分证明了威胁之严峻，4 世纪时，君士坦丁城墙已明显无法满足防御需求。此外，显而易见，除了基本的粮食配给，城市还需引入其他食物。在和平时期，蔬菜和水果可由商人运入，但在战争时期，这些易腐食品几乎不可能进口，因为它们可能需要在外等待数周才能进城。

新城墙设计的首要目的是防御，其次是将更广阔的土地纳入城内，以便在围城时期种植粮食或放养动物。这样的设计并不是为了将居民区围困其中。到了公元408年，罗马帝国东部的禁卫军长官安提莫斯着手城墙修筑工程。建造这些城墙耗时约15年，并以其时的罗马皇帝狄奥多西二世，而非其设计者或建造者的名字命名。当时君士坦丁城墙有可能被拆除，因为其石材可用来建造新城墙，但在新城墙完工之前就拆除旧的防御线，此举过于危险因而未被施行。城墙的实际建造材料是石灰石，其与红砖层交错相叠，这是当时罗马典型的建筑样式。这些石灰石出自当地采石场，红砖则在城中烧制，在整体结构上使用当地生产的石灰砂浆固定。这种建筑风格至今仍可见于罗马帝国遗址中，从叙利亚至哈德良长城皆可见到。

城墙本身高达9至12米，面向敌方一侧设有垛口，内侧则有一条狭窄的走道，由城墙本身提供遮蔽。城墙底部宽达15米，逐渐向上收窄至4米。城墙的西侧，即敌方一侧，规律地间隔设置有多座塔楼；窄小的射击窗户朝外，另有一些窗户沿墙设置；总共有96座这样的塔楼。随着时间的推移，进一步加强防御的需求开始凸显。公元447年，一系列地震摧毁了超过半数的城墙和塔楼。当时的情况极为危急，因为匈人正在侵略巴尔干地区。一场大规模的修复活动在两个月内使城墙完好如初，主持这项工作的官员很可能是一个名叫居鲁士的人，他还在主城墙前方建造了一道新的前置城墙，并在其前方挖掘了一条宽阔的护城河，从而显著提升了整个系统的防御功能。因此，在大约半个世纪的修整之后，城墙系统从外向内依次是：一道宽阔的护城河，接着是一座十英尺高的外城墙，最后是更为高大的主城墙。这些防线之间平坦空旷，目的在于将敌人困于前后两道难以逾越的城墙之间。

86

拜占庭主城墙的壮观吸引了世人的目光，不过，城市的防御体系还包括一些其他关键要素，若无这些，城墙仍显脆弱。拜占庭最长且最易遭受攻击的边界是金角湾和普洛彭提斯的海岸线。相对而言，岬角的丘陵则较易防守。狄奥多西城墙实际上包括沿两岸修建的海墙。这些海墙的建造虽不如陆上的主城墙那样复杂精致，但鉴于来犯者都是站在随水流而波动的船只上，它们的构造也无须繁复。（不过在 1204年，正是通过这些海墙，征服者得以侵入城内。）因此，海墙被建得很高以防止袭击，通常仅为单层结构，而不像陆地城墙那样复杂。此外金角湾入口还加装了链条，以便必要时进行封锁，这对海墙防御系统进行了补充，不过这一封锁链条需在两端加以防守，特别是在加拉达一端，那里建有一座小堡垒守卫。

长期以来这些城墙都是君士坦丁堡的主要防御工事，直至陷落于奥斯曼帝国之手，甚至在那之后也还发挥着作用。目前，多段城墙已成为废墟，但还有相当多的部分依旧保存较好，成为壮观的遗迹。与此同时，城内建造了更多蓄水池，新城墙扩展至君士坦丁城墙以外 800 米，市区面积得到大幅扩展，几乎翻了一倍。新纳入的区域及君士坦丁城墙内的土地，为居民提供了额外的资源，成为园艺和果树种植地带，也是牲畜的放牧地，以及富裕家庭建造别墅的理想场所。

　　不过这还不是全部。到目前为止，为确保君士坦丁堡的安全，已经建造了四座城墙——古希腊城邦时期的城墙、塞维鲁城墙、君士坦丁建在低地上的城墙，以及狄奥多西陆上和海上城墙。此后，又增建了第五座城墙，即色雷斯长城（the Long Wall of Thrace）。该城墙位于狄奥多西城墙西侧约 65 公里的位置，即伊斯特兰贾半岛由窄至阔的扩张之处。色雷斯长城从黑海海岸延伸至马尔马拉海，全长 45 公里，构造类似狄奥多西城墙的简化版，也包括护城河、外墙和主墙。如今，它大部分已成为废墟，某些部分已不复存在，但在一些区域，主墙仍有三米之高。色雷斯长城配备了一系列的塔楼，并在其内侧配有若干堡垒。其设计和大不列颠的哈德良长城极为相似，但规模更大，更为壮观。在色雷斯长城和狄奥多西城墙建成时，哈德良长城已被废弃，但与哈德良长城一样，色雷斯长城也被用作后期建筑的现成石材来源。君士坦丁堡城墙的技术成就清楚表明，罗马帝国的衰落并非技术落后所致。

　　色雷斯长城的确切建造时间众说纷纭，普遍推测是在 5世纪晚期，可能是在库特里古尔（Kutrighur）匈人来袭之后。关于其修建目的和防御效果，存在一些质疑，且很快就有人指出，要充分守卫如此长的城墙几乎不可能。不过，这座城墙显然并非旨在通过士兵的密集排列来防御，而是在脆弱的点位通过布置少量装备精良的小队，在塔楼和堡垒中进行防守。事实上，色雷斯长城确实在数个世纪内成功地阻挡了一些进一步的侵扰，至少流窜的蛮族群体和骑兵队伍无法轻易穿越。当然，任何城墙都有其脆弱之处，并被视为罗马的弱点，但到公元 5 世纪，它已成为罗马人持续抵抗决心的象征。

88

卷二

君士坦丁堡时期

第九章　敌自西北来——哥特人

公元 378 年之围

自公元 324 年起，随着君士坦丁大帝最终择定罗马帝国新都地址，未来的皇城开始奠基。新城市亟须一个新名称，出于政治立场与目的的考虑，君士坦丁选择了"新罗马"这一名字。这个名称缺乏创新，但可能是为与那被视为明日黄花的"旧罗马"城——一个陈腐的城市，一个信仰异教而非新兴的基督教的城市——形成鲜明对比。不过，这个新名字仅仅存在于官方宣传和记录中，民间更偏爱称之为君士坦丁堡。城市迅速被一道坚固的防御墙所环绕，皇帝本人或相关官员指挥着城市的防卫布局。自城市建立起，经过 50 年的发展与壮大，君士坦丁堡终于迎来了其首次真正的防御考验。

公元 376 年 8 月，在哈德良堡附近的草原上，哥特军与罗马帝国东部军队展开了一场激烈的交锋。这片土地曾见证过君士坦丁与李锡尼的角力，而如今，它再次成为历史的焦点。指挥罗马军队的是瓦林斯皇帝，哥特方则由其领导人菲列德根（Fritigern）指挥。瓦林斯皇帝，这位曾重建君士坦丁堡供水系统的统治者，误判了战局，轻敌出击。战火刚燃，菲列德根却从天而降般获得了强大的援军，牢牢把控了战局。罗马军队的惨败，以及瓦林斯皇帝的不幸罹难，标志着帝国历史上的一次重大变局。这一历史的转折点，虽未即刻昭示其分量，却在岁月的长河中泛起了绵延不绝的涟漪。如同许多被历史学家和政治家事后认为具有决定性的重大战役一样，它的重要性并未被同时代的人们完全理解。

旗开得胜的哥特军队缓缓向君士坦丁堡进发。他们尝试攻击哈德良堡和佩林索斯（又名赫拉克利亚），但屡遭挫败。由于哥特军队由多个独立部队组成，且各有领袖，内部矛盾重重，菲列德根难以统一指挥。他本倾向避免攻打城墙坚固的市镇，攻打哈德良堡时军队遭受的重创更坚定了他这一看法。然而，瓦林斯皇帝身后的财宝和官员尚在城中，哥特军队需要这些财宝以资后续行动。对那些高级官员，则可将其杀害或索要高额赎金，他们只能引颈就戮。哥特军队逼近君士坦丁堡时，这种贪婪再次显现。

菲列德根领导着哥特军队沿着埃格纳提亚大道行进，当然他可能只是名义上的领袖。军队战败、皇帝不幸罹难的消息传到君士坦丁堡，城内一片混乱，在此之前人们以为皇帝只是失踪。瓦林斯的离世并未引起太多哀悼，反而让东正

91

教信徒为之庆幸，他们认为皇帝作为阿利乌基督徒（Arian Christian）[1]，因火刑而亡（出自虚构）是其灵魂注定的归宿。

菲列德根成功吸引了匈人和阿兰人（Alans）加入其军队，不仅增加了军队的规模，也增强了其多样性。当然这些人之所以加入，主要吸引力源自君士坦丁堡的财富，同时，哥特人的高层领导可能预见到必须对城市发起攻击，因此愿意让新加入的盟友来承担大部分的伤亡。

最初，保卫君士坦丁堡的重任落在了由叙利亚的伽珊尼德王国（the Ghassanids）王后马维亚（Mavia）派出的阿拉伯部队肩上。这一选择在当时看来颇为异乎寻常，特别是考虑到哥特军队的庞大规模，人数多达 2 万，此外还得到了匈人和阿兰人的增援。相较之下，阿拉伯人的兵力可能不到 1000人。哥特军队装备精良，训练有素，准备对抗罗马的再次进攻。然而，他们未曾预料到会在君士坦丁堡的城墙下遭遇阿拉伯游击队的伏击。这场突如其来的攻击迫使哥特军队停下脚步，原本势如破竹的进攻戛然而止。尽管在战略布局中，这支阿拉伯部队可能只是被用作可牺牲的棋子，与菲列德根将阿兰人和匈人置于前线如出一辙，但发挥了意想不到的作用。

除了狡诈的战术，阿拉伯人的一些策略更是令人不寒而

---

[1] 阿利乌教派也被称为亚流派，是基督教早期的一个重要派别，在公元 4 世纪初问世。亚流派的核心教义是关于耶稣基督的神性与本质的理解，与主流基督教教义存在显著差异。——译者注

栗。一个名叫纳齐尔（Nazir）的阿拉伯人杀死了哥特人后，冲进人群，贪婪地吸吮着哥特人断颈处流出的鲜血。这种野蛮的行为对敌军产生了极大的震撼。

然而，阿拉伯人的战术纵然一时有效，终究难以阻挡人数 20 倍于己方的敌军，即使哥特人士气低落。君士坦丁堡及其坚固的防御工事，如同历史上无数次面对贪婪侵略者所展现的那样，彻底击垮了哥特军队的斗志。菲列德根不愿攻城的策略再次被证明是明智的。虽在城墙前爆发了若干次战斗，阿拉伯人与其他军队一样表现出了非凡的勇气与战斗力，但哥特军队并无意攻陷城池，也不打算等待城市的投降。自从哈德良堡战役之后，他们一直沉溺于劫掠乡村和袭击无防备城镇的快意生活。他们无疑搜刮了大量战利品，但如今身处沙漠，周围的土地被他们踩踏得寸草不生，无法生产食物。因此，尽管哥特军队拥有攻城器械，并开始在他们的"工厂"里制造必要的武器，但食物的匮乏很快迫使他们撤退，因为缺粮造成的破坏和损失"比他们发动攻击的后果还要惨重"。

据说哥特人只在君士坦丁堡城墙前驻扎了两天，但实际上，如果包括与阿拉伯游击队的激烈冲突，攻城显然持续了更长时间。哥特人最初打算用攻城器械，如攻城锤和攻城塔等，直接冲击城墙。而之所以轻易放弃，可能是因为其士兵们普遍士气低落，既对阿拉伯人的游击战术感到束手无策，也对眼前的攻城任务感到畏难。这虽是真正的围城战，却未能持久。

93　哥特军队土崩瓦解，部分军队脱离主力，或四处流窜、劫掠财物，或携带战利品回家。这些散兵游击队常遭罗马军队截击，或被就地消灭，或被招募。菲列德根在围城两年后的公元380 年左右即销声匿迹。公元 382 年，双方达成和平协议，余下的哥特人得以在巴尔干半岛指定区域定居。这并非战争的终结，但结束了始于公元 376 年的那场特殊冲突。在哈德良堡、佩林索斯和君士坦丁堡城墙前，哥特人的失败无疑打消了他们自己的野心。哈德良堡战役的失败打破的平衡，因罗马人在君士坦丁堡的胜利回归正轨，这使和平成为可能。

公元 395 年，在亚拉里克（Alaric）的领导下，哥特军队再次向君士坦丁堡进发，带来了一场新的围城威胁。这次军事行动的直接原因是皇帝狄奥多西一世（Theodosios Ⅰ）在同年 1 月份去世，这导致与哥特人之间自公元 382 年起所签订的和约终止。尽管如此，亚拉里克和他的追随者似乎并不急于发动攻击，部分原因可能是许多人仍记得 17 年前那场未遂的袭击。新皇帝阿卡狄乌斯（Arcadius）的摄政王鲁菲努斯，与亚拉里克进行谈判。为了表达对对手的尊重，鲁菲努斯独自一人穿着哥特服装走出城墙，展现了对哥特人性格及其领导人的深刻理解，双方很快便达成了一项新协议。根据这一协议，亚拉里克及其部队随后转向希腊，接管了帝国政府分配的土地，并最终进入意大利，洗劫了罗马城。尽管与公元378 年相比，哥特人此次在君士坦丁堡停留的时间更短，但收获更为丰厚。

94

第十章 敌自内部来——维塔利安

公元 514 年及 515 年之围

君士坦丁接受基督教后，拜占庭帝国内部的主要冲突点在于哪一种基督教教义最正统。基督教不同派别之间的竞争主要是为了获得帝国的支持，而这种争斗往往涉及对敌对派别的暴力攻击。到了公元 500 年，正统教会（Orthodox Christianity）①与基督一性论（Monophysitism）②之间的对立成为主要争议，显然，这场争斗也涉及其他社会、政治和军事问题。具体争议内容过于烦琐、晦涩且无关紧要，在此不

---

① 正统教会是东正教会与东方正统教会的统称，东方基督教的正教。这一教派主要流行于东欧和中东地区，包括希腊、俄罗斯、塞尔维亚、保加利亚、罗马尼亚等国家。正统教会强调对早期教会传统的忠实，其礼仪和神学保持了许多早期基督教的特点。在礼仪上，正统教会以其丰富的象征主义、庄严的礼仪和拜占庭风格的圣歌而著称。——译者注

② 基督一性论是早期基督教的神学观点，它教导基督的神性和人性在其一位一性中合而为一，强调神性在合一中占主导地位。——译者注

详细阐述。需要指出的是，各派别争夺帝国的青睐实际上是为寻求皇帝本人的支持，而皇帝们有自己的偏好，这可能导致他们与臣民之间发生冲突。

5 世纪初，在宗教冲突中皇帝阿纳斯塔修斯一世（the Emperor Anastasios Ⅰ，491—518 年在位）倾向于支持基督一性论。教义之争一如既往地激烈，最终导致驻扎在色雷斯的帝国军队指挥官维塔利安（Vitalian）发动叛乱。他可能曾是联军指挥官（comes foederatorum），指挥着一支由各蛮族部队构成的军队。维塔利安声称自己起兵是为捍卫正教会，而该教派正受到皇帝阿纳斯塔修斯一世的责难和迫害。其行动在某种程度上似乎与他所说相符，但其叛乱的真实原因并非仅止于此，其叛乱的结果也远不止于此。

维塔利安曾在巴尔干半岛的战场上驰骋，其间招募了一支由匈人、哥特人及其他族群组成的部队，最终发动了叛乱。关于维塔利安的出身有多种说法：一些说法认为他是哥特人，也有观点认为他出生于色雷斯，或者拥有一半的哥特血统。无论他确切出身如何，显然他有蛮族血统。公元 513 年，维塔利安率领军队推进至君士坦丁堡外的色雷斯长城附近。在此地，他获得了拜占庭的承诺，政府将为其部队提供必需的补给，这促使他决定折返并继续履行自己的职责。原本，他的不满便是缘于后勤支持的严重不足。然而，这一承诺最终并未兑现。相反，皇帝阿纳斯塔修斯一世派遣了一位名叫西里尔（Cyril）的指挥官，领兵去镇压这位揭竿而起的将军。

双方展开战斗，但未分胜负。战后西里尔去往巴尔干半岛黑海沿岸的奥德索斯（Odessos）市，维塔利安则撤向另一个方向，显然两者都需要重整部队并照顾伤员。维塔利安行事更为狡猾，他贿赂了西里尔的几位部下，得以进入奥德索斯市，之后他的将领击杀了西里尔。如果说维塔利安在寻求补给时还称不上真正叛乱，现在他已坐实了这个罪名。他一开始只是索要补给，现在开始对拜占庭皇帝的基督一性论倾向表达不满，要求召开教会议会来决定宗教政策。换言之，皇帝未能满足他的后勤支援请求，促使他发动叛乱，之后他便利用皇帝在宗教问题上的弱点，在其政敌中寻求支持者。

皇帝阿纳斯塔修斯一世又派出了两位指挥官前去镇压维塔利安，其中一位指挥官是皇帝的侄子希帕提奥斯（Hypatios），另一位是阿拉塔尔（Alathar）。他们分别领兵出击，但均遭遇了败绩，希帕提奥斯更是被俘。维塔利安以希帕提奥斯为人质索要赎金，大概是用这笔钱支付士兵的薪酬，或为他们购买粮食补给。赎金的支付一再拖延，维塔利安再次率军推进至君士坦丁堡附近。获得赎金后，维塔利安再次撤离。然而，皇帝阿纳斯塔修斯一世再次违背承诺，通过更改议程避免举行关于基督一性论与东正教教义的教会议会。显然，阿纳斯塔修斯一世不愿向反叛者屈服并满足其要求，也不愿被一个不出意料会对他不利的教会议会左右。他在拖延时间，而维塔利安此时已经控制了所有欧洲行省。

皇帝阿纳斯塔修斯一世后期的行为隐隐透露出不安，因为一旦维塔利安胜利，他可能不得不在这近在咫尺的威胁下让步。阿纳斯塔修斯一世的迟疑不决最终使维塔利安及其军队第三次抵达君士坦丁堡近郊。之前的几次军事行动，尽管技术上未构成真正的围攻，更多呈现为封锁之势，其主要目标指向皇帝本人，而非城市。然而，这一次的局势显得尤为严峻。显然，此时维塔利安的野心已非单纯为宗教要求所驱动，而是直接指向铲除这位广受不满的皇帝阿纳斯塔修斯一世。至于维塔利安是否怀有登基为帝的野望，或是否考虑支持其他候选人，尚属未知。然而，鉴于他可能拥有哥特人的血统，自己登基为皇可能并非最优选择。阿纳斯塔修斯一世无直接继承人，皇位理论上空悬以待，引发了更广泛的权力争夺。当前的问题已经不再是军事供应或帝国的宗教政策，核心在于阿纳斯塔修斯一世是否能维持他的统治。

96

维塔利安率领军队抵达金角湾北侧的西凯（Sykai）郊区，这一地区后来被称为加拉达区。关于当时该地区是否已具备防御措施，尚无确凿资料。此地的战略重要性不言而喻：一旦落入敌手，便直接威胁到君士坦丁堡港口的入口，敌军能通过金角湾直达市中心。尽管郊区的防御状况未明，港口周围的防护设施极有可能已经建立，包括可能已经存在的城墙。此地点是著名的封港铁链的锚地，该铁链用于封锁港口入口，确保城市安全。然而，关于此铁链的确切记载直到公元 700 年前都鲜有文献提及。如果当时已存在封港铁链，那么该区域无疑已加强了防御。如果维塔利安到达此地前该地尚未设防，考虑到其军队对城市构成的巨大威胁，此地很快就会建立起防御围墙。

从此地率军渡过金角湾并进入君士坦丁堡相对容易。维塔利安集结了一支舰队，船只很可能是从黑海港口调集而来，这些港口目前均已被他控制。皇帝阿纳斯塔修斯一世也有舰队，且由于维塔利安的活动，他很可能增强了海军力量。阿纳斯塔修斯一世任命阿帕梅亚的马里努斯（Marinus of Apameia）为海军总司令，他曾是叙利亚的东方总督，功绩卓著。战斗在西凯与城市之间的金角湾入口处爆发。有传言称，马里努斯掌握了一种新奇且出人意料的武器，后世称之为希腊火（Greek fire）。这种武器一旦对敌舰使用，能迅速点燃船只及其上的海员或士兵，火势几乎无法扑灭。当然这也许是讹传，这一说法仅由后来的历史学家约翰·马拉拉斯（John Malalas）记录，而他的记载可能只是基于对后期海战的推测。最终，维塔利安被彻底击败。

此役的胜利使君士坦丁堡脱离了围困，维塔利安偃旗息鼓，隐居在黑海沿岸的安基阿卢斯（Anchialos），仍然指挥着一支军队，并控制着欧洲地区。巧合的是，此处靠近墨森布里亚，曾经也是拜占庭人战败后的避难之所。维塔利安在此未受到任何侵扰。事实上，他尽管在战场上遭遇挫败，但在宗教辩论上却取得了胜利。他最终是否为自己的士兵争取到补给或报酬尚不清楚，但控制了巴尔干半岛大部分地区后，无疑可以自行筹集资源。在他自己和罗马教宗霍尔密斯达斯

97

（the Roman Pope Hormisdas）的斡旋下，阿纳斯塔修斯一世似乎开始抛弃基督一性论。三年后，即公元 518 年阿纳斯塔修斯一世去世，查士丁（Justin，518—527 年在位）随后登基。查士丁是维塔利安在早期战争中的战友，据说还曾被阿纳斯塔修斯一世在海战中任命为指挥官。他的登基标志着正统教会决定性的胜利，维塔利安也结束自己的隐居生活，协助实施这一变革。公元 518 年维塔利安被任命为军事大臣，公元 520 年成为执政官，但被查士丁的侄子查士丁尼（Justinian）视为潜在威胁。查士丁尼是一位深不可测、不拘小节且野心勃勃的人，是皇位的继承者。在当时的政治环境下，查士丁尼的担忧并不奇怪，因为帝国政府中没有人会真正信任一个曾成功叛变的人。公元 520 年，维塔利安在皇宫中神秘被害，而当时查士丁尼也在场。

对君士坦丁堡而言，这是一场不同寻常的围攻，或者说是一系列围攻。君士坦丁堡并非维塔利安攻击的目标，他也未曾尝试强行闯入。他最初是为士兵争取补给，而在皇帝未能履行这一承诺后，他的目标是改变皇帝的决定。维塔利安曾三次兵临君士坦丁堡城下，每一次目的皆不相同。最后一次在西凯发动围攻时，他似乎已坚定了推翻皇帝的决心，因为对方拒绝作出任何改变。这种做法体现了拜占庭帝国典型的政治风格，即在缺乏能够修正皇帝肆意妄为的协商机制时，封锁君士坦丁堡成为心怀不满的将军和贵族的常规手段。如果历史学家马拉拉斯的记载无误，我们还可以把维塔利安败北归因于首次遭遇化学武器希腊火。这是一种极为残忍的武器，相当于是中世纪的凝固汽油弹。无疑，这种燃烧武器成为基督徒对抗异端的理想选择，因为他们希望自己的宗教敌人在地狱中饱受火刑折磨。

此次危机揭示的问题远超过新型决定性武器的使用。直到公元515年维塔利安第三次威胁到君士坦丁堡的安全，城市才真正面临严峻的考验。即使在这种紧迫关头，战斗的发起仍是出于皇帝的指令，就像派遣西里尔和希帕提奥斯前去对抗维塔利安便是由他本人直接下令。这种行动模式奠定了一种政治程序，后者持续了近九个世纪，其间只有细微调整：叛军或皇权竞争者的一贯策略是率军兵临君士坦丁堡城下，但并不会攻城而入，因为那样不会得到任何一方的支持。叛军围城后会寻求谈判，目标可能是说服皇帝退位，或与城内居民或守卫达成协议，从而进城。这就是维塔利安采用的政治策略，直到最后关头战斗发生，他本人也并不避讳公开这一策略。由于他在宗教议题上大获全胜，其他持不同政见者见状，也纷纷效仿，围攻君士坦丁堡成为一种常态。

98

99

第十一章　敌自北方来——库特里古尔匈人

公元 559 年之围

匈人，这个强悍的游牧民族，在5世纪50年代对东罗马帝国发动了一系列侵袭，失败之后虽逐渐偃旗息鼓，但一些残部依然存留，游荡在乌克兰的草原地带。东罗马帝国皇帝查士丁尼一世（Justinian I，518—565年在位）试图通过外交手段驯服他们，屡次策动某一部落与另一部落之间的对抗，最终没有任何一方再信任他。公元558年，匈人的一个分支——库特里古尔人冲破边境，侵入东罗马帝国。

在此前的20年中，东罗马帝国经历了多次异族侵袭。公元539年，规模庞大的匈人来犯者来势汹汹，直抵希腊，虽然温泉关（Thermopylae）①成功抵抗了侵袭，色雷斯地区的克森尼索却未能幸免，匈人入侵者穿破了半岛与大陆连接要冲的防御墙。公元544年和公元549年，又有其他族群来犯，其中公元549年的入侵由斯拉夫人（Sclaveni）发起，他们大举南下。这些侵袭虽不曾威胁到君士坦丁堡，但在公元539年匈人曾一度逼近这座城市，沿途若干重要城市沦陷，许多小镇也遭受了侵害。历史学家普罗科匹厄斯（Procopios）详细记录了这些侵略给巴尔干地区带来的破坏，造成的严重的人口流失。

查士丁尼必须采取灵活多变的外交策略，因为东罗马帝国的军事资源极其紧张。不巧的是，外来侵略往往发生在帝国进行海外扩展或边境战争之际，这些时期帝国的军队常被派往远离本土的边疆，参与旷日持久的战争，以收复失地。如在公元539年东罗马帝国对非洲和侵占叙利亚的波斯发动进攻，以及6世纪40年代在意大利进行长期军事行动时，便有异族来犯。

在数十年的相对平静之后，游牧民族突然又频繁且持续地入侵，直接原因似乎是其赖以生存的草原遭遇了大范围干旱，其他地区亦多受其害。此外，正如一位匈人酋长致查士 100

---

① 温泉关位于希腊中部，紧邻马利亚湾，山口本身非常狭窄，使其成为一个战略要地。温泉关最著名的事件是公元前480年，斯巴达国王带领大约300名斯巴达士兵及大约7000名希腊同盟军，在这里抵抗波斯大军，希腊方面虽然最终败北，却因其英勇抵抗而成为西方文化中的传奇，斯巴达300勇士的故事便来源于此。——译者注

丁尼皇帝的信中所述，游牧民族也渴望同享帝国现有的优渥生活：丰厚的口粮、醇美的佳酿、舒适的浴池、柔软的衣物，这种种奢华令他们心驰神往。

公元 542 年，罗马将军贝利撒留（Belisarios）[①] 正率军在意大利进行征战，大范围的干旱和饥荒的肆虐，对战事造成严重影响，而除此之外，更有一场骇人听闻的鼠疫席卷东罗马帝国，带来了空前的灾难。城市中，近半数人口命丧黄泉；农村地区的死亡率虽稍低，但也触目惊心。不过，这场瘟疫对军事和政治事务的影响似乎微乎其微，只是令其运作更加艰难罢了。

此时，库特里古尔人盘踞在第聂伯河以西的草原西部海湾，其首领是一位名叫扎伯甘（Zabergan）的勇士。公元 558年，扎伯甘率领着浩浩荡荡的库特里古尔人大军，其中还有一大批斯拉夫人，发起了新一轮侵袭。他们趁着多瑙河结冰之际，长驱直入，突破了防线，兵锋直指巴尔干半岛广袤的土地。这支来势汹汹的军队规模空前庞大，为了便于寻觅补给，扎伯甘将队伍分成三路。此举效法的是公元 267 年到达爱琴海的哥特 — 赫鲁利海上联军的策略，他们当时便是通过这样的策略一路南下直抵爱琴海地区。入侵者之所以这样做，是因为东罗马帝国的防御体系存在漏洞，所以他们敢于分散兵力，多线出击。三路大军中的一路沿袭了公元 539 年的入

---

① 贝利撒留（Belisarios），东罗马帝国皇帝查士丁尼一世麾下名将，曾征服北非和意大利。——译者注

侵者的路线，直捣希腊腹地；另一路则瞄准了色雷斯的克森尼索；而扎伯甘本人则亲率第三路大军，剑指东罗马帝国的首都君士坦丁堡。

匈人盘踞墨兰提奥斯（Melantias），一个位于普洛彭提斯海岸的村庄，距离君士坦丁堡的色雷斯长城仅数公里之遥，色雷斯长城可能就是在这次入侵后进行了加固和扩展，离狄奥多西墙只有几公里远。他们此番前来，要么是准备攻城，要么是实施封锁，迫使东罗马帝国屈服并缴纳巨额赎金。匈人入侵者虽然拥有一支多达 7000 人的部队，但皆是骑兵，成功攻破君士坦丁堡几乎不可能，因此封锁是更为可行的选择。君士坦丁堡被蹂躏的结局近在眼前，城内人心惶惶，纷纷将教堂和私人住宅中的贵重物品转移到博斯普鲁斯海峡对岸的安全地带。由此可见，人们内心并不相信城墙能够抵御敌军的进攻。

面对匈人的连续侵袭，查士丁尼召回了已经退役的老将贝利撒留。他只率领了 300 名装备精良的重装步兵和几百名轻盾步兵，便踏上了征途，300 名士兵这个说法可能是为了呼应当年镇守温泉关的斯巴达 300 勇士，是历史学家的夸张，实际人数未知。贝利撒留选取了一处易守难攻的阵地，并命令当地农民挖掘壕沟加以防御。他对士兵进行部署：命令装备有弓箭等远程武器的轻盾步兵隐匿在附近的树林中，伺机出击；命令手无寸铁的农民聚集在阵地后方，为将士们提供支援。匈人很快发现了这支看似单薄的罗马军队，并自信满

101

满地发起进攻，却旋即落入贝利撒留的战术圈套。树林间的狭窄通道限制了匈人骑兵的行动，在轻盾步兵的密集箭雨和重装步兵的近身冲锋下，匈人节节败退，死伤惨重，完全未料到会遭遇如此激烈的对抗。查士丁尼并没有下令追击，此为明智之举，因为一旦在开阔地带与匈人对抗，罗马军队将完全没有优势。虽然此次战斗旗开得胜，但匈人的其他侵袭依然造成了巨大的破坏，色雷斯和马其顿大片地区沦为废墟，历史学家普罗科匹厄斯对此有详尽的记录。

匈人入侵者虽来势汹汹，却并没有真正对君士坦丁堡发起攻击，贝利撒留棋高一着，挫败了他们的气焰，令其撤退。君士坦丁堡免于沦陷，也避免了支付巨额赎金。更重要的是，侵略者并未从此次行动中获得大量财富。他们的惨败和空手而归，足以令其斗志全无。

第十二章 敌自西北、东方和内部而来——阿瓦尔人、波斯人及希腊人

公元 610 年及 626 年之围

阿瓦尔人

活跃于中亚的库特里古尔人被涌入欧洲的阿瓦尔人所吞并。阿瓦尔人被突厥人驱赶出中亚,最终在匈牙利平原定居,这片辽阔的草原完美契合了他们的游牧生活方式。与匈人和早期的游牧民族一样,阿瓦尔人骁勇善战,对周边部落发动了频繁的劫掠。然而,与那些只能勉强控制各族群的游牧民族不同,阿瓦尔人建立了强大的中央集权统治,由可汗(khagan)统领。他们组织严密,能够发动持续数年的远征,远超库特里古尔人和哥特人等部落的军事能力。阿瓦尔人装备精良,拥有包括投石机在内的多种攻城武器,这在当时的

欧洲极为罕见。投石机的引入，据传源自他们与中亚[①]中国军队的交流。（罗马人也在公元 580 年左右开始使用投石机——从阿瓦尔人那里仿制而来。）在阿瓦尔人的指挥下，斯拉夫人开始稳步向巴尔干半岛迁移。他们的侵袭，加上阿瓦尔人自己的劫掠，导致巴尔干半岛大片地区遭到破坏，人烟稀少。自库特里古尔人入侵以来，希腊南部更是长期处于空旷状态。6 世纪 80 年代，斯拉夫人开始在巴尔干半岛受侵袭的地区定居，他们或臣服于阿瓦尔可汗，或保持独立。

罗马人难以抵御这些袭击和渗透，还出于一个原因：公元 572 年到公元 590 年，他们正与东部的波斯萨珊王朝交战，左支右绌。实际上，为了守住东部战线，罗马人不得不放弃了巴尔干半岛。当东部战事平息后，他们曾试图收复失地，但为时已晚。到了 6 世纪 90 年代，阿瓦尔汗国（the Avar Khaganate）已牢牢控制了匈牙利平原和多瑙河流域，斯拉夫农民也已在巴尔干半岛中部和南部地区扎根。

萨珊王朝

萨珊王朝是罗马帝国最顽固、最强大的劲敌。他们继承了帕提亚人的衣钵，而帕提亚帝国在被萨珊王朝取代之前，也曾雄踞一方数个世纪。然而，萨珊王朝远胜帕提亚帝国，无论是军事实力还是国家组织，都更臻完善。6 世纪初，萨珊

---

① 此处疑是原文有误，应为东亚。——译者注

王朝蓄势待发，准备向罗马帝国在东方的残余势力发起进攻。从公元600年起，他们加紧攻势，意图征服罗马帝国的东部行省。公元626年，萨珊王朝更是意图征服小亚细亚，而实现这一目标，必须攻克君士坦丁堡。这场战役将成为君士坦丁堡防御体系面临的第一次重大考验。

7世纪，罗马帝国和萨珊王朝之间战争频发，战事间隙，两国也通过各种手段谋求自身利益。萨珊王朝力图掌控阿拉伯南部，并与埃塞俄比亚王国（the Ethiopian kingdom）结盟；罗马帝国则致力于与中亚草原的突厥人结好。公元591年，萨珊王朝可汗霍斯劳二世（Khosro II）被远房表亲废黜，后在亚美尼亚人和罗马皇帝莫里斯（Maurice，582—602年在位）的支持下重登王位。这段经历让两国皇帝结下了深厚的盟友情谊。东方的和平局势也为莫里斯在巴尔干半岛的征战奠定了基础。然而，公元602年，篡位者福卡斯（Phokas）上台，他以缺乏后勤支援为由，推翻并杀害了罗马皇帝莫里斯及其全家。这一事件，激怒了霍斯劳二世。当福卡斯派使者前往萨珊王朝宫廷宣布其已登基时，霍斯劳二世视其挑衅，并断然宣战。毫无疑问，霍斯劳二世也面临着来自内部的压力，希望借罗马帝国深陷巴尔干半岛困境之机，为自己谋取利益。他和他的将军们从这场新危机中看到了获利的绝佳机会。

104

福卡斯及其敌人

公元 602 年至 610 年在位的罗马皇帝福卡斯，不仅要同时应对巴尔干半岛和东方的战火，还要面对国内的重重困境，他的统治并不受欢迎，他本人数次经历暗杀。被他谋杀的前任皇帝莫里斯在收复巴尔干半岛方面取得了一定进展，他的遇害鼓舞了阿瓦尔人和斯拉夫人重燃战火。为了巩固统治，福卡斯对内残酷镇压，滥杀无辜。

而另一方面，萨珊王朝正循序渐进地蚕食着罗马东部行省。他们首先攻克了罗马在美索不达米亚的边境线，突破了一系列坚固的堡垒。公元 605 年，他们成功地打开了通往小亚细亚的通道，随即展开了一系列战役。由于城池坚固，通常需要围攻，这些战役往往进行得较为缓慢。与此同时，罗马人还要抵御阿瓦尔人和斯拉夫人在欧洲各行省的游击劫掠，再加上国内许多人对福卡斯及其政权的强烈不满，导致他们无力组织有效的抵抗。到公元 608 年，萨珊王朝已控制了卡帕多细亚（Cappadocia）和小亚细亚中部，而阿瓦尔人也开始入侵巴尔干半岛。

阿瓦尔人和斯拉夫人是不同族群交融形成的民族共同体。阿瓦尔人占领领土时，原住民要么成为他们的臣民，要么成为他们的盟友。在阿瓦尔人内部，就像所有游牧民族一样，这些族群仍然保持着自身的独立性，有别于征服者和其他被征服民族的关系，拥有自己的酋长或国王。斯拉夫人则以村庄为单位建立政治组织，因此很难被征服或控制，但他们通常乐于参加由罗马指挥官或阿瓦尔可汗率领的战役，以获取战利品或土地。阿瓦尔可汗推行着极为原始的政治经济制度，需要从被征服者手中掠夺大量财宝，然后再分配给他的战士。在匈牙利和罗马尼亚发现的阿瓦尔墓葬出土文物，正是这一制度的明证。（八个世纪前，加拉太王国也曾对拜占庭实施过类似的政策。）

当然，阿瓦尔人掠夺的财宝的主要来源是罗马帝国，要么作为赎金支付给来袭者以求其离开，要么作为阻止他们发动袭击的代价。最初，罗马帝国需要支付的金额约数万索利都斯（solidi）①，之后这一数字不断攀升，令人想起曾经勒索拜占庭的加拉太王国。6 世纪 70 年代，阿瓦尔可汗伯颜（唯一一位留下姓名记载的可汗）要求并获得了每年 8 万索利都斯的贡金。不过，到了莫里斯皇帝时期，贡金要么被取消，要么大幅度减少，这刺激了阿瓦尔人的侵袭。莫里斯遇刺后，福卡斯无力反抗，只能继续向阿瓦尔人支付贡金。6 世纪 90 年代，在莫里斯的军事威慑下，阿瓦尔人的侵袭有所收敛，但斯拉夫人却趁机加剧了对罗马帝国的渗透和袭扰。他们以小群体的形式四处行动，在公元 585 年甚至一度直逼君士坦丁堡城下。

105

① 简称索币，又译索里达、苏勒德斯，是一种由古罗马发明的金币，更常被用于黄金的量重单位，1 索币等于 4.5 克黄金。 ——译者注

公元 610 年之围

福卡斯同时与阿瓦尔人和萨珊王朝交战，战绩远不如被他暗杀的前任皇帝。非洲总督希拉克略（Heraklios）起兵反叛后，局面更加雪上加霜。希拉克略本人留驻非洲，但派遣其子（与他同名）率领一支军队谨慎行事，逐步对福卡斯政权施加压力。希拉克略的表弟尼克塔斯（Niketas）则被派往埃及，负责夺取该地的控制权，但直到公元 610 年才取得成功。埃及沦陷后，君士坦丁堡的粮食供应被切断。再加上阿瓦尔人的勒索导致货币短缺，城市陷入了严重的饥荒，进一步加剧了民怨。希拉克略率领舰队驶入爱琴海，攻占阿拜多斯后，又穿过达达尼尔海峡进入普洛彭提斯。他首先在赫拉克利亚（又称佩林索斯，也有人说是在基齐库斯）登陆，并在此自称皇帝，戴上王冠，穿上帝王长袍。随后，他静观其变，等待帝国居民和精英的支持。一些人确实倒戈投靠了希拉克略，这又为君士坦丁堡和福卡斯政权带来了新的压力。

希拉克略的矛头直指君士坦丁堡城内的居民。福卡斯的防御措施收效甚微，他坐视希拉克略的海军通过达达尼尔海峡，派出迎战的舰队又在索非亚（Sofia）城外的海战中惨遭败北。希拉克略采取拖延战术，可能是为了试探民众对福卡斯的支持度，对福卡斯及其支持者施压，并暗中进行策反，争取君士坦丁堡城内居民的支持。他蛰伏等待，迫使个人和团体做出抉择，明确自己效忠于谁。他一定盼着城内能够爆

106

发某种独立活动或起义，以便他兵不血刃地入城。

　　然而，这一计策未能如愿。希拉克略在城墙外的"圆形保垒"登陆，对拜占庭帝国的统治者福卡斯及其支持者施加了巨大压力，这是福卡斯始料未及的。这座城市被希拉克略的军队团团包围，他们占据了色雷斯长城和狄奥多西墙之间的空间，而他部署在普洛彭提斯和博斯普鲁斯海峡的舰队则控制了海上通道。至此，希拉克略达到了围攻君士坦丁堡的决定性阶段——孤立和包围城市。这似乎也是福卡斯开始失去对君士坦丁堡的控制的转折点。"绿党"，一个沉迷于暴力和暴乱的有组织的体育团体，公开支持希拉克略，并从修道院的监禁中解救了他的母亲和未婚妻。博努索斯（Bonosos），福卡斯最杰出的将军和支持者之一，试图逃跑，却惨遭杀害，这反映了人们对福卡斯政权的深刻不满。君士坦丁堡部分地区在混乱中被烧毁，具体是因为战斗中的偶发事件，还是因为有意纵火，已无法考证。最终，福卡斯在宫殿中被捕，并作为囚犯被押到仍在船上的希拉克略面前。这位曾经的皇帝被残忍地肢解处决，残躯在全城进行游行展示。

　　公元 610 年 10 月 5 日，希拉克略登陆君士坦丁堡，加冕登基，当然这次是正式登基，同时与未婚妻结为连理，并加冕其为皇后，这三件喜事都发生在同一天。这确立了希拉克略作为合法统治者的地位，但除了清除福卡斯政权之外，他在其他方面收效甚微。一部分福卡斯的主要支持者被处决，包括他的兄弟，其他人则留下来投靠或假意投靠希拉克略，最终还是遭到清算。更重要的是，城市中的暴力事件暴露了人口内部的紧张关系——竞技场派别（绿色阵营与蓝色阵营）之间的矛盾，这一点被希拉克略利用，并引发了大量社区暴力[1]。暴力冲突也发生在政治派别之间，两种冲突在革命中交织到一起。人们倾向于认为暴力源头是福卡斯，但其根源显然更为深刻。

107

在君士坦丁堡发生的这一连串事件，可以被归类为政变、革命或内战，但毫无疑问，其中包含了希拉克略在进行了长达数月的陆地和海上封锁后，对这座城市进行的数日围攻。如果城内对福卡斯的支持没有突然瓦解，围攻显然会持续更长时间。这也无疑为后来的攻城者提供了一个重要启示：攻克君士坦丁堡的最佳途径，莫过于从内部发动进攻。

公元 626 年之围

希拉克略也深陷于福卡斯和莫里斯曾经面临的帝国困境。他没有向波斯国王霍斯劳二世通报登基的消息，这让霍斯劳二世对他态度不善。毫无疑问，阿瓦尔人也会趁机向他的政

---

[1] 指公元 532 年的尼卡暴动（Nika riots），当时在君士坦丁堡，竞技场比赛非常流行，其中最有影响力的是马车赛。马车赛的粉丝分为几个派别，最主要的是绿色和蓝色两个阵营。这些阵营不仅仅是体育竞技的支持者，也涉及政治、社会乃至经济方面，具有强大的组织和影响力。尼卡暴动的直接起因是一些因暴力事件被捕的绿色和蓝色派别成员未被释放，这激起了两个阵营的共同不满。暴动持续近一周，造成了极大的破坏和诸多死亡。——译者注

府施加压力。然而，率先发动的却是斯拉夫人。阿瓦尔人确实进行了劫掠，但真正占领土地的是斯拉夫人。四面楚歌之下，希拉克略做出战略决策，集中精力应对波斯的进攻，而波斯人很快将战线转移到了叙利亚。为了应对这一威胁，希拉克略可能从巴尔干半岛抽调了一些兵力部署到东部战线。然而，这并没有任何明显的效果。叙利亚行省的大城市接连陷落：公元 611 年，安条克失守；公元 613 年，奇里乞亚的塔尔苏斯（Tarsus）失守；公元 614 年，耶路撒冷（Jerusalem）失守。

公元 615/616 年，阿瓦尔人和波斯人联手进攻君士坦丁堡，但最终无功而返。然而，一支波斯军队抵达并包围了迦克墩。两军隔着博斯普鲁斯海峡进行了外交接触，波斯指挥官沙欣（Shahin）表现出和解的姿态。但当一个三人罗马代表团前往与萨珊王朝政府讨论谈判条件时，却遭到扣押并被残忍杀害。波斯军队随后撤离了迦克墩。几乎在同一时间，阿瓦尔人对君士坦丁堡也制造了威胁，但这可能只是巧合，并未造成严重后果。不过，这次联合行动为希拉克略的两个敌人未来携手合作树立了先例。

公元 619 年至 620 年，波斯人入侵并征服了埃及。随着小亚细亚大部分地区的沦陷，萨珊王朝已经进一步接近他们的最终目标——重建最早的波斯帝国即阿契美尼德帝国的疆域。然而，公元 7 世纪与公元前 6 世纪的局势对比有了一个本质性的变数——坚不可摧的要塞城市君士坦丁堡的存在。各

108

方都意识到，如果要确保阿瓦尔人和波斯人的所有征服成果，攻占这座城市至关重要。在希拉克略夺取政权后的十年里，这一认识逐渐深化，已成为希拉克略本人、阿瓦尔可汗和波斯指挥官们的共识。波斯已经征服了罗马帝国的大片领土，但要想确保这些已侵占的领土的安全，必须摧毁罗马帝国体系，而这意味着占领君士坦丁堡。

随着埃及的陷落，萨珊王朝所向披靡的时代也宣告终结。其中一个直接后果是君士坦丁堡的玉米福利粮制度被迫中断。该制度依赖于从埃及农民那里获取粮食，公元 610 年，希拉克略夺取君士坦丁堡后曾一度恢复这一制度。如今，随着埃及的失守，玉米福利粮发放再次暂停，引发了君士坦丁堡城内士兵的罢工，因为这原本是他们薪酬的一部分。不过，这场罢工并没有造成太大影响。

至公元 620 年左右，阿瓦尔人已在巴尔干半岛肆虐 20 余载，掠夺了所能找到的一切财物。与此同时，斯拉夫人则南下直抵希腊，不过他们与阿瓦尔人联手三次围攻塞萨洛尼基均告失败。公元 623 年，希拉克略试图与阿瓦尔可汗会晤，并从君士坦丁堡出发前往赫拉克利亚，准备举行盛大的会谈仪式。然而，阿瓦尔可汗却突破了色雷斯长城，企图在塞利布里亚伏击希拉克略。希拉克略被迫仓皇逃离，并带走了他的皇冠。无论是皇帝本人还是其皇冠，若落入敌手，都将会被敌人大肆宣扬。

阿瓦尔人随后在色雷斯长城和狄奥多西墙之间的地区大

肆蹂躏，从该地区的教堂中掠夺财宝，并俘虏了许多居民。不过，他们并未对君士坦丁堡发起大规模攻势，仔细勘察了城墙之后，深知其坚固难攻。尽管会谈失败，但希拉克略仍与阿瓦尔可汗取得了联系，并以 20 万索利都斯的高价换取了和平协议，这是迄今为止最大的一笔赔款。阿瓦尔可汗大体上在几年间遵守了和平协议，这足以让希拉克略将部分欧洲军队调往亚洲，并亲自率军进行一场大胆的战役，试图与波斯达成和平协议。他深知与阿瓦尔人的和平不会持久，但如果能迫使或说服波斯人接受和平，他就可以腾出手来对付阿瓦尔人。这与莫里斯的外交策略有异曲同工之处。希拉克略深知阿瓦尔人并非不可战胜，一旦他们战败，脆弱的民族帝国很可能会瓦解。同年，阿瓦尔领地——波西米亚（Bohemia）和摩拉维亚（Moravia）——北部的摩拉维亚人（Moravians），在法兰克商人萨莫（Samo）的鼓动下发动叛乱，并成功独立。可以推测，希拉克略至少在外交上参与了这次叛乱。他无疑参与了巴尔干半岛西北部持续的反阿瓦尔人阴谋活动，并与刚刚脱离阿瓦尔人、正在入侵意大利的伦巴第人（Lombards）取得了联系。

公元 624 年，希拉克略趁阿瓦尔人无暇自顾，发动了一场出乎意料的大规模战役，率领军队穿越安纳托利亚北部和亚美尼亚，入侵伊朗西部。次年，他在高加索地区的阿尔巴尼亚（Albania）过冬后，再次采取行动，但改道安纳托利亚南部。这两次战役暂时削弱了萨珊王朝对小亚细亚大

109

部分地区的控制，但萨珊王朝并未被彻底击败，只是遭受了重大打击。希拉克略的目标之一是塔赫特苏莱曼（Takht-i Suleiman），一座难以攻克的堡垒城镇，守卫着一座重要的拜火教（Zoroastrian）火神庙，这座城池被攻克对萨珊王朝的皇帝霍斯劳二世来说是莫大的羞辱。萨珊王朝的回应是恢复与阿瓦尔人的联系，并对君士坦丁堡发动联合进攻。这次进攻不仅制定了进攻路线，更商定了具体的围攻日期。该协议似乎还包括对罗马领土的拟议划分：以黑海—黑海海峡—爱琴海为分界线，波斯占领所有亚洲和埃及领土，而阿瓦尔人则将占领巴尔干半岛，包括君士坦丁堡。

战事终于迎来了关键时刻。罗马人现在明白了如何击败两大敌人——对阿瓦尔人，通过瓦解其对附属民族的控制，这也是他们对待摩拉维亚人、塞尔维亚人及克罗地亚人的方式；对波斯人，则通过利用其军事和政治的过度扩张，在其核心区域发动攻击，进一步羞辱其君主霍斯劳二世。同样地，阿瓦尔人和波斯人终于认识到，要想打败罗马帝国，关键在于占领君士坦丁堡。鉴于罗马军队主要部署在小亚细亚东部和亚美尼亚，敌对势力完全有可能联合对这座城市发起攻击。

公元 626 年春末夏初之际，波斯人兵分两路向西逼近小亚细亚。他们的主力由经验丰富的士兵组成，由将军沙赫尔巴拉兹（Shahrbaraz）指挥；而第二路军队则由曾于公元 615 年率兵抵达迦克墩并与希拉克略进行谈判的将军沙欣指挥，这支部队部分由经验老到的士兵组成，部分则是新近征召的士兵，这可能是因为萨珊王朝因过度扩张而面临着人力资源的紧张。希拉克略在行军上虽然落后于沙赫尔巴拉兹的主力，但在南侧与沙欣的部队相距不远。

希拉克略派遣一支骑兵部队作为增援赶往君士坦丁堡，力求先于沙赫尔巴拉兹之前抵达。这一行动不能在城市遭围攻时提供实质帮助，明显希拉克略虽不在城中，但仍旧心怀城中人民，所以此举更多是起安抚民心的作用。这些骑兵成功在沙赫尔巴拉兹之前率先进入君士坦丁堡。原本存在一种可能性，即两支波斯军队在锡瓦斯（Sebasteia）以钳形战术包围希拉克略的部队。然而，希拉克略通过向城市派遣增援破坏了他们的计划。现在，他更是通过突然调派其兄弟狄奥多尔（Theodore）率领的军队在北路拦截并摧毁沙欣军队，彻底消除了这一战术威胁。这场战斗发生在萨塔拉（Satala）的古罗马军团基地附近。

与此同时，阿瓦尔人携带大批斯拉夫人部队由巴尔干半岛南下，声势浩大，据称军队规模达到 8 万人。这一数字据传是由其敌对方罗马人估算的，无疑有夸大之嫌。阿瓦尔可汗在哈德良堡驻留了一个月，以集结军力、补充物资并进行充分的战前准备。7 月，他发起了进攻。色雷斯长城未能阻挡住他们，但狄奥多西城墙已做好防御准备。阿瓦尔人的先锋部队于公元 626 年 6 月 29 日在狄奥多西城墙前扎营。

根据希拉克略的书面指令，君士坦丁堡此时已经做了周密细致的准备：城内大量囤积食物，这些粮食可能是从曾经的非洲行省运来，因为此时已无法从埃及获得粮食；船只已就位且大量备用船只已建造完成，并配备了武装和人员；防御性的守城器械也已建造完成，当然，还征召了许多士兵。城中还举行了一次大型的骑兵游行，其中包括希拉克略派遣的部队，此举意在提振城内士气。阿瓦尔军抵达城墙外时，君士坦丁堡人员、装备皆已到位，固若金汤。而波斯军队则在沙赫尔巴拉兹的率领下抵达与君士坦丁堡隔海峡相望的迦克墩，原地驻守。

7 月 29 日，随着阿瓦尔军主力的到来和对城市的封锁，围城战正式开始。阿瓦尔人竖起栅栏来封锁君士坦丁堡。在随后的 10 天或 11 天中，阿瓦尔人多次尝试突破城墙。他们部署了比城墙还高的攻城塔，使用投石机发射巨石，并进行了正面突击。他们尽管展现出高超的攻城技能，却依然无法攻克城池。于是他们向海峡对岸的波斯人求援，波斯则派遣了 1000 或 3000 士兵渡过海峡前来增援。阿瓦尔人与波斯人之间的这些往来沟通及兵力调动，似乎并未受到罗马舰队的拦截。

阿瓦尔人的斯拉夫盟友（或臣民）曾试图乘坐随军携带的独木舟和木船，穿越金角湾发起突袭。现场搭建的攻城器械，一部分由阿瓦尔人带来的拆卸组件组成，另一部分则采用营地周边找到的材料制作。此外，外交和宣传工作也未被忽视：双方指挥官在城墙间至少进行了两次会晤。在一次会谈中，罗马方面试图用金钱诱使阿瓦尔人撤退。而在另一次对话中，随可汗一同出席的波斯代表团用言语侮辱罗马人，可能是蓄意破坏任何可能达成的协议。阿瓦尔人和波斯人尽管表面看上去团结一致，但并未对城市的防御有任何突破。波斯使节在返回迦克墩的路上，遭到罗马军队拦截，两名使节被杀，另一名使节被砍去双手后押还给可汗。之后波斯人成功组织了一支装备精良的舰队，在博斯普鲁斯海峡与罗马舰队展开战斗。虽然这场海战的胜负未知，但鉴于波斯人未能在西岸成功登陆足够的兵力，不论海战结果如何，从战略角度看，罗马方面已经取得了成功。

如同之前的围城，问题的关键不仅在于战斗，更在于城墙是否坚固、市民的守城意志是否坚决，而对阿瓦尔人而言，补给是头等大事。阿瓦尔可汗当初花了一个月时间征集补给，之后才开始围城，而围城持续 11 天后这些资源就迅速消耗殆尽。到了 8 月 8 日，阿瓦尔人开始将攻城器械用作燃料焚烧，士兵也开始撤退。之后波斯人可能也很快撤离了，因为如果阿瓦尔人无法攻破城池，他们留下继续围攻也没有意义。更何况此时希拉克略和他的罗马军队正在他们的故土小亚细亚东部征战，在与沙欣领导的波斯军队的对战中连连得胜。

正如后来的事实证明，这支罗马军队有能力给波斯带来毁灭性的打击。希拉克略率领这支军队横扫美索不达米亚和伊拉克，并在尼尼微（Nineveh）战役中让波斯军队陷入困境。这是波斯人继沙欣战败和君士坦丁堡围城战失败后的第三次战败，其后果就是霍斯劳二世的政权支持度急剧下降。

112

到了公元 628 年 2 月，因不满霍斯劳二世拒绝与希拉克略进行谈判，一群愤怒的将军将他废黜，将其子喀瓦德二世（Khavad II）扶上王位。喀瓦德二世与希拉克略签订了一项互撤军队的和平协议，协议中希拉克略坚持其军队长期驻守美索不达米亚一带，以弥补罗马遭受的侵害。这份条约实质上敲响了萨珊王朝溃败的丧钟，随后其政权崩溃，在公元 628—633 年这五年中先后有十位统治者走马上任，其中包括沙赫尔巴拉兹的篡位以及两位短命女王的统治。同时，希拉克略的罗马军队重新占领了叙利亚和埃及。但随着穆斯林阿拉伯人对这两个帝国的侵袭，波斯军队和罗马军队很快就面临了新的敌人。

君士坦丁堡市民的这次坚守，称得上是这座城市历史上浓墨重彩的一章。过去两三个世纪中，多数小规模围攻都显得微不足道，除了希拉克略的围攻稍显严重外，其他几乎未对城市造成实质性威胁。然而，阿瓦尔人来攻，兼之波斯人在博斯普鲁斯海峡对岸的威胁，形势可谓万分紧急。在围城间隙的一次谈判中，阿瓦尔可汗曾提出，若和平条款签订，须将所有市民驱逐出城，每人只准带一件衣物。这一威胁令人闻之变色，城市的生死存亡便在此役，这无疑加强了市民的抵抗意志。如果他们中有人了解城市过去的历史，研读过希罗多德著作的话，可能会想到过去类似的境况，即 11 个世纪前他们的祖辈曾陷落于波斯人的掌控，此情此景何异于彼时彼刻！

这次坚守除保障了自身安全和维护罗马帝国存续之外，

也象征着一个基督教城市、社区及政权在对抗异教和拜火教 113
联合侵袭中的胜利。君士坦丁堡市民坚信自己受到了圣母玛
利亚的指引与庇护，据说在紧要关头，一些神魂不安的守城
者曾在异象中见到她。换言之，他们认为自己生活在一座得
到上帝及圣母特别庇佑的城市中，这一信仰在未来几个世纪
中不断激励着他们。他们视自己居住的这座城市为圣地，这
场大规模的围城与他们取得的胜利，在之后的岁月里被不断
美化、反复提及，每当出现新的威胁时，这些记忆就会被重
新唤起。

　　关于这次围城，毫无疑问，它与以往库特里古尔人和阿
瓦尔人的侵袭截然不同。早先的围城多为勒索之举，而此次
攻击者则是真切地试图攻占并掌控君士坦丁堡。一旦攻城成
功，按照计划，这座城市将被彻底清空，而且很可能会被阿
瓦尔人摧毁，因为他们明白一旦城市无人驻守，他们就无法
长期保持控制。尽管如此，这片土地依旧极具价值，这一点
举世公认，即便城市空置，也不过是回归其作为希腊小城邦
的旧貌。阿瓦尔人此次动用了庞大的军队，并运来了当时最
先进的各类攻城器械，但终究铩羽而归。城墙与市民共同构
成了一道坚不可摧的防线。 114

第十三章　敌自东方来——穆斯林阿拉伯人

公元 674—678 年及公元 717—718 年之围

　　君士坦丁堡作为基督教重镇，于公元 626 年成功抵御了信奉拜火教的萨珊王朝和异教徒阿瓦尔人的联合侵袭，从而显著强化了其作为基督教圣城的自我认同。这种坚定的自我认同，在后来面对穆斯林阿拉伯人持续不断的攻击中，成为一种强大的凝聚力。自从第一批阿拉伯军队从阿拉伯半岛（Arabia）进入巴勒斯坦南部（southern Palestine）以来，这场战争便未曾平息。甚至直至今日，这场纷争仍在延续。虽然君士坦丁堡最终的陷落标志了穆斯林势力达到顶峰，但这一切直到八个世纪后才得以实现。而在这期间的漫长岁月中，君士坦丁堡始终是基督教世界不可或缺的防线。

　　阿拉伯人对君士坦丁堡的攻击包括了公元 674—678 年和公元 717—718 年的两次大规模围攻。公元 626 年，阿瓦尔人联合萨珊王朝发起的围攻持续了一个半月，包括最初的海上封锁及随后的陆地进攻，由一支组织有序的阿瓦尔人军队执行。相较之下，阿拉伯人的攻势持续时间更久，其中一次至少延续了四年（包括最初的海上封锁），另一次围困则长逾一年，其间爆发多次重要海战。此外，君士坦丁堡在围城期间还经历了七位皇帝的登基与废黜，以及两次虽未发展至围城但极具威胁性的险情，其中一次持续了六个月之久。这些险情虽涉及对君士坦丁堡的攻击和控制，不过未达到围城的程度，因为彼此有千丝万缕的联系，因此将其统一进行讨论。

穆斯林阿拉伯人在最初的战事中迅速夺取了罗马帝国的东部行省，依次为巴勒斯坦、叙利亚和埃及。这些胜利使得哈里发（Caliphs）控制了重要的海上通道，因为这些地区都是繁荣的贸易区域，海岸线布满港口，长期接受海战的洗礼。尽管决心稍逊，波斯人也进行了海上活动，他们攻占了罗得岛，并率领舰队征服了塞浦路斯（Cyprus），该舰队由从埃及缴获的罗马战船组成。阿拉伯人则倾向于使用叙利亚人的船只和船员，在公元 655 年，他们在吕基亚（Lykia）海岸取得了一场决定性的胜利，即著名的"桅杆之战"（Battle of the Masts），击败了罗马的主力舰队。阿拉伯人对海战的适应性使其对君士坦丁堡的围攻几乎得手。当然，正如早期围攻已经证明的，只有通过陆地和海上的联合攻击——最理想的情况是同时从欧洲和亚洲发起——这座城市才有可能被攻陷。

穆阿维叶（Muawiya，661—680 年）在内战中强行登上

115

哈里发宝座后，深感需通过对基督教帝国的宣战来证明自己的合法性，这类似塞维鲁曾经对帕提亚人的攻击，以及其他君王对异教徒的征战。起初，穆阿维叶避免直接进攻拜占庭帝国的亚洲领土，只是对其在非洲的行省发起了攻击。拜占庭帝国的亚洲领土及其南部海岸线遭受的袭击也在增多。随后，在公元 668 年，拜占庭皇帝君士坦斯（Constans）在锡拉库萨应对非洲的穆斯林的战役时身亡，这一事件可能被阿拉伯人用作借口来攻击小亚细亚地区的拜占庭势力，寄望揭示出其政权的内在弱点。在新皇帝君士坦丁四世（Constantine IV，668—685 年）完全掌控局势之前，拜占庭帝国内部的确存在一些问题。公元 670 年，一支阿拉伯陆军直接穿越安纳托利亚抵达迦克墩，但未对君士坦丁堡本身构成实质性威胁。这支军队由法达拉·伊本·乌拜德（Fadalah ibn Ubayd）率领，并得到哈里发之子耶齐德（Yazid）带领的增援部队支持。虽然围绕这些事件的传说甚嚣尘上，但实际上，阿拉伯人似乎并未能越过海峡对君士坦丁堡发动攻击。

公元 674—678 年之围

这一失败促使阿拉伯人重新考虑作战策略。为了有效攻击君士坦丁堡，部署海军力量成为必需，因为需要将陆军部队运送至欧洲一侧。哈里发穆阿维叶在担任叙利亚总督期间，策动并赢得了桅杆之战的胜利。因此，内战一结束，他便开始调派

阿拉伯舰队，这并不令人意外。首要目标是占领罗得岛，该岛 116
此前已多次遭受侵袭。位于爱琴海深处的科斯岛也被占领。到
了公元 674 年，一支阿拉伯舰队渗透至马尔马拉海，并选择基
齐库斯作为越冬基地。亚洲爱琴海沿岸的士麦那（Smyrna）也
被选为战略基地。这些地点起初似乎都是暂时被占领，但它们
实际上成为通往主要目标君士坦丁堡的重要跳板；从叙利亚出
发的海上航线沿线基地至关重要，可提供补给并让船员在长途
航行中得到休息。其中，基齐库斯被视为一个永久的基地。

正当这一系列筹备行动进行时，阿拉伯陆军从叙利亚
向安纳托利亚发起了一连串的突袭。编年史家狄奥法内斯
（Theophanes）在公元 661 年和公元 662 年记录了这些袭击，
尽管这些描述在地理方面有时不够具体，但从公元 664 年到
公元 669 年，每年的行动都有详细记载。到了公元 670/671
年，阿拉伯陆军控制了君士坦丁堡对面的基齐库斯，并在此
地设立了营地，该地到了公元 674 年成为舰队的主要基地。
同年夏天，阿拉伯军队从该基地出发，向君士坦丁堡发起了
攻击，部队在马尔马拉海靠近黄金城门的海滩登陆，该门是
狄奥多西城墙中最接近马尔马拉海的入口。这一地点显然是
阿拉伯人战斗中的主要目标，但他们未能取得任何实质性进
展。他们集中兵力攻击城墙的某个部分，却未能奏效，这表
明他们的部队规模相对较小。关于此次围攻中阿拉伯军队的
人数信息极为有限，甚至没有通常见到的夸张描述，尽管这
被视为一场"重大"战役，但对君士坦丁堡并未产生任何

影响。

在接下来的三年里，基齐库斯一直都是阿拉伯军队的基地。阿拉伯舰队通常会在此过冬，尽管有一年选择在克里特岛驻扎。阿拉伯舰队从冬季驻地出发时，此地通常会爆发海战，但这并未能阻止他们展示自己的海上优势。因为拜占庭人相信对方终将失败，所以并未全力拦截。之后，阿拉伯部队便像往常一样在君士坦丁堡城墙附近登陆。在这些年份中，阿拉伯一方由于人手不足，未能达成任何决定性的成果。然而时间到了公元 678 年，拜占庭人拿出了他们的新武器——希腊火，据说这种武器是由一位名叫加利尼科斯（Kallinikos）的希腊人发明的，他原先居住在叙利亚的赫利奥波利斯〔Heliopolis，今巴勒贝克（Baalbek）〕，战事迭起后，便携带着这一发明来到了君士坦丁堡。

狄奥法内斯在描述公元 674 年的事件时提到，希腊火装置被安装在位于普罗克利安尼西亚（Proklianesian）港的罗马船只上。这是位于金角湾一侧并靠近君士坦丁堡的一个小港口。他详述了装备有希腊火的双层战舰以及装备有虹吸管——一种通过气泵发射液体火的装置——的战舰，并似乎对这两种类型的船只做了区分。这一切都按照皇帝君士坦丁四世的命令进行。然而，直到战事进行到最后一年，这种武器才得以实际使用。而之所以在公元 674 年就有关于这些细节的记录，是因为这可能是加利尼科斯抵达君士坦丁堡的年份。当然还有一种可能是，他于更早的时间到达，但直到公元 678 年才

117

完成了武器的制作。对于这样一种不寻常且制作困难的武器，仅用四年时间进行研究和开发已属难得，因为其发射机制和化学混合物的精确配比都需要精细调整和验证。整个开发过程显然都是秘密进行的，因此它第一次使用时，对战场造成了巨大冲击和震慑。

公元 678 年夏季，阿拉伯人再次从基齐库斯发起了常规的袭击和海战。这一次，拜占庭动用了装备虹吸装置的巨型双层战舰，这些舰艇均向阿拉伯人发射了希腊火。这一战术有效地瓦解了敌方的进攻，为拜占庭带来了决定性的胜利。然而，尽管希腊火在战场上取得了显著的效果，它并没有改变战争的整体走向——例如，没有迹象表明拜占庭使用它对抗了阿拉伯的陆军。尽管如此，和平谈判很快启动，这表明阿拉伯人在经历了四年的连续作战后已经感到极度疲惫。对阿拉伯人来说，在远离叙利亚的地区维持一支舰队和军队变得越来越困难。

当年晚些时候，双方在叙利亚的哈里发首都大马士革（Damascus）进行了长期谈判。争议核心包括罗马对黎巴嫩（Lebanon）曼达派基督徒（Mandaite Christians）的支持，曼达派引发的大规模叛乱，吸引了众多逃逸的奴隶和囚犯，在哈里发眼中，这些人都是"强盗"。同时，爱琴海及马尔马拉海区域的穆斯林阿拉伯基地，也成为谈判的重点议题，此外，拜占庭方面希望对安纳托利亚发起的陆路袭击能够停止。值得一提的是，加利尼科斯来自黎巴嫩的赫利奥波利斯，他的逃亡很可能就与曼达派问题相关。另有一点，阿拉伯舰队中有不少黎巴嫩水手，他们可能逐渐变得归心似箭。

118 　　穆阿维叶发起了和平谈判，并邀请拜占庭帝国的皇帝派遣代表团前往叙利亚，他甚至提出每年支付贡金，从而使条款对拜占庭方面更为有利。双方最终达成了一份书面条约，穆阿维叶承诺每年定期向拜占庭方支付 3000 诺米斯玛塔（nomismata）①，并释放 50 名囚犯及赔送 50 匹种马。双方在亚洲边界地区的相互袭扰行为显然将停止，拜占庭皇帝对曼达派基督徒的支持也将终止。最终，大量曼达派教徒被引入罗马领土。该和平协议预计将持续 30 年。然而，穆阿维叶在和平协议签署两年后去世，之后其子耶齐德即位，据推测，他也参与了条约的签署。之后的两位哈里发，穆阿维叶二世（Muawiya Ⅱ）和马尔万（Marwan）在位时间极短。公元685 年，阿卜杜勒·麦立克（Abd-el Malik）即位，成为穆阿维叶一世离世后的第五位哈里发，他请求更新条约，并在次年拜占庭皇帝君士坦丁四世去世后再次请求更新条约，但不平等条款大为减少。这说明双方此时遵循着正规的外交协议流程，因为条约的一方去世后，条约即告失效，此后双方需要对条约进行协商更新。

　　关于这次围攻的信息如前所述，资料相当匮乏，且其中部分信息可能还有舛误，这在很大程度上解释了为何现代著

---

① 在拜占庭希腊语中的意思是"硬币"，通常指用金、银或铜铸造的硬币。——译者注

作中很少有关于此事的讨论。最主要的资料来源是狄奥法内斯的记述，但这些作品成书于事件发生一百多年之后，且体裁属于编年史；书中一些历史记载可能有误，且常常遗漏一些重要事件。众所周知，伊斯兰文献的准确性也较差。事实上，由于可靠资料极其有限，至少有一位历史学家否认当时拜占庭帝国遭受了围攻。彻底否定似乎过于极端，因为很明显，7世纪70年代君士坦丁堡确实承受了巨大的防守压力，并至少发生了三次激烈战斗，其中一次甚至就发生在城门之外。由此可以合理推断，君士坦丁堡确实处于持续的威胁之下，但阿拉伯军队的兵力不足以取得决定性胜利。例如，无法在基齐库斯这一距离如此之近的地点，四年如一地维持一支小型部队，因此可以推测那些士兵实际上是海军陆战队队员和水手。

　　希腊火的出现是另一个复杂的问题。约翰·马拉拉斯认为它在更早期的战斗中就已被使用，但这种看法更像是他单方面的夸张之词——假设早期罗马的胜利是由于使用了这种决定性的武器。对拜占庭帝国来说，这显然是一项国家机密，他们全力防止这种武器配方外泄，并成功在大约50年间独享这种武器。

119

阴谋四起的拜占庭帝国

　　公元678年和约签订之后，拜占庭帝国陷入了长达一代人的混乱和王位更替中。从公元 685 年君士坦丁四世离世到公元 715 年，短短 30 年间，王位竟易主七次，每位皇帝的统治时间都越发短暂，最终都难逃被篡位的命运。其中，倒数第二位登上王位的统治者是一位名叫阿纳斯塔修斯二世（Anastasios Ⅱ，695—715）的官僚。

君士坦丁堡此时犹如一块肥肉，引得周边强敌垂涎欲滴。保加尔可汗特维尔（Tervel）对与其签订盟约的拜占庭皇帝被废黜深感不满，遂挥师入侵色雷斯地区。与此同时，东部边境的阿拉伯人势力也蠢蠢欲动，接连攻陷数座城池，致使拜占庭帝国的边防线于公元 715 年彻底崩溃。事实上，正是由于东部另一座城市的失陷，才促使欧普西基安军区（Opsikian theme）①的军队拥立阿纳斯塔修斯二世登上帝位。

君士坦丁堡的局势已经变得非常严峻，就连城内的官僚阶层如阿纳斯塔修斯二世也无法再视而不见。阿拉伯人正加紧筹备对小亚细亚的又一次大规模进攻，目标直指拜占庭帝国的首都君士坦丁堡。他们已经攻占了边境上的多座城池，为深入安纳托利亚腹地扫清了道路。阿纳斯塔修斯二世是一位能力出众的皇帝。在一次政变中夺取政权后，他首先采取行动，将一同发动政变的三名将军中的两名处以刑罚，致其眼盲，以绝后患。在宗教政策方面，他结束了短暂的基督一

① 拜占庭帝国设立的一个军事行政区，在 7 世纪末，帝国皇帝为了更好地组织防御和管理领土而创立。这一制度将帝国的领土划分为若干个"军区"（themes），每个军区由一个军区长官（strategos）管理，负责当地的军事和行政事务。——译者注

志论（Monotheletism）时期，恢复了正统教会的教义，此举得到了民众的拥护。为了缓和局势，他主动与保加尔可汗特维尔取得联系，寻求和解，并表明他已为特维尔的盟友复仇。同时，他派遣使者前往叙利亚，与哈里发韦立德（the Caliph al-Walid，705—715）商议和平条约，同时也借机探查阿拉伯人远征军的兵力部署和准备情况。为了抵御外敌入侵，他积极整顿军备，修理战舰，加固城防，筹集粮草，并制订了从海路进攻腓尼基的计划。

　　然而，仅仅依靠这些措施还不足以巩固阿纳斯塔修斯二世的统治。也许是对其指挥官被处以刑罚和流放感到不满，加之怀疑在陆地威胁迫在眉睫的情况下被派去执行海上远征的动机，欧普西基安军区的士兵再次发动了兵变。当时，他们正驻扎在罗得岛，准备前往叙利亚。他们杀害了指挥官，整个远征队也随之瓦解。叛乱的欧普西基安军区士兵决定返回君士坦丁堡。他们一路陆行，同时派遣一些船只沿海护航，并沿途招募士兵壮大实力。在阿德拉米狄翁（Adramyttion），他们找到了一位合适的皇帝候选人，一位名叫狄奥多西的税吏，据说他"善良、安静、随和"。狄奥多西得知士兵们的意图后立即逃亡，并尽力躲避追捕。然而，最终他还是被抓获，并被迫接受皇帝宝座，成为狄奥多西三世（Theodosius Ⅲ）。叛军首领选择这样一个人物为帝，很可能是因为，与阿纳斯塔修斯不同，狄奥多西性格软弱，容易被他们控制。

　　叛军们浩浩荡荡地开赴君士坦丁堡，在亚洲一侧的克里

120

索波利斯扎营。然而，由于城内的舰队仍然忠于阿纳斯塔修斯二世，他们一时无法渡过博斯普鲁斯海峡，两军就这样对峙了数月。其间，叛军一边加紧筹备船只，一边与城内的海军部队不断交锋，小规模冲突此起彼伏。终于，机会来了。当守卫舰队转移到新的基地时，叛军抓住时机，迅速集结兵力，成功渡过了海峡。与此同时，布拉赫奈区（Blakhernai）的守军也因贪污腐败或其他原因，打开了城门，叛军长驱直入，攻陷了君士坦丁堡。

面对叛军兵临城下，阿纳斯塔修斯二世将君士坦丁堡的防御重任交给了将军们，自己则逃至欧普西基安军区的中心城市尼卡亚（Nikaia）寻求庇护。据推测，他得到了该军区未叛变官兵的支持。然而，君士坦丁堡城内的守军最终还是抵挡不住叛军的攻势，被俘虏并押送到尼卡亚。面对城破的局面，阿纳斯塔修斯二世心灰意冷，终于放弃了抵抗，同意出家为僧。此后，他被送往塞萨洛尼基度过余生。

在阿纳斯塔修斯二世统治的 20 年间，拜占庭帝国首都君士坦丁堡经历了六次政变，只有两次可以算是真正的围城战。其中一次围城（705 年）仅持续了三天；另一次（715 年）则更多是来自博斯普鲁斯海峡对岸的威胁，而非直接的攻击，但同样不过数月便告终。不过危机尚未解除，还有一场政变正在酝酿之中。

君士坦丁堡数次落入叛乱者的掌控，每一次几乎都是兵不血刃。究其原因，一方面是城内总有支持叛乱者的势力，因此不用进行残酷的围城战；另一方面则是君士坦丁堡城防的薄弱。尽管拜占庭帝国斥巨资修筑了坚固的狄奥多西城墙，但这座号称坚不可摧的城防工事却并非无懈可击。查士丁尼二世（Justinian II）曾通过城墙内的一条水道秘密潜入，另有两位叛乱者则从防守较为薄弱的布拉赫奈宫（Blakhernai Palace）处攻入。此外，还有人从黄金城门和海路攻入。这些成功的政变并非依靠强攻取胜，而是得益于城内居民的暗中支持和城防的漏洞。由此可见，君士坦丁堡的城防虽然在一定程度上震慑了外敌，但也很容易从内部攻破。

121

公元 717 年，近 20 年的拜占庭帝国政变的系列闹剧终于迎来了最后一幕。这次政变的发起者是帝国东部边境的两位军事将领：亚美尼亚军区（Armeniac Theme）的长官阿尔塔瓦兹德（Artavasdos）和安纳托利亚军区（Anatolic Theme）的长官利奥（Leo）。他们是拜占庭帝国在安纳托利亚前线抵抗阿拉伯入侵的两位主要军事指挥官。值得注意的是，欧普西基安军区位于安纳托利亚内陆，而非边境地区。阿尔塔瓦兹德和利奥深知阿拉伯帝国的威胁迫在眉睫，同时也清楚地认识到，由于欧普西基安军区士兵的内讧和两个皇帝之间的争权夺位，君士坦丁堡的中央政府已经无力应对外敌入侵。这两位皇帝就是毫无军事经验的官僚阿纳斯塔修斯二世，以及那位狄奥多西三世——此前只不过是地方上的税务官。利奥最初声称自己是奉阿纳斯塔修斯二世之命起兵，但当他率军抵达安纳托利亚西部时，阿纳斯塔修斯二世已经退位。利

奥的军队随后在尼科米底亚俘虏了狄奥多西三世的家人，迫
使他退位并进入修道院。公元 717 年 3 月，利奥进入君士坦
丁堡，并在圣索菲亚大教堂加冕为帝。

公元 717—718 年之围

为了赶在阿拉伯军队之前进入君士坦丁堡，利奥与来自
东部边境的阿拉伯军队争分夺秒，唯恐落于其后。利奥巧妙
地分散了阿拉伯指挥官苏莱曼（Suleiman）的注意力，使其将
目标转向阿莫里翁（Amorion）要塞，并趁机率军向西挺进。
然而，即使如此，苏莱曼还是在公元 716 年年末占领了萨第
斯和佩加蒙。此时，利奥为避免再受侵袭或围攻，在为进入
君士坦丁堡并夺取政权进行着不懈的努力。尽管阿拉伯军队
拥有强大的舰队助阵，但随着冬季的到来，他们还是选择在
萨第斯和佩加蒙原地驻扎，而舰队则撤回奇里乞亚过冬。

率领这支阿拉伯大军的是哈里发苏莱曼之弟麦斯莱麦
（Maslama）。第二年春天，随着天气转暖，麦斯莱麦命令舰
队从奇里乞亚出发，北上至达达尼尔海峡。并用这支庞大的
舰队将大部分阿拉伯军队运送至欧洲大陆，在阿拜多斯登陆。
公元 717 年 8 月 15 日，麦斯莱麦的军队开始对君士坦丁堡实
施全面围攻。他们首先在陆地一侧修筑了一道栅栏，切断了
城市与色雷斯的陆地交通。随后，他们又挖掘了一条深壕，
并在其后方构筑了一道临时工事，以加强防线。与此同时，

122

一支据传由 1800 艘战舰组成的阿拉伯舰队也进入博斯普鲁斯海峡，在西凯，也就是现在的加拉达区和城市半岛附近停驻，对君士坦丁堡形成了海陆夹击之势。还有更多军力驻扎在亚洲一侧。在君士坦丁堡的历史中，围城战并不罕见，但博斯普鲁斯海峡两岸和马尔马拉海同时被封锁尚属首次。值得注意的是，由于部分粮船无法靠近岸边，阿拉伯军队不得不将一部分兵力分散驻守在色雷斯地区，负责保护粮船安全和防范拜占庭军队的反击，这也客观上削弱了其攻城力量。尽管麦斯莱麦没有选择直接强攻君士坦丁堡坚固的狄奥多西城墙，而是采取了围困的策略，但其精心构筑的陆地工事和强大的海上力量仍然对城内守军造成了巨大的压力。

　　阿拉伯指挥官们心知，他们面对的是一个智计百出的对手。一年前，拜占庭皇帝利奥就已在阿莫里翁问题上使他们落入圈套，从而抢先一步抵达君士坦丁堡，而现在他准备在君士坦丁堡再次采取同样的策略。利奥的优势在于他拥有丰富的经验，擅长在劣势中与阿拉伯军队作战，锻炼了战术技巧；且他极具时机感，总能把握正确的时机并采取行动。他的前任阿纳斯塔修斯二世和狄奥多西三世都进行了出色的管理工作，为可能的围城战做好了周密的准备：充足的食物储备、加固过的城墙，以及一支高效的舰队。狄奥多西三世还与保加尔的特维尔签订了一项条约，将一部分领土割让给对方，从而确立了一条明确的边界，利奥显然承认并接受这一边界。这一安排使得保加尔人在围城的后期也参与到作战中来。

　　为了攻陷君士坦丁堡，部分阿拉伯舰队趁机驶入金角湾，企图从海路突破其防御薄弱的海墙。然而，他们的阴谋却未能得逞。就在阿拉伯军队准备发起进攻之际，一队载有希腊火的罗马战舰突然沿金角湾直冲而来，对阿拉伯舰队发起猛烈攻击。顿时，火光冲天，大多数阿拉伯战舰被熊熊烈火吞噬，幸存者也仓皇逃窜。为了防止阿拉伯舰队卷土重来，拜占庭皇帝利奥下令放下封锁金角湾的铁链（这是史书中首次有关于这一封城链的记载）。然而，阿拉伯指挥官却并未上当受骗，他们识破了利奥的计谋，选择将舰队撤回博斯普鲁斯海峡上游的希耳俄港口，在那里休整待命。利奥的巧妙策略奏效了，他成功地利用希腊火阻击了阿拉伯舰队，并迫使他们暂时放弃了进攻计划。

　　公元 717 年 10 月初，阿拉伯帝国哈里发苏莱曼病逝。他的堂兄欧麦尔（Umar）即位后，决定继续对拜占庭帝国作战。然而，这场战争对于阿拉伯军队来说却充满了艰辛和挑战。公元 717/718 年的冬天，君士坦丁堡遭遇了异常严酷的寒冬，大雪纷飞，积雪覆盖地面长达三个月。阿拉伯军队只能依靠简陋的临时住所御寒，这使得他们饱受风寒之苦。由于饲料缺乏，天气寒冷，许多用于运输粮草和骑兵的动物，如驴、马和骆驼纷纷冻死。春天，哈里发欧麦尔派遣了两支规模庞大的补给船队，分别是来自埃及的 400 艘战舰和来自北非其他地区的 260 艘战舰，但当船队驶近君士坦丁堡海域时，船长们听闻关于希腊火可怕威力的传言，恐惧之下，不敢贸然靠近，只能将船队停泊在远离城市的安全海域。更糟糕的是，由埃及出发的补给船队中，大部分船员都是基督徒。他们趁机驾驶小船逃离船队，投奔了君士坦丁堡。拜占庭皇帝利奥派人对这些逃兵进行了审讯，从他们口中得知了阿拉伯补给船队的具体位置。于是，拜占庭舰队迅速出击，一举摧毁了两支阿拉伯补给船队。

与此同时，一支来自叙利亚的阿拉伯救援军正赶赴君士坦丁堡，然而，当他们行进至金牛山脉的山口时，早已埋伏在此的罗马军队将这支救援军打得落花流水，致其无一生还。拜占庭海军成功地将阿拉伯舰队驱逐出附近海域，使城内的渔民能够重新出海捕捞，补给也得以从亚洲运至市内。因此，攻守之势发生了逆转，君士坦丁堡市民的食物比围攻者更充足和丰富，反观阿拉伯军队，在一年的围城作战后，疾病开始在军营中蔓延，这种情况在中世纪的围城战中很常见。

最终，哈里发下令军队返回叙利亚。但撤退的过程缓慢，且正值季末。狄奥法内斯记载，撤军开始于 8 月 15 日，这不仅是一年前围城开始的周年纪念日，也是君士坦丁堡的守护者圣母玛利亚升天节。撤退需要时间，尤其是保加尔人最终介入战争并从内陆对阿拉伯人发起攻击。时值夏末，阿拉伯舰队撤离时在马尔马拉海和地中海两次遭遇风暴。阿拉伯人相关记录表明，他们的伤亡人数达到了 15 万，这虽是夸大之词，但整个远征队伍，包括舰队和陆军，确实均遭覆灭。

哈里发陷入了深深的恐慌，他担心在这场属于基督教的重大胜利鼓舞下，阿拉伯境内的基督徒会纷起反抗其统治，就像埃及的基督徒和黎巴嫩的曼达派信徒那样。他下令强制叙利亚的基督徒皈依伊斯兰教，同时禁用他们举行宗教仪式所需的葡萄酒，并降低其法律地位。这也间接成了拜占庭皇帝利奥的又一场胜利，他通过巧妙的策略使哈里发意识到其对叙利亚的统治并不稳固。哈里发甚至写信给利奥，试图说服他皈依伊斯兰教——人们不禁好奇：利奥究竟散播了什么样的故事，才会让哈里发如此荒唐行事？

拜占庭帝国在君士坦丁堡取得的胜利，对阿拉伯军队造成了毁灭性的打击，以至于此后的倭马亚（Ummayad）王朝和阿拔斯（Abbasid）王朝的哈里发们都未敢再对这座城市发起进攻。这场战役在军事史上尤其引人注目，因其主要通过一系列海上遭遇战来展开。困于城外的阿拉伯军队，因内部供应线被切断而陷入绝境，最终只能在饥饿和疾病中日渐消亡。也就是说，真正的攻击主力被忽视了，阿拉伯补给船队被拜占庭军队摧毁后，围城军自内开始的崩溃已成必然。真正的威胁是阿拉伯舰队可能通过海墙实施登陆攻击，但希腊火对舰船和水手造成的震慑，足以在第一次出击后阻止下一拨海军进攻，并迫使后续的舰队退至安全距离之外，直至被毁灭。

无疑，拜占庭皇帝利奥不仅拥有超凡的智慧，更兼具好运。埃及逃兵带来的情报，犹如天赐的良机，为利奥指明了阿拉伯补给船队的准确位置。对他来说，这是意外之喜。他立即明白了这一信息的重要性，摧毁这些船队将彻底切断城外围城部队的补给线，并使其陷入孤立无援的境地。人们也不禁好奇：是利奥说服了保加尔人参战？还是保加尔人看到阿拉伯军队的衰弱，乐得趁机分一杯羹？或者两者兼而有之？君士坦丁堡展示了其强大的防御力，不仅有坚固的城墙，还有保卫城墙的战舰和市民，还有封城铁链，最重要的是皇帝的机智指挥，如此才能在其存在的前 13 个世纪中抵御住最猛烈的攻击。

125

第十四章 两次内战：阿塔巴斯达斯与君士坦丁五世之争，斯拉夫人托马斯与米海尔二世之争

公元 741—743 年及公元 821—823 年之围

阿塔巴斯达斯与君士坦丁五世之争
——公元 741—743 年之围

8 世纪初的拜占庭短命皇帝菲利皮科斯（Philippikos，711—713）试图将基督一志论确立为官方教义时，已预示了未来即将发生的种种。尽管这一尝试很快以失败告终，但在717—718 年的君士坦丁堡围城战之后，新的宗教争议随之而来。利奥三世（Leo Ⅲ）在君士坦丁堡的战役中取得了胜利，但在接下来的几年中，他的军队在战场上却连连遭遇挫败。他认为，是普遍存在的对画像和圣像的"崇拜"引发了上帝

的不悦，上帝因此应允敌人在战场上胜利，以此惩罚基督教帝国。利奥本是来自叙利亚北部日耳曼尼基亚〔Germaniceia，即现在的马拉什（Marash）〕的基督徒，精通阿拉伯语和希腊语。他见证了虔诚穆斯林对任何生灵形象的强烈反感，认为或许正是这种态度激发了穆斯林的精神力量。他的解决方案是倡导从基督教帝国的教堂中移除这些形象——这就是著名的圣像破坏运动（iconoclasm）①。

这场争议使拜占庭帝国在长达一个世纪的时间里反复陷入内部纷争。这种局面可以被视为穆斯林对君士坦丁堡围攻失败的报复行为，而哈里发对叙利亚基督徒的迫害，同样可以视作他对这次失败的复仇。

作为一个精明且谨慎的皇帝，利奥并没有在废除圣像的道路上过于激进。然而，他去世后，他的儿子君士坦丁五世（Constantine V，741—775 年在位）即位，受到父亲影响，成为一名狂热的圣像破坏者。他遭到了他的妹夫阿塔巴斯达斯（Artabasdas）的强烈反对，阿塔巴斯达斯是利奥在公元 717 年推翻狄奥多西三世的军事政变中的战友，和利奥一样能力出众。阿塔巴斯达斯是经验丰富的指挥官和行政官，在圣像问题上明显支持利奥的立场。但他在利奥去世不久后就公开支持圣像崇拜，可以推测利奥在世时他便已持有此信仰。

126

---

① 圣像破坏运动是历史上针对宗教图像的破坏行为，尤其指在拜占庭帝国发生的两次重大的宗教和政治冲突。这两次圣像破坏运动分别发生在公元 726 年到 787 年和公元 814 年到 842 年，均由拜占庭皇帝发起。——译者注

而君士坦丁五世虽更易冲动，且年纪尚小，但显示出是一位极具才干的将军和充满活力的统治者。在争端初期，阿塔巴斯达斯成功夺取了君士坦丁堡的控制权，他得到了广泛的民众支持，并恢复了已被利奥和君士坦丁五世拆除的圣像。

君士坦丁五世在亲自向安纳托利亚军区的军队发出呼吁后获得了他们的支持，并且也赢得了色雷斯西亚军区（Thrakesian Theme）及其长官西西尼奥斯（Sisinnos）的效忠。阿塔巴斯达斯则得到了欧普西基安军区和亚美尼亚军区的支持。当内乱爆发时，君士坦丁五世实际上身处欧普西基安军区，但当阿塔巴斯达斯发表宣言（pronunciamento）时，他识破了一个旨在诱捕他的诡计，并逃至安纳托利亚军区。这一举动至关重要，因为君士坦丁五世是通过合法继承成为皇帝的，如果阿塔巴斯达斯在内战初期就俘获了他，很可能巩固其政变。在君士坦丁堡，有人宣称君士坦丁五世已死，且军队已宣誓效忠阿塔巴斯达斯。随后，他对君士坦丁的支持者进行了一场清洗。

君士坦丁五世厉兵秣马，意图赢得支持，然其宗教政策不受民众拥戴，故而颇费周折。他曾驻扎于博斯普鲁斯海峡对岸的克里索波利斯，该地属欧普西基安军区管辖。撤退之时，阿塔巴斯达斯趁机率军突袭亚洲，劫掠物资。两军随即交锋，阿塔巴斯达斯部众虽败，却侥幸经由基齐库斯乘坐一艘轻便的三列桨座战船逃回君士坦丁堡城内。战火蔓延，城池内外陷入混乱，双方支持者互相攻伐。

公元 743 年 9 月，君士坦丁五世的两支主力军展开联合行动，皇帝亲率一支军队向迦克墩进军，并渡过博斯普鲁斯海峡，登陆地点可能位于克里索波利斯以北，隐蔽于君士坦丁堡城外。与此同时，西西尼奥斯率领色雷斯西亚军区部众在阿拜多斯渡过达达尼尔海峡。两军会师后，兵临城下，将君士坦丁堡团团围住。君士坦丁五世策马沿城墙巡视，向城内守军展示自己的威严，却未得到任何回应。阿塔巴斯达斯先前突袭亚洲已导致城内储备减少，如今更是雪上加霜。物价飞涨，平民百姓陷入饥荒的困境。阿塔巴斯达斯孤注一掷，派遣一支舰队前往小亚细亚南部筹措补给。然而，君士坦丁五世早有防备，命基比拉奥特军区（Kibyrrhaiot theme，为南部海岸线的海军军区）的舰队在阿拜多斯迎击。海战中，君士坦丁五世一方大获全胜，截获了阿塔巴斯达斯的众多船只。当阿塔巴斯达斯的舰队满载物资返航时，君士坦丁五世又将其截获，并将其所获物资分发给己方军队。

127

阿塔巴斯达斯败局已定，穷途末路之际，他越发孤注一掷。他曾集结兵力企图突围，却遭到围城军的迎头痛击，以惨败收场。他残存的舰队则妄想利用希腊火攻破基比拉奥特海军的封锁，但同样以失败告终。与此同时，阿塔巴斯达斯的儿子尼西塔斯（Niketas）也在亚洲集结了一支军队，试图解救父亲，然而这支援军还未到达克里索波利斯，就被君士坦丁五世率军截击并击败。

公元 743 年 11 月 2 日，战局迎来最终决战。君士坦丁五世突然指挥军队逼近城墙，并成功攻入君士坦丁堡城内。然而，史料并未明确记载这是一次强攻，抑或他暗中联络了城内支持者，由他们打开了城门。最终，叛乱者们被绳之以法，或处死，或处以其他刑罚。

这场围城战整整持续了两个月，而拜占庭内战则绵延了将近两年。双方围绕圣像崇拜问题展开激烈争论，最终酿成战火，这也是拜占庭历史上首次出现内战双方围攻都城的情况。此前，也曾有篡位者或被废黜的皇帝攻占君士坦丁堡，但通常都是城中内应打开城门迎接他们入城，而非经过旷日持久的攻城战。此次内战中的两位指挥官都展现出非凡的军事才能，但也手段残忍。最终，君士坦丁五世的军事才能和战略谋划略胜一筹，确保他的军队取得了胜利。

斯拉夫人托马斯与米海尔二世之争——公元 821—823 年之围

圣像破坏运动的阴影从公元 8 世纪初一直盘旋在拜占庭帝国上空，直到 9 世纪末才逐渐消散。每当帝国因其他事务分心时，这场围绕圣像崇拜的争论便会愈演愈烈。在利奥五世（Leo V，813—820 年在位）统治时期，这场争论死灰复燃，主要源于军队内部。由于崇敬君士坦丁五世的圣像破坏政策，拜占庭军队对圣像崇拜持抵触态度。利奥五世登基后，试图恢复圣像破坏政策，却遭到了强烈的反对。尤其是他的两位昔日战友，阿莫里安人米海尔（Michael the Amorian）和斯拉夫人托马斯（Thomas the Slav），更是公开反对他。公元820年，米海尔精心策划了一场阴谋，在圣诞节当天于圣索菲亚大教堂的祭坛前刺杀了利奥五世。

米海尔从牢房直接被抬上皇位，加冕时仍戴着镣铐。他是一位资质平庸的皇帝，目不识丁，说话也结结巴巴。更糟糕的是，他在如此屈辱的情况下登基，因此立即面临着强烈反对。早在利奥五世遇刺之前，他们的前同事斯拉夫人托马斯就与哈里发马蒙（Mamun）结盟，并得到了阿拉伯人的援助发动叛乱，作为回报，托马斯承诺将罗马边境领土的一部分割让给阿拉伯人。因此，米海尔登基后，不得不立即着手平息这场叛乱。

如同公元741—743年的内战一样，这场战乱也让多个军事区陷入分裂，各自拥护不同的皇帝。托马斯曾担任安纳托利亚军区长官，但亚美尼亚军区和欧普西基安军区却支持米海尔。基比拉奥特、伯罗奔尼撒和凯法洛尼亚岛（Kephalonia）的海军军区站在托马斯一边，并在叙利亚的安条克为他举行了一场加冕仪式，由当地族长主持。凭借着这些支持，托马斯成功地将米海尔围困在君士坦丁堡城内。托马斯的军队会集了大量来自不同民族的士兵，包括斯拉夫人、波斯人、亚美尼亚人、高加索各族人，以及哈里发借给他的阿拉伯人。此外，他宣布自己是圣像崇拜的支持者，也因此赢得了部分民众的支持，尽管这种支持比较被动。

这场叛乱绝非仅仅源于圣像之争。托马斯得到了来自不同群体的鼎力支持，其中许多群体都对罗马中央政府心怀不满。这表明，对于许多参与者而言，这场叛乱更关乎自身利益，而非宗教信仰。与此同时，史料也记载了多起社会动荡事件，例如，奴隶反抗主人的起义。可以说，托马斯领导的是一场被排斥者的反抗。因此，托马斯的大部分支持来自城外，叛乱也最终演变为对罗马权威的象征——君士坦丁堡——的围攻，这在意料之中。

托马斯的舰队控制了爱琴海，尽管没有控制君士坦丁堡周边的水域，围城战役便随之展开。他借助舰队的力量跨海至欧洲，并在那里获得了来自欧洲的斯拉夫人和马其顿人的支持以发起围攻。然而，亚洲各地仍然战事频发，阻碍了托马斯调集全部力量对君士坦丁堡发起全面进攻。这或许反而是不幸中的万幸，因为历史表明，决定围城战胜负的并不仅仅是兵力的多少，在围攻中过度集结人手，反而会对后勤造成难以承受的压力。

围城持续了整整一年，最终被两个相继发生的事件打破。首先，最为重要的是，皇帝米海尔的军队在海上取得了胜利，成功击退了托马斯的船只。当然，无须摧毁所有敌舰，只要确保对马尔马拉海和黑海海峡的控制，便足以使米海尔调动部队，进出君士坦丁堡并组织物资供应。第二件事的主角是保加尔人。他们对南巴尔干的斯拉夫人加入托马斯一方感到警惕，因为这个地区被他们视为潜在的领土扩张区域。他们不希望看到自己潜在的目标取得胜利，通过帮助拜占庭皇帝，他们可能获得重要的政治影响力。于是其首领奥莫尔塔格可汗（Khagan Omurtag）介入战争，打破了围困之势，并将围攻军队驱逐出去。

托马斯被迫逃亡，并于公元 823 年被捕后处决。这一事件使得圣像破坏争议再次激化至极点，双方怒火中烧，最终导致国家再次陷入内战，君士坦丁堡也因此被封锁。在这场冲突中，尽管帝国首都以外的大部分地区都支持反对派，但最终还是坐镇于君士坦丁堡的皇帝赢得了胜利。君士坦丁堡市民有些自鸣得意，他们将胜利首先归功于上帝；同时，他们也放言，谁若掌控这座城市，便等同于掌握了"世界"的命脉，或至少是罗马帝国的命脉。

130

别样视角之三　改宗

　　从公元610年到941年，历时331年，跨越11代人，此间君士坦丁堡共遭受了10次围攻，平均每31年便遭遇一次。也就是说，每代人都无法幸免于难。这还不包括其他同样频繁甚至更严重的威胁，只是没有最终演变为围攻罢了。这些攻击来自东方、北方、巴尔干半岛以及帝国内部，有的甚至没有任何预兆。这种记录在全球无出其右，凸显了君士坦丁堡的非凡历史地位。这意味着拜占庭政府和君士坦丁堡市民时刻生活在潜在的威胁之中，他们随时都有可能在毫无防备的情况下遭到袭击，且袭击可能来自任何方向。可以说，他们的生活充满了不安和威胁。然而，这也意味着他们积累了丰富的应急经验，一旦遭遇围城，他们知道该如何组织防御、保障物资供应。即使是不那么得力的统治者，如阿纳斯塔修斯二世这样的官僚皇帝和狄奥多西三世这样的税务稽查员，也能从容应对围城。

　　然而，君士坦丁堡城外群敌环伺，从某一角度来看，也是一种莫大的殊荣。试问，还有哪座城市如此令觊觎者梦寐以求，以至于必须时刻警惕，为生存而进行无尽的战斗？到了7世纪，当罗马帝国西部、东部和南部要么被窃取，要么陷入内乱，要么沦为外敌入侵之地时，君士坦丁堡已然成为基督教文明的最后堡垒；它的坚韧庇佑着整个欧洲，同时也将自身的文化影响力投向四方。

　　君士坦丁堡首先击退了波斯人、阿拉伯人和阿瓦尔人的进攻，同时它将整个巴尔干半岛和俄罗斯纳入基督教的版图，其面积甚至超越了罗马帝国的巅峰时期的版图。可以说，所有这些地区的基督教化都源于这座城市。在这场宗教扩张中，唯一的竞争对手是罗马，但彼时的罗马早已腐败不堪、组织松散，毫无抗衡之力。

　　到了9世纪和10世纪，君士坦丁堡的异教徒邻居们开始　131
意识到一神教的优越性。保加利亚人目睹了基督教信仰如何成为这座城市的力量支柱，那些关于上帝在防御中显灵的故事也在口口相传中被越传越神。保加尔可汗克鲁姆（Krum）及其继任者曾俘虏许多战俘，这些战俘都积极劝说可汗的臣民皈依基督教。诚然，在苦难时期，基督教所承诺的救赎和来世生活，比起在和平年代，总是更具吸引力。最终，保加尔可汗们也认识到，接受基督教对巩固自身权力大有裨益；而正统教会尤其擅长支持和强化王权，当然，前提是获得相应的财富回报。

哈扎尔人（Khazars）迈向一神教的道路与众不同。哈扎尔汗国（Khazar khanate）占据了里海（the Caspian Sea）北部的部分草原，与穆斯林和基督教帝国都有着密切的联系。面对这两种截然不同的信仰体系，其可汗审慎地派遣使者深入调查，探寻它们的本质。最终，一场汇聚了基督教、犹太教和伊斯兰教三种一神教信仰的辩论拉开了序幕。出人意料的是，犹太教最终脱颖而出，成为哈扎尔汗国的官方信仰。这一选择背后的考量耐人寻味——故意选择了与两大邻国迥异的宗教。如此一来，他们便能摆脱来自宗教方面的潜在影响。值得一提的是，哈扎尔汗国并未推行宗教排斥政策，而是展现出一定程度的宽容，不仅对其他一神教信仰，对异教和无神论也持开放态度。可汗的这一决定蕴含着深刻的洞察，他意识到，这些一神教体系带有强烈的帝国主义色彩，往往会将征服信徒视为己任。

罗斯人也展开了他们的宗教寻觅之旅，他们需要在伊斯兰教和东正教、天主教之间做出抉择。与此同时，罗斯大公弗拉基米尔（the Russian Grand Prince Vladimir），大力推行异教信仰，为这场宗教角力增添了新的变数。后他被称为"大帝"，部分原因正是由于他在宗教选择上的英明决策。基辅的宗教辩论深受拜占庭帝国的影响。罗斯人无疑铭记着东正教在保加利亚汗国所取得的巨大成功，那里同属斯拉夫一族的保加利亚人、塞尔维亚人等都已皈依东正教。因此，他们对东正教持开放态度。而伊斯兰教则被视为异己，因为它被俄罗斯

的东部邻居伏尔加保加利亚人（Volga Bulgars）和在他们看来
颇为古怪的哈扎尔人接纳。西方天主教也未能入选，部分原因
在丁其被俄罗斯的宿敌波兰信奉。此外，当时的大主教核心罗
马教廷腐败无能，也让罗斯人对其敬而远之。值得一提的是，
冰岛、挪威、丹麦、波兰等国家相继皈依基督教，皈依的时间
分别为：冰岛是在公元 1000 年，挪威是在公元 1030 年之前，
丹麦在 10 世纪，波兰在 10 世纪 60 年代，但都与教皇的倡议
无关。

　　与之相比，东正教则以其独特的魅力征服了调查者。美
妙的音乐、庄严的仪式、恢宏的皇宫、华美的帝袍，以及皇
帝登基时那神奇的机械装置，无不令人赞叹。更重要的是，
东正教是君士坦丁堡这座伟大城市的信仰，俄罗斯人称之为
密克拉迦德（Miklagarth）[①]。这座城市无与伦比，甚至连巴
格达也无法望其项背。它一次又一次成功地抵御外敌入侵，
始终坚定地维护着自身的信仰，成为基督教至高无上的象征。
罗斯人曾两次目睹这座城市的强大、坚韧和对信仰的执着，
深受震撼。

　　基辅大公弗拉基米尔在宗教选择上也面临着家庭压力，
因为他的母亲奥尔加（Olga）早在多年前便已皈依天主教。
然而，更深层次的政治考量才是他做出决定的关键因素。他
深思熟虑了很久才做出决定，所以这很难说是来自母亲的压

---

① 意为"皇城"，是斯拉夫人语言中君士坦丁堡的历史名称。——译者注

力，或拜占庭仪式的炫目迫使他做出决定。最终在公元 980 年年末，他选择了东正教。弗拉基米尔此前曾大力推崇异教，宣扬其比基督教更强大。然而，在皈依东正教后，他下令推翻并焚毁了所有异教圣像。他还接受了洗礼，取名巴西尔（Basil），以示对同时代强盛的拜占庭皇帝巴西尔二世（Basil II）的敬仰。此外，他还要求拜占庭派遣公主与他联姻，以巩固自身统治并建立强大的王朝。

弗拉基米尔大公的宗教选择，一部分是基于当时复杂的政治格局的考量。正如其他类似案例一样，他的决定更多地受到周边势力分布的影响。神学辩论无法让人心悦诚服地皈依基督教，因为进行神学讨论的前提是信仰。个人皈依还可说是源于宗教的救赎承诺，但对于国王、皇帝和王子这样的统治者而言，他们的宗教选择往往基于更深层次的政治考量。拜占庭帝国的强大实力、与其结盟的前景、政治联姻的诱惑，以及君士坦丁堡城本身的宏伟壮观，这些因素都比任何信仰体系更具说服力，也更容易动摇统治者的选择。一旦宗教被选定，神学体系便会随之建立。

第十五章　敌自西北来——保加利亚人

公元 813 年及公元 913—924 年之围

公元 813 年之围

在公元 803 年左右，保加利亚迎来了一位新的可汗，名为克鲁姆。他是该国某个北方族群的领袖，该族群占领了曾为罗马帝国潘诺尼亚（Pannonia）省的领土。克鲁姆因之前击败并捣毁阿瓦尔人的残余势力而声名鹊起，尽管当时阿瓦尔人已在查理曼（Charlemagne）的打击下一蹶不振。克鲁姆通过某种方式，很可能是选举，成为保加利亚沿多瑙河下游两岸主力部队的领导者。他的前任们，均为国土南方的战争领袖，如克鲁姆一般，通过军事胜利脱颖而出；不过，克鲁姆值得大书之处在于，他成功建立了一个统治王朝。

克鲁姆的登基显著增强了保加利亚王国（Bulgar Kingdom）

的实力，一方面是因为他整合了保加利亚各派系，另一方面则要归功于他的个人能力。保加利亚的崛起严重干扰了拜占庭人的安宁。到了公元 809 年，两国之间战争频发，克鲁姆经历了数次败仗，包括首都普利斯卡（Pliska）被攻占并摧毁，这是对他之前攻占并拆除塞尔迪卡（Serdika）要塞的反击。克鲁姆随即回击，攻打了墨森布里亚，一个坐落在黑海海岸的防御重镇。在这场围攻中，克鲁姆得到了一名阿拉伯工程师尤马提奥斯（Eumathios）的协助，此人本属于拜占庭一方，但因为受到吝啬的拜占庭皇帝尼基弗鲁斯一世（Nikephoros Ⅰ）的侮辱和拖欠工资而投奔克鲁姆。墨森布里亚最终沦陷，拜占庭皇帝尼基弗鲁斯一世认为必须回击。于是他再次攻占并焚烧普利斯卡，追击逃往山区的民众，却在一处峡谷中被保加利亚军队伏击。保加利亚军在峡谷两端构筑了坚固的栅栏，成功围困了整个拜占庭帝国军队。接着，保加利亚军队发起总攻，几乎屠杀了所有帝国军人，包括皇帝本人。之后皇帝之子斯陶拉基奥斯（Staurakios）继位，但因伤势过重，数月后便离世。这是拜占庭帝国历史上第二次有皇帝丧生于战场。实际上，由于斯陶拉基奥斯也因此役而亡，因此是有两位皇帝在同一场战争中阵亡。

克鲁姆率军逼近君士坦丁堡。在攻占塞尔迪卡和墨森布里亚这些城市时，他使用了一种特别的战术，即拆毁城墙并将幸存的居民迁移到自己的王国，他很可能想对君士坦丁堡故技重施。然而，塞尔迪卡和墨森布里亚的城墙与君士坦丁堡的城墙根本不可同日而语。克鲁姆及其军队被君士坦丁堡的宏伟城墙所震撼，当然他们并非首支因此而心生退意的军队。他们在附近修筑了一座坚固的营地，接着大肆烧杀劫掠，摧毁一切所能破坏之物。他们甚至还在君士坦丁堡居民的注视下进行了可怖的人类和动物祭祀，不过这种极具心理攻击性的行为除了坚定城内抵抗决心外，未能收到任何实际效果。随后，克鲁姆试图谈判，但新任皇帝利奥五世拒绝了他提出的条件。随着保加利亚人破坏行为的加剧，拜占庭提出议和，建议两位统治者举行一次会晤，均不携带武器，且只允许未携带武器的随从陪同。克鲁姆出于自负同意了此计划，但利奥五世却欺骗了他。不过，利奥五世也犯下了根本性失误，他本试图捕捉或杀死克鲁姆，一切都按计划进行，除了一点，有一位保加利亚人逃出生天，而那正是克鲁姆本人。

　　克鲁姆身负重伤，大为震怒，却并未丧失冷静。他从一开始就很清楚，即便借助尤马提奥斯的攻城器械，也无法攻克君士坦丁堡。他早期之所以大肆破坏，是因为预见到攻城必无法得手。如果不战而退，势必成为耻辱，但现在借愤怒之名，可以结束这场无望的围困，同时搜刮财物。他将自己的军队变成了一台毁灭机器，摧毁宫殿，破坏城墙外所有的居住区，杀害或奴役所能抓到的居民，并焚毁乡村和城镇。他还精心挑选一些建筑饰品，运回去装点他新落成的宫殿。对于拜占庭皇帝利奥五世的和平呼吁，他置若罔闻，一一拒绝。

在成功占领哈德良堡之后，克鲁姆将整个城市的人口集体驱逐，迁至多瑙河以北地区定居，并随军返回保加利亚过冬。拜占庭皇帝利奥五世随后率军出征，成功地击退了一支小型的保加利亚军队。克鲁姆对和平条约仍持拒绝态度，君士坦丁堡城中已有谣言四起，声称他此次将决然毁灭君士坦丁堡。还有传言称他正在建造数量众多的攻城器械，无疑，这些关于器械数量的夸大之词传得满天飞。但是，君士坦丁堡最终幸免于难。在克鲁姆准备启动新一轮攻势之前，他因病离世。

克鲁姆不仅取得了辉煌的军事胜利，更开启了将保加利亚打造为 9 世纪现代国家的进程。尽管克鲁姆对拜占庭帝国充满了仇恨，但他却善于利用战争的成果。他不仅欢迎帝国的逃兵，还俘虏了大量熟练的劳动力，并将他们投入王国建设中，为保加利亚建立了高效的行政体系。克鲁姆还将成千上万的拜占庭臣民掳掠到保加利亚境内。然而，这种做法也植入了潜在的问题。如某些哈德良堡居民被整体安置在保加利亚的某一地区，形成了一个外来且未被完全同化的群体；还有一些人则被分散安置，他们带来了优秀的文化和强烈的宗教信仰，对保加利亚产生了深远的影响。然而，克鲁姆和他的部众仍然信仰着异教，与基督教俘虏形成了鲜明的对比。受反圣像争论影响，这些俘虏的宗教热情高涨，他们开始向保加利亚的斯拉夫臣民和俘虏传播基督教。尽管保加利亚统治者们出于自身利益抵制皈依，就像罗马贵族长期抵制皈依

136

基督教一样，但基督教的影响力却日益扩大，最终改变了整个国家的宗教景观。在接下来的半个世纪里，克鲁姆的几位皇室后裔试图通过迫害来压制基督教的传播，但都以失败告终。最终，他们也不得不屈服于基督教的强大力量。这场文化和宗教的转变，比克鲁姆在战场上的胜利和政治改革产生了更为深远的影响。从某种意义上说，在克鲁姆时代拜占庭帝国尽管未能在军事上彻底取胜，但在宗教政策和社会事务方面却赢得了持久的胜利。

君士坦丁堡成功抵御了保加利亚大军的围攻，这场异常激烈的攻城战进一步巩固了这座城市"天选之城"的地位，也为其日后采取极端手段，如在谈判中企图刺杀保加利亚国王，使用希腊火等提供了借口。此前，保加利亚人已攻陷了多座设防城市，他们将君士坦丁堡视为下一个目标，并对其发起了猛烈进攻。然而，与其他围攻者一样，克鲁姆率领的保加利亚军队在对君士坦丁堡郊区的掠夺中消耗了大量物资和时间，最终被迫撤军。

137

公元 913—924 年的攻城战

经过一个世纪断断续续、未有定论的战斗之后，一场新的拜占庭—保加利亚战争于公元 913 年至 924 年间展开，持续了 11 年。这场战争的主要原因在于保加利亚沙皇西蒙（Symeon，893—927）的野心，他是鲍里斯一世（Boris Ⅰ，

852—889）之子及其第二任继承者，鲍里斯一世是第一位被拜占庭皇帝授予沙皇头衔的保加利亚君主。战争以双方每年交替进行战役的形式展开。这些战役通常以拜占庭的失败告终，并伴随着拜占庭城市的相继陷落，包括哈德良堡的再次失守，当然少数时候会有例外。拜占庭方面的军事行动最初由利奥六世（Leo VI，886—912）的遗孀佐伊（Zoe）皇后指挥，其后由篡位者及继任者罗曼努斯·利卡潘诺斯（Romanos Lekapenos，912—944）①接手指挥；当时的拜占庭皇帝是佐伊与利奥六世之子，有"生于紫室者"之称的君士坦丁七世（Constantine Porphyrogenitos，913—959 年在位）②，而他们是以摄政者的名义行动。

保加利亚人在战场上屡战屡捷，他们的身影一次又一次地出现在君士坦丁堡的城墙之下。公元 913 年，战争再次爆发，部分原因是醉酒的拜占庭皇帝亚历山大侮辱了保加利亚沙皇西蒙的使者，后亚历山大本人很快去世。西蒙率军先取色雷斯，然后直逼君士坦丁堡城墙。君士坦丁堡坚固的城墙再次发挥了威慑作用，西蒙及其军队目睹了这座雄伟城市的

---

① 此处应是原文有误，罗曼努斯·利卡潘诺斯在公元 912 年至 944 年间执政，被称为罗曼努斯一世，而罗曼努斯四世全称为罗曼努斯四世·戴奥真尼斯（Romanos IV Diogenes），于 1068—1071 年在位。按时间线判断这里应是罗曼努斯一世。——译者注

② 此处疑是原文有误，有"生于紫室者"（意为正统嫡系）之称的是君士坦丁七世，公元 913 年 6 月 6 日至 959 年 11 月 9 日在位。而君士坦丁六世在位时间为公元 776—797 年，按时间线判断此处应为有"生于紫室者"之称的君士坦丁七世。——译者注

防御工事，内心受到了极大的震撼。西蒙被眼前的景象所吓倒，并没有贸然发起进攻。在接下来的三年里，西蒙将兵锋转向其他方向，在拜占庭帝国西部边境攻城略地。

公元917年，拜占庭派出一支军队试图阻挡西蒙的进攻。这支军队在阿克洛奥斯（Acheloos）河战役中被彻底击败，保加利亚人再次兵临君士坦丁堡城下。显然，保加利亚人预计，战场上的惨败对拜占庭军力的极大消耗，会动摇皇后佐伊及其顾问的守城决心，认为无须进一步围城或强攻便能确保胜利。保加利亚军队推进至城墙，并在靠近城市的卡塔斯尔泰（Katasyrtai）遭遇拜占庭军队。拜占庭军队再次被击败，这是皇后可调遣的最后一支军队。现在只能倚仗城墙将保加利亚人抵御在外。尽管进行了一些徒劳的谈判，拜占庭却并未投降。此时，西蒙的目标转为通过联姻或领养继承者的方式获取拜占庭帝国的皇位，这种转变在某种程度上表明，他认识到用武力攻占君士坦丁堡难如登天。

公元919年，西蒙率军再次兵临君士坦丁堡城下。这一年，拜占庭帝国经历了一场长达一年的政变，皇后佐伊的政权被罗曼努斯夺得。罗曼努斯曾是一名海军上将，资质平庸且忠诚度不高，然而他却凭借着狡猾的政治手腕，在众多竞争者中脱颖而出，最终登上皇位。西蒙敏锐地察觉到拜占庭内部的政治动荡，认为这是一个削弱帝国防务，夺取君士坦丁堡的绝佳机会。他提出了更加具体的条件：罢免罗曼努斯——此时其正式身份是摄政王，并将自己的女儿嫁给年幼

138

的皇帝君士坦丁七世，从而成为他的岳父兼摄政王。这一条件曾在公元 913 年的协议中提出过，但被拜占庭政府刻意忽略。直到公元 919 年，西蒙才再次提出。然而，西蒙的如意算盘却落空了，他的要求遭到拜占庭所有派系的断然拒绝。为了进一步羞辱西蒙，罗曼努斯还宣布将自己的女儿玛丽亚（Maria）嫁给君士坦丁七世。讽刺的是，正是西蒙的挑衅，最终将罗曼努斯推上了皇帝的宝座。与此同时，拜占庭方面拉拢塞尔维亚王子，怂恿其从北方对保加利亚发动进攻，迫使西蒙不得不撤军回国，于是在公元 920 年一整年西蒙都无暇进攻君士坦丁堡。

西蒙在公元 921 年率兵重返君士坦丁堡，再次要求罗曼努斯交出皇位，由他来接管权力。拜占庭帝国派出一支军队迎战，在一次小规模冲突中给予西蒙的部队迎头一击，迫使西蒙撤回，暂时解除了君士坦丁堡遭围城的威胁。拜占庭通过宗教牧首（the patriarch）提出的和谈建议遭到拒绝。公元 922 年，西蒙的军队再次进攻，肆意侵袭金角湾北侧博斯普鲁斯海岸的土地，轻松击败了一支匆忙组织起来的拜占庭军队，这支部队原本是被派出来保卫罗曼努斯在佩盖（Pegai）的行宫的。保加利亚人击溃了那支拜占庭军队并摧毁了宫殿。拜占庭人从君士坦丁堡出击并取得小胜，但并不足以使任何一方屈服，并达成和平；此外，双方对和平条件仍然无法达成一致。

公元 923 年，西蒙率军兵临色雷斯，距离哈德良堡不远。

他将哈德良堡团团包围，这场围攻持续了一段时间。拜占庭守军顽强抵抗，但最终在饥饿的折磨下被迫投降。然而，拜占庭皇帝罗曼努斯却并未采取任何救援行动。西蒙此次使保加利亚军远离君士坦丁堡，可能意在迫使拜占庭军队出城救援。当然，西蒙围攻哈德良堡也给了罗曼努斯喘息之机。他趁机拉拢塞尔维亚，促使他们再次从北方进攻保加利亚。最终，西蒙再次被迫撤军。

如果说战争的目标是恢复和平，那么这些连绵无尽的征战无疑让双方都感到疲惫不堪，且始终未能达成一致。不过，这也确实促使双方采纳了新的战略。罗曼努斯拒绝援助被围的哈德良堡，虽对勇敢的守军及其指挥官是残酷的背弃——后者甚至惨遭酷刑而死，但这一决策在更宏观的层面上是合理的，使得君士坦丁堡再一次免受严重威胁。同样地，西蒙在明显未能取得任何成果的情况下依然对色雷斯多次发动侵袭。显然，他已经充分认识到实现战略目标或夺取君士坦丁堡难以实现，所以才另辟蹊径。拜占庭与远方盟友合作的战略——两次与塞尔维亚人合作，同时还与马扎尔人（Magyars）、罗斯人和佩切涅格人这些保加利亚人的邻居进行谈判，开始逐渐取得成效。西蒙尝试采取同样的战略，与非洲的法蒂玛哈里发（Fatimid caliph）结盟，但后者被罗曼努斯轻易收买。拜占庭的外交传统远比西蒙的方法更为有效和灵活。最后可能是因为西蒙意识到拜占庭外交策略可能奏效，也可能是进一步认识到君士坦丁堡城墙的强大防御力，他开始了实际的和平谈判。

拜占庭皇帝罗曼努斯也意识到，继续派遣军队作战只会徒劳无功。他在战争中已失去了一些如哈德良堡这样的重镇，如果继续军事对抗，可能会丧失更多的领土，使拜占庭帝国国力衰弱下去。他决定在谈判中对西蒙施加压力，迫使他做出让步。当然，最主要的目的是促成和平，避免更多的损失。两国领导人选择在君士坦丁堡城墙外一个临时搭建的码头上进行面对面谈判。为了防止意外发生，码头上还特意修筑了一道临时隔离墙。这段历史不禁让人联想起一个多世纪前克鲁姆被伏击事件，可见双方对安全的重视程度。谈判过程中，罗曼努斯对西蒙进行了严厉的指责，西蒙选择了承受罗曼努斯的责难。最终，拜占庭同意向保加利亚支付一笔赔款，以换取和平。这场漫长的战争终于终结。

三年后，西蒙去世，其子彼得（Peter）即位，但他并无扩张之志。保加利亚王国的基础几乎全依赖于持续的战争，只有在战争领袖的统率下才能维持统一。因此，彼得的和平政策导致了保加利亚国力的急剧衰退和国家稳定的迅速动摇；此后，保加利亚不再对君士坦丁堡构成直接威胁。

在数年战争期间，西蒙至少四次率军兵临君士坦丁堡城下，对这座城池构成了威胁。然而，这些攻城战却并非传统意义上的围攻，因为它们持续的时间都很短。另外，他率领军队在君士坦丁堡城外色雷斯地区进行频繁地劫掠和骚扰，对拜占庭军队形成了巨大的心理威慑，迫使他们不敢轻易出城作战，只能龟缩在城墙内进行防御。因此，实际上，西蒙通过持续不断的军事威胁和心理威慑，对君士坦丁堡形成了长期的压力，这或多或少相当于围攻。然而他发现，即便如此，也无法撼动君士坦丁堡坚不可摧的城墙，城墙对城市的防御作用远胜于拜占庭帝国军队。最终，西蒙还是通过和平协商实现了诉求。

141

第十六章　敌自北方来——罗斯人

公元 860 年及 941 年之围

公元 860 年 6 月，一支维京军队突然出现在君士坦丁堡城前，令市民及拜占庭政府措手不及。当时，拜占庭皇帝正在东部与阿拉伯人交战，海军也出城作战。据报道，一支大约 200 艘船只组成的敌方舰队忽然出现在博斯普鲁斯海峡的北部入口。登陆后，敌军在海峡两岸进行了劫掠和破坏，随后威胁并攻击君士坦丁堡。他们驶过海墙，挥舞利剑，口出侮辱性或攻击性的狂言。他们在马尔马拉海沿岸及王子群岛（Princes' Islands）大肆掠夺后，由来时的路线返回。拜占庭人后来宣称这支舰队在黑海遭遇风暴并全军覆没，但这很可能是他们的一厢情愿和宣传手段。

尽管牧首佛提奥斯（Photios）声称这次袭击如同"霹雳"般突然，但拜占庭人不应对这次袭击感到意外。在过去 20 年里，这些人曾多次对安纳托利亚北部海岸发起小规模袭击，而且在公元 838 年，一支由罗斯人（斯堪的纳维亚人的一支，在俄罗斯建立了新的国家）组成的斯堪的纳维亚代表团访问了君士坦丁堡，寻求商业合作。由于乌克兰草原地区的动荡，他们无法直接向北折返，于是拜占庭皇帝安排他们通过西欧返回，他们的行程被法国的一位编年史家所记录，他们还接受了东法兰克国王奥托二世（Otto II）的问询。因此，很可能是这些使节对拜占庭财富的描述，诱发了公元 860 年的袭击。

也许正是这些相互关联的事件，构成了关于罗斯人在公元 907 年至 911 年的记录的基础，这些记录在一个世纪之后或更晚时间编撰，明显带有虚构成分。记录中称，在罗斯公国（基辅为其首都）统治者奥列格（Oleg）的指挥下，罗斯人对君士坦丁堡发起了大规模的袭击。这一记录详细描绘了这次突袭获得的财富，军队的英勇表现和成就。然而，唯一问题是，目标地君士坦丁堡没有任何人察觉到此次袭击。因此，可以断定此次袭击实际并未发生。公元 911 年，罗斯使节再次访问君士坦丁堡，并达成了一项商业条约，规定罗斯商人可以在此进行交易，购买规定数量的商品。据推测，公元 907 年的袭击可能只是编年史作者或其最初提出者认为，只有通过武力，才能与拜占庭当局达成协议。当然，这样的推测自有其道理，因为后来发生的情况证明了这一点。实际上，对袭击的描述也暗示了公元 907 年曾有过一次协议。因此，虽然有两份允许罗斯人在君士坦丁堡进行贸易的商业协议，但

142

公元 907 年的袭击事件却并不存在。

寻觅罗斯维京人对君士坦丁堡的真正攻城记录难上加难，他们确实抵达了这座城市。公元 860 年的袭击仅仅是一次劫掠，并没有对城市本身发起大规模攻击，不过周边地区遭受了严重损失，因此被归类为围攻。公元 907 年的"袭击"很可能根本没有发生；这个故事极有可能是对一次正式访问的歪曲夸张之辞，来访者或许是奥列格王子，更可能是他的使者，目的是缔结和平的贸易条约，并在四年后再一次进行谈判补充了条约。维京人的形象开始显得出奇地平常和合理。

要理解罗斯维京人，首先需要了解他们的历史背景。来自瑞典的维京人早已熟悉波罗的海东部海岸及其河流，包括今天的爱沙尼亚、拉脱维亚和波兰沿海地区。到了 8 世纪中叶，他们沿着向北流入波罗的海和芬兰湾（the Gulf of Finland）的河流建立了贸易据点，其中最著名的是位于洛瓦季河（the River Lovat）上的旧拉多加（Staraia Lagoda）。这条河流提供了通往南方的便捷通道。一个世纪后，以诺夫哥罗德（Novgorod）为中心的罗斯公国（位于洛瓦季河上游，更靠南）在维京王子的统治下逐渐形成。商人和劫掠者们沿着河流一路南下，最终抵达了战略要地基辅。在那里，两名维京首领建立了自己的统治。公元 860 年，正是从基辅出发，罗斯维京人发动了对君士坦丁堡的第一次大规模袭击。这次行动很可能是罗斯人意识到基辅的战略位置所带来的机遇而发起的。基辅位于第聂伯河畔，北接森林，南临草原，是连接南北的重要交通枢纽。沿着这条河流，维京人可以轻松抵达黑海，并顺流而下，最终将目光投向了拜占庭帝国的首都君士坦丁堡。（他们对君士坦丁堡的了解很可能来自早期的信息，例如，公元838年使节的报告，以及9世纪40年代和50年代的小规模袭击。）到公元907/911年，基辅公国已经完全建立并组织起来，其统治形式带有掠夺性。其领土也得到了极大的扩张，吞并了诺夫哥罗德公国，版图从芬兰湾延伸至基辅草原边缘。对于罗斯公国来说，与拜占庭帝国签订商业条约是获得政治合法性和南方贸易机会的重要一步。这不仅是罗斯统治下的各个被征服部落的共同目标，也是拜占庭帝国势力范围内其他国家所期望的。

罗斯维京人对君士坦丁堡的突袭和造访，促成了两国之间的贸易往来，根据公元907/911年签订的条约，罗斯商人每年都会定期访问君士坦丁堡并进行贸易。另外，拜占庭政府开始深入调查罗斯政权的内部情况和地理位置，并着重分析其弱点。同时，拜占庭还积极与罗斯的敌对势力建立联系，以防范类似公元860年的大规模袭击的再次发生。在拜占庭人的眼中，罗斯代表了北方传统势力的新兴力量，尽管其前身是像匈人、库特里古尔人和佩切涅格人这样的游牧民族。拜占庭认为，罗斯政权与其他北方强权一样，可以通过巧妙的政治手段加以操控。

公元941年的袭击似乎是外交操纵的产物，其中拜占庭人成了牺牲品。据称，基辅王子伊戈尔（Igor）被哈扎尔汗国可汗击败后，可汗建议他转攻拜占庭帝国。伊戈尔付诸行动，其攻势颇具试探性。他并未直接攻击君士坦丁堡，罗斯人驾驶众多船只，在博斯普鲁斯海岸及北安纳托利亚海岸进行了几个月的持续袭扰。尽管他们并未真正在君士坦丁堡近郊扎营，但这些行为几乎达到了围攻的程度，让城内居民感到极度恐慌，且逃离无门。最终，拜占庭皇帝调集了装备希腊火的舰队，成功驱散了侵略者。

公元 941 年，罗斯维京人对君士坦丁堡发动袭击，其性质与公元 860 年和 907 年的行动并无太大区别，也非蓄谋已久的攻城行动。从一开始，这次突袭的目的就是获取一项新的商业条约。三年后，拜占庭帝国与罗斯签订了新的条约，内容在很大程度上沿袭了旧约，但也对一些条款进行了修订，以解决旧约执行过程中出现的问题。这表明，除了受到哈扎尔可汗的挑唆（伊戈尔对此心知肚明）之外，罗斯发动袭击的目的始终是促使拜占庭帝国更新旧约。原条约有效期可能是 30 年，与同时期拜占庭帝国其他条约的期限一致。

这一假设还与伊戈尔的继承者斯维亚托斯拉夫（Svyatoslav）在 10 世纪 60 年代对保加利亚王国发动的军事行动有关。拜占庭皇帝尼基弗鲁斯二世·福卡斯（Nikephoros Ⅱ Phokas, 963—969 年在位）和约翰·齐米斯基斯（John Tzimiskes, 969—976 年在位）都密切关注了他的行动。斯维亚托斯拉夫占得上风后，拜占庭给居住在乌克兰草原上的游牧民族佩切涅格人传递消息。这促使他们对基辅发动攻击，迫使斯维亚托斯拉夫中断在巴尔干半岛的军事行动，返回并保卫基辅。但之后，他再次回到巴尔干进行征战，而这一次他必须面对拜占庭军队，但他显然并不想与之交战，最终同意撤出保加利亚王国。这次协议在间隔了 30 年后重申了公元 941 年的商业条约。在返回基辅的途中，斯维亚托斯拉夫被佩切涅格人伏击。没有记录显示这是出于拜占庭皇帝的授意，不过如果真是如此，也不足为奇。当然，也可能只是佩切涅格人习惯了伏击敌人。

罗斯与拜占庭帝国的关系，从一开始就深深地烙上了商业的印记。罗斯维京人对拜占庭的突袭，既是为了获取战利品，也是为了开拓贸易通道。事实上，掠夺似乎只是他们行动的附带目的。尽管如此，罗斯维京人从未放弃过攻占君士坦丁堡的野心。如果有合适的机会，公元 860 年和 941 年的袭击者们绝不会放过。

145

很难将罗斯与拜占庭之间的冲突归类为围城，尽管罗斯和拜占庭的原始资料都如此描述，但事实似乎并非如此，当然这并非第一次出现这种情况。公元 907 年的袭击可能根本没有发生，斯维亚托斯拉夫的行动也并未真正威胁到君士坦丁堡，甚至都未逼近城墙。人们通常认为，任何在巴尔干半岛征战的军队的最终目标都是攻占君士坦丁堡，但君士坦丁堡强大的防御线会让他们无功而返。公元 860 年的袭击更像是蓄谋已久的劫掠。尽管未能攻破城池，但拜占庭及其周边地区还是蒙受了巨大损失。公元 941 年的袭击则是另一场漫长的拉锯战。罗斯军队并未直接攻城，而是通过一系列的劫掠和海上封锁对君士坦丁堡施加压力，最终在一场全面海战失败后才被驱逐。因此，这两次战事可称为非典型"围城"，给君士坦丁堡人民带来了巨大的恐惧和损失。

146

第十七章 敌自西方来——第一次十字军东征

公元 1097 年之围

在公元 941 年罗斯人突袭后,拜占庭帝国迎来了一段显著的扩张期。首先割占了保加利亚王国的东半部领土,然后,在皇帝巴西尔二世的一系列铁血征战下,整个保加利亚王国被完全吞并。从地图上看,这一行动将拜占庭在欧洲的边界扩展到了多瑙河和巴尔干半岛的西北部,但被征服地区因战火而人口凋零,难以恢复元气。在东部边疆,拜占庭亦取得了一些进展,但代价是更加频繁的战事和放弃精心构建的边防体系。与此同时,叙利亚的长期混乱和内战,虽然可能会分裂和削弱阿拉伯人的力量,但也使拜占庭帝国难以维持与当地的和平关系。

巴西尔二世的离世,为拜占庭帝国拉开了衰落的序幕。过度膨胀的地主阶级为了逃避税收,将曾经构成拜占庭军队骨干的农民变成农奴，帝国政府也陷入了持续的动荡和纷争。1025 年巴西尔二世驾崩后，拜占庭帝国的敌人获得喘息之机，因为拜占庭的军事实力日益衰弱，帝国内部的政治斗争也愈演愈烈。从 1028 年开始，在接下来的半个世纪里，拜占庭经历了频繁的政权更迭，15 位皇帝和皇后轮番登场，但王朝继承却出现了断层，在 1028 年至 1081 年间，只有一个成年皇储成功即位。

在这段时期，君士坦丁堡并未遭受新的围城战，但也面临了一些袭击，尤其是来自北方草原的佩切涅格人或库曼人（Cumans）的突袭。他们侵入了色雷斯地区，但并未对君士坦丁堡构成直接威胁。1043 年，罗斯人曾对君士坦丁堡发动袭击，但这座城市再次幸免于难。然而，频繁的皇位争夺战，给君士坦丁堡带来了无尽的纷扰。

147

1047 年，君士坦丁堡的围攻迫在眉睫。叛军领袖利奥·托尔尼基奥斯（Leo Tornikios）曾一度直逼城下，意图攻城。然而，皇帝君士坦丁九世（Constantine IX）临时组织了一支由刑释囚犯组成的防卫队伍，成功地阻挡了他的进攻。历史学家米海尔·普塞洛斯（Michael Psellos）在描述这一危机时提到，虽有零星的战斗，但双方更多是在相互辱骂。普塞洛斯还提到，托尔尼基奥斯准备了攻城器械，但并未明确指出是否将其投入实战。托尔尼基奥斯原本期待城中内应的支持，但这一期待落空，而他显然未做好进行长时间围攻或迅速突袭的准备，最终叛乱行动就此烟消云散。

然而，有时内部阴谋确能奏效。例如，在 1057 年，伊萨克·科穆宁（Isaac Komnenos）在尼科米底亚战役中击败了皇帝米海尔六世（Michael VI）的军队，随后被立为皇帝。两年后，普塞洛斯自己也卷入了一个阴谋，成功说服了疾病缠身且无人支持的伊萨克一世，让他指定君士坦丁十世·杜卡斯（Constantine X Doukas）即位。在这一时期，控制君士坦丁堡便等同于掌握了成功的钥匙。没有控制城市的阴谋家通常都会失败。由于这些皇位竞争者通常能从城内获得支持，所以并没有发生围城战。但是，当权力争斗者聚焦于争夺君士坦丁堡控制权并与内部敌人厮杀竞逐时，帝国的其他部分却在悄然崩溃。

巴尔干半岛上，佩切涅格人和库曼人的定居不仅促进了该地区的人口复苏，还逐渐削弱了拜占庭帝国的影响，助长了地方自治的趋势。而在亚洲方面，1071 年，罗马边界在曼齐刻尔特（Manzikert）战役后遭到严重破坏，拜占庭皇帝罗曼努斯四世·戴奥真尼斯（Romanus IV Diogenes）的惨败让这一漏洞未能得到修复。在随后的几年里，拜占庭军队无力阻止大量土耳其人迁徙至安纳托利亚腹地。同时，多支拜占庭军队互相猜忌，密谋推动各自的将领登上皇位。到 1081 年，当能干的新皇帝阿历克塞·科穆宁（Alexios Komnenos）——短命皇帝伊萨克一世的侄子——登基时，大部分亚洲地区皆已失守，帝国对巴尔干的控制也变得极为脆弱。雪上加霜的是，此时士麦那的土耳其统治者组织了一支舰队出征，差点就统治了整个爱琴海。

阿历克塞是自巴西尔二世之后，首位在位时间超过 30 年
的皇帝，也是一位能力出众的君主。他首先着手解决巴尔干
半岛的威胁，成功击败了近乎自治的库曼人和佩切涅格人。
随后，他将幸存的佩切涅格人招募进自己的军队，作为轻骑
兵补充兵力。当然，这是罗马人和拜占庭帝国的一贯做法，
也是所有帝国的一贯做法，这成为阿历克塞拯救拜占庭帝国
后续行动的基础。他向罗马教皇求助，希望得到一批可控的
雇佣军。此时，教皇的权威正处于上升时期，教皇乌尔班二
世（Urban II，1088—1099）被赶出罗马后，在法国积极游说
欧洲各国，鼓吹十字军东征。阿历克塞早已拥有一支由西方
雇佣兵组成的瓦良格卫队（Varangian Guard），其中包括维
京人、法兰克人和诺曼人。卫队中最著名的成员之一是哈拉
尔·哈德拉达（Harald Hardraada），他后来回到故乡挪威，
敛得的财富足以与国王媲美，不过这是后话。此时，士兵主
要是盎格鲁—撒克逊人，他们因诺曼征服而流离失所，作为
雇佣军在拜占庭服役。此外，阿历克塞还招募了佩切涅格人
和土耳其人等雇佣兵，使拜占庭军队逐渐成为一支多民族
部队。

拜占庭帝国四面楚歌，深陷于快速扩张国家常见的命运
而挣脱不得：战线过长，没有足够的军力来妥善保卫其扩张
的领土和延长的边境线。因此仅仅曼齐刻尔特战役的一次失
败就导致了全面崩溃。在 11 世纪中期，帝国的统治者们往往

缺乏足够的军事或政治能力来妥善治理和保卫国家，他们更多关注于维护自身统治，而其中多位统治者年事已高或身为女性，除了偶尔有人有为官经验外，几乎没有任何政治、军事背景。事实证明，巴西尔二世留下的辽阔疆域难以维持。到了 11 世纪末，土耳其人已经征服了安纳托利亚至比提尼亚的尼卡亚一带，而人口锐减的巴尔干半岛，历经几个世纪的入侵和破坏性劫掠后，已无法提供足够的军力来收复这些领土。西欧拥有大量的军事人才，阿历克塞在自己的卫队中及作战时就曾遇到过这样的士兵，佛兰德伯爵（the Count of Flanders）借给他的 500 名佛兰德骑士（Flemish knights）就是最好的例子。因此，阿历克塞向西方呼吁，请求其为拜占庭帝国的基督教信仰给予帮助。

149

　　阿历克塞得到的回应出乎所有人意料。此时教皇本人在意大利也深陷麻烦，于是他借此机会，利用阿历克塞的援助请求，以及圣城耶路撒冷正面临更多穆斯林侵略者和巴勒斯坦战争的威胁，逃离了罗马，开始了在法国的传教之旅（他本人是法国人），成功地说服了大量人加入东征的行列。然而，这并非为了保障拜占庭帝国的存续，而是为了——在他们看来——从敌人手中解救圣地巴勒斯坦，尤其是耶路撒冷。而与之相对的，君士坦丁堡的拜占庭人认为他们所居才是真正的圣城，保证其安全比夺回耶路撒冷的控制权更为重要。这一最初的误解或是被模糊处理，成了后来众多问题的根源。

　　阿历克塞原本希望招募雇佣军，以收复他在亚洲失去的领土。然而，却意外地迎来了一群来自西方的庞大军队，这些军队由各自独立的指挥官率领，目标是穿越拜占庭领土前往巴勒斯坦。这些特遣队的领导人提前向阿历克塞通报了他们的到来，给了他一些准备时间。然而，还有一些不成组织的团体，他们并非正规军队的士兵，而是一群由城镇居民和农民组成的乌合之众，通常被称为"平民十字军"（People's Crusade）。这些人受到教皇布道的影响，怀揣着宗教狂热，盲目地踏上了东征之路。

第一批东行的就是这些组织混乱的团队，他们主要聚集在莱茵兰地区。这些人缺乏纪律，饥饿难耐，缺乏领导。其中一个庞大的群体抵达了匈牙利，其由于恶劣行为，被当地的皇家军队消灭。隐士彼得（Peter the Hermit）和沃尔特·桑萨瓦尔（Walter Sans-Avoir）带领的第二个团队，沿途会聚了第一批的幸存者，终于抵达君士坦丁堡，但由于他们行为粗鲁，阿历克塞迅速将他们转运到亚洲。这些人在他们的家乡莱茵兰进行了针对犹太人的屠杀，并在旅途中数次与拜占庭军队发生冲突，拜占庭军队当时正保卫城镇和村庄以防被这些人劫掠。而在君士坦丁堡，他们在城墙外搭建营地，对郊区造成了极大破坏。这些屡教不改的盗贼随后从迦克墩开始，一路掠夺至尼科米底亚，此时的尼科米底亚历经土耳其人占领后，已是一片废墟。之后他们在奇博托斯（Cibotos）扎营，并称其为西维托特（Civetot）。

最终，平民十字军这个松散的组织彻底瓦解。他们按照民族划分阵营，德国人和意大利人对阵法国人。这些乌合之众受制于民粹主义领袖或煽动者，显然无法接受任何真正的专业领导。德国人先行一步，占领了一座废弃的城堡，但很快被土耳其人围困。最终，他们被迫投降，并遭到屠杀或奴役。法国人则从西维托特突围，意图攻击尼卡亚，因为听说幸存的德国人正在那里瓜分缴获的战利品。然而，他们只前进了三公里就遭到伏击，全军覆没。拜占庭皇帝的舰队救起了残余的十字军士兵，并将他们带到君士坦丁堡。出于安全考虑，皇帝只允许他们在城外扎营。

在经历了之前的纷乱后，组织更为严密、指挥更加得力的十字军团体最终在 1096 年 1 月至 1097 年 5 月间陆续抵达。拜占庭皇帝阿历克塞从早期团队的行为中吸取经验，预先准备了补给，以防止他们四处劫掠和盗窃，并且动员了佩切涅格雇佣兵来沿途指挥和控制他们。幸运的是，这些团队是分批抵达的，这使得阿历克塞能够逐一处理。大部分团体尽管都由自己熟悉的领导者指挥，举止较为理智，但仍可能因某些不满爆发。好在佩切涅格雇佣兵对他们进行了有效管控。

第一批抵达的十字军的领袖是布永的戈弗雷（Godfrey de Bouillon），他带领着洛林人（Lorrainers）。这也是最棘手的一支队伍。阿历克塞要求戈弗雷宣誓效忠，以确保这支队伍按照他的意图行事，但戈弗雷表示抵触。戈弗雷有自己的理由，他已经向德意志皇帝宣过誓，同时向两位皇帝效忠可能产生冲突，尽管这两位皇帝的地理位置相隔很远。面对戈弗雷的固执，阿历克塞减少了整个团队的补给。而作为回应，十字军开始蹂躏郊区，这实质上是重现了之前平民十字军的无序行为。这一行动最终演变成对君士坦丁堡的正式围攻，他们重点攻击了城墙较弱的布拉赫奈宫区域。在阿历克塞多次尝试和谈被无视后，他派遣帝国军队迅速平息了围城战。这一突然的变化使戈弗雷重拾理智，他很快便同意将部队转移至亚洲，接受补给，并在那里等待其他十字军团的到来。

君士坦丁堡城内的居民深信，十字军的围攻是为了夺取这座城市，并拥立戈弗雷为皇帝。他们的猜测可能并非事实，但如果十字军真的攻破了城门，他们必定会被残忍地劫掠。此前在城郊的所作所为已经充分暴露了十字军的野蛮和贪婪。一旦财富唾手可得，戈弗雷很可能会抵挡不住皇位的诱惑。（最终，他违背了意愿，在耶路撒冷加冕为王，并自称"圣墓守护者"。他的弟弟则毫不犹豫地登上了王位。）这座城市的富庶景象令所有目睹的十字军战士垂涎欲滴。他们只能以小规模的旅游团形式，在严格的监管下进入城市，但即使如此，眼前的景象也足以激发他们更强烈的贪婪。

后续到达的十字军团包括图卢兹的雷蒙（Raymond of Toulouse）领导的普罗旺斯人（Provencals），接着是诺曼底的罗贝尔（Robert of Normandy）和布卢瓦的斯蒂芬（Stephen of Blois）带领的来自法国北部的诺曼人和法国人，紧随其后的是塔兰托的博希蒙德（the Bohemond of Taranto）领导的来自意大利南部的诺曼人。此外，还有许多来自法国和意大利的小型独立团体，他们倾向于与讲同一种语言的其他团体抱团。这些十字军团组织相对良好，领导也较为称职。他们陆续经由不同的路线来到君士坦丁堡，一路行来也给沿途区域造成很多麻烦。阿历克塞迅速进行组织，将他们高效而谨慎地转移到了亚洲。在那里，他们遭遇了装备精良的土耳其军队，但作为十字军中经验和军事技能都很出众的军团，他们谨慎明智地前往巴勒斯坦和耶路撒冷，出乎所有人，包括他们自己的意料，在 1099 年成功到达并占领了这些地区。当他们穿越小亚细亚时，一支拜占庭军队跟随他们，控制了征服的土地，将拜占庭的边境大幅推向东部。最终，阿历克塞巧妙地利用这些西方的士兵为自己谋取了利益。

从 1071 年曼齐刻尔特战役中拜占庭战败到 1099 年十字军攻占耶路撒冷，这一系列事件深刻地改变了东地中海地区的政治和军事格局。对君士坦丁堡而言，这预示着未来的趋势：在接下来的几个世纪里，越来越多的西方人将踏上这片土地。对拜占庭皇帝阿历克塞来说，十字军的东征为收复小亚细亚部分失地提供了契机。他积极利用这一有利形势，收复了部分失地。然而，拜占庭的复兴并非建立在自身实力的增强之上，而是主要得益于外部敌人的削弱。因此，这种复兴也极其脆弱，且难以长久。

152

毫无疑问，将 1097 年发生在君士坦丁堡的事件归类为围城是合理的。洛林人的攻击虽然只持续了几天，但这已成为拜占庭人与十字军关系破裂的最后一击。之前，"平民十字军"与拜占庭冲突不断，严重破坏并洗劫了君士坦丁堡郊区，导致市民在这帮盗贼和抢劫者出没期间无法外出。洛林人在正式展开围攻之前，首要行动便是再次摧毁郊区，抢走了"平民十字军"尚未劫走的财物。整个事件显然持续了数周，使得君士坦丁堡市民被限制在城内，生活供应日趋紧张。这显然是一场围城，尽管其断断续续地展开，似乎与围城这个称谓不相匹配。最终，阿历克塞派军平息了这场风波，围城以正规战斗告终。

第一次十字军东征，特别是布永的戈弗雷率领的军队与拜占庭帝国皇帝阿历克塞的交锋，充满艰险，为下个世纪拜占庭与西方之间的一系列冲突埋下了伏笔，尽管其暴力程度有所不同。1147 年，第二次十字军东征的两支大军浩浩荡荡地开赴巴尔干半岛，目标是征讨巴勒斯坦的穆斯林。然而，在抵达目的地之前，他们必须穿越希腊东正教徒聚居的巴尔干地区，最关键的是，需要经过或绕过君士坦丁堡。第一批十字军在君士坦丁堡遭遇的猜疑和短暂围攻，为这些后来者的到来奠定了基调，也预示了未来拜占庭与西方之间充满冲突与猜疑的政治格局。

拜占庭政府及君士坦丁堡居民均强烈怀疑，在这些新到达的十字军中，有一些人实际上图谋攻击并占领君士坦丁堡，而非前往巴勒斯坦。在 1188 年第三次十字军东征期间，他们仍然抱有这种疑虑，当然，15 年后的第四次十字军东征最终证实了他们的疑虑。

　　1147 年第二次十字军东征的军队并非像第一次那样，由自发热情的西方二等贵族率领，而是由德意志选帝侯（Emperor-elect）康拉德三世（Conrad Ⅲ）和法国国王路易七世（King Louis Ⅶ）亲自领军，他们是当时西欧最具权势的统治者。康拉德三世率领的德意志军队率先抵达君士坦丁堡。他们在巴尔干半岛遭遇了重重困难，不仅要与当地农民和拜占庭军队交战，还不得不为补给物资四处奔波，因为拜占庭皇帝曼努埃尔（Manuel）承诺提供的物资迟迟未到。曼努埃尔建议德意志军队从达达尼尔海峡渡海进入亚洲，但康拉德三世对此置之不理。当德意志军队接近君士坦丁堡时，他们与拜占庭军队发生冲突。根据拜占庭编年史学家的记载，这场战斗以拜占庭军队的胜利告终，但德意志军队并未因此停下脚步，他们继续向东进发。

　　事实上，这是唯一一次严重的冲突，德国十字军经博斯普鲁斯海峡顺利转移到亚洲，而非先前建议的达达尼尔海峡。路易七世没有经历康拉德三世的种种困境，他的军队在穿越巴尔干半岛时得到了充足的补给。在君士坦丁堡，他多少受到了欢迎，拜占庭皇帝还亲自带领他参观了这座城市，随后他迅速跟随康拉德三世的步伐进入亚洲。 40 年后，康拉德三世的继承者，神圣罗马帝国皇帝腓特烈一世·巴巴罗萨（Frederick Ⅰ Barbarossa）采取了相同的路线，但面对的拜占庭皇帝是伊萨克二世（Isaac Ⅱ），他不像曼努埃尔那般熟练或坚定。伊萨克二世和君士坦丁堡的居民对城市可能面临的威胁感到担忧，当腓特烈一世在哈德良堡停留并在那里过冬时，这种担忧进一步加剧了。最终，经过几场小规模冲突后，腓特烈一世被说服在达达尼尔海峡进入亚洲，而之前的康拉德三世曾拒绝过这一提议。腓特烈一世及其军队因此远离了君士坦丁堡，让这座城市得以再喘息几年。

154

第十八章　敌自西方来——第四次十字军东征

1203 年及 1204 年之围

在十字军第一次东征并穿过君士坦丁堡后的 90 年里，科穆宁王朝的历任罗马皇帝都不得不应对十字军东征带来的复杂局面。更重要的是，他们必须面对这样一个事实：十字军东征本身就是土耳其人进军安纳托利亚的结果之一。当年，阿历克塞一世曾向西方寻求援助，希望十字军能够帮助君士坦丁堡抵御外敌。然而，十字军们却将目标转向了巴勒斯坦，留下一片混乱的安纳托利亚半岛。经过长达半个世纪的动荡，该地区最终才逐渐走向稳定。其中，拜占庭帝国的务实外交政策发挥了重要作用。到 1180 年，阿历克塞一世的孙子曼努埃尔一世·科穆宁（Manuel I Komnenos）去世时，塞尔柱（Seljuk）王朝已经建立起一个相对稳定的苏丹国（Sultanate），以小亚细亚中部的科尼亚城（Konya）为中心，控制着安纳托利亚东部、中部和南部部分地区。与此同时，拜占庭帝国则牢牢掌控着安纳托利亚西部、北部以及巴尔干半岛。值得一提的是，两位统治者曼努埃尔一世（1143—1180）和苏丹基利杰·阿尔斯兰二世（Kilij Arslan II，1156—1192）之间建立了良好的关系，甚至成了盟友。这在很大程度上得益于两国君主都像他们的前任一样福寿绵长，并在位多年。

另外，在科穆宁王朝时期，拜占庭帝国首都君士坦丁堡的人口构成发生了显著变化。来自意大利商业城市如威尼斯（Venice）、热那亚（Genoa）和比萨（Pisa）的船只掌控了东地中海的贸易命脉，他们在意大利和巴勒斯坦建立了贸易基地，并活跃于君士坦丁堡和整个拜占庭帝国，从事着繁荣的贸易活动。这些意大利商人也纷纷在君士坦丁堡这座繁华的都市定居。其中，威尼斯人的身影尤为活跃。严格来讲，威尼斯是拜占庭帝国的一部分，是 6 世纪查士丁尼大帝重新征服意大利后保留的最后一块领土。这一特殊地位赋予了威尼斯商人作为帝国公民的诸多特权，包括优惠政策和税收豁免。此外，一项古老的条约更使他们获得了巨大的利益。相比之下，来自比萨和热那亚的商人数量虽不及威尼斯人，但也占据着重要地位。然而，这些意大利商人群体之间却暗藏着激烈的竞争。1162 年，威尼斯人和比萨人联手洗劫了热那亚人在加拉达的商馆。1170 年，威尼斯人故技重施，到了1171 年，拜占庭皇帝曼努埃尔一世则逮捕了所有在君士坦丁堡的威尼斯人。这两起事件最终以谈判和赔偿告终，但同时也凸显了威尼斯人的势力与皇帝不分伯仲。意大利商人除彼此间相互竞争，与拜占庭人，尤其是君士坦丁堡居民的关系也十分复杂，充满了摩擦和矛盾。

在约翰二世·科穆宁（John Ⅱ Komnenos，1118—1143年在位）[①]和曼努埃尔一世两位皇帝的统治下，拜占庭帝国总体上保持着表面的平静。然而，君士坦丁堡内部的紧张局势却逐渐加剧，暗流涌动。1180 年，曼努埃尔一世驾崩，王位继承问题引发了激烈的争论，帝国很快陷入动荡之中。现有的争议因皇帝们的短命和无能而进一步恶化。新登基的阿历克塞二世·科穆宁（Alexios Ⅱ Komnenos）年轻且缺乏经验，无法驾驭复杂的政局。他的叔叔安德洛尼卡（Andronikos）则是一个野心勃勃、不择手段的人。他长期与曼努埃尔一世政见不合，在曼努埃尔的命令下，他被流放至帕夫拉戈尼亚（Paphlagonia）。如今，他被召回朝中，成为挽救帝国的希望。然而，安德洛尼卡回到君士坦丁堡后，就紧锣密鼓地发动了一场针对城中意大利人的大屠杀，残忍地杀害了阿历克塞二世、他的母亲和继父，以及其他许多政敌，并最终篡夺了王位，也即安德洛尼卡一世。安德洛尼卡一世从 1183 年开始独揽大权，但他残暴的统治和政治手段却激起了民众的强烈不满。帝国内部纷争和叛乱此起彼伏，安德洛尼卡一世赖

[①] 此处疑是原文有误，拜占庭皇帝约翰一世（John I Tzimiskes），在位时间为 969 年至 976 年。此处应是约翰二世。——译者注

以控制首都的支持者也逐渐与他离心离德。

1185 年，安德洛尼卡一世遇害，伊萨克二世·安吉洛斯（Isaac Ⅱ Angelos）开启了一个新的王朝。拜占庭帝国的政治局势暂时恢复了平静，但很快新的问题接踵而至，特别是巴尔干半岛的叛乱，最终导致在 1190 年保加利亚王国再次独立。1187 年，十字军在巴勒斯坦的哈丁（Hattin）战役中惨败，耶路撒冷重落穆斯林之手。这一事件引发了另一次十字军东征，即第三次十字军东征。虽然这次东征未能成功收复耶路撒冷，但在巴勒斯坦建立了一个以阿卡（Acre）为中心的十字军王国。第三次十字军东征的失败，又引发了一系列远征，统称为第四次十字军东征。这次东征由教皇英诺森三世（Pope Innocent Ⅲ，1198—1216 年在位）发起。他是中世纪最具能力的教皇之一。由于当时德国正处于内战，他将主要动员目标放在法国。最终，绝大多数十字军战士都来自法国北部和佛兰德地区，这也是第一次、第二次十字军多数士兵的来源地。这些十字军战士将乘坐威尼斯人租来的船只前往东方。第四次十字军东征的主要领导人包括佛兰德伯爵鲍德温（Baldwin, count of Flanders）和蒙费拉托侯爵波尼法乔（Boniface, marquis of Montferrat），以及其他一些著名的法国、佛兰德贵族和骑士。他们组成一个委员会，负责指挥十字军，当然指挥工作不乏困难。

威尼斯人决心从这项任务中获得可观的利润，几乎动用了威尼斯的全部舰队运送十字军，而组织权与指挥权则掌握在总督（the Doge）恩里科·丹多洛（Enrico Dandolo）手中，他虽近乎失明，但政治手腕极高，是一位杰出的指挥官。然而，十字军首领过高地估计了自身筹集必要资源的能力，他们无法支付全部航行费用时，威尼斯人便说服他们攻击几处目标。首先是威尼斯人声称正反叛他们的达尔马提亚（Dalmatia）的扎拉（Zara），其被十字军攻占，令一些基督信徒感到震惊，因为他们认为基督徒之间不该彼此攻击。接下来，他们计划入侵埃及。埃及是控制耶路撒冷的主要穆斯林势力阿尤布王朝（Ayyubid dynasty）的政治大本营。这本是明智的战略行动，但拜占庭皇帝伊萨克二世的儿子阿历克塞·安吉洛斯（Alexios Angelos）①加入了十字军。

1195 年，拜占庭帝国皇帝伊萨克二世（1185—1195 年在位）遭遇了沉重的打击。来自西西里的诺曼人入侵，攻占了重镇塞萨洛尼基，这一消息激怒了君士坦丁堡市民。一场暴乱爆发，伊萨克二世的弟弟阿历克塞趁机夺取了权力，成为新的皇帝，即阿历克塞三世（1195—1204 年在位）。阿历克塞三世的登基方式颇为简单粗暴，他径直拿走了伊萨克二世在打猎时留在帐篷里的御服，并得到了官僚和警卫的支持。伊萨克二世则被废黜，并被弄瞎双眼，囚禁在宫中。然而，阿历克塞三世登上王位后，却表现得比他的哥哥更加无能。他的侄子阿历克塞，即伊萨克二世的儿子，设法逃出了宫殿

①　此处疑是原文有误，阿历克塞·安吉洛斯是伊萨克二世的儿子，不是阿历克塞三世的儿子。——译者注

的监禁，并在一艘比萨船的帮助下，前往他的妹夫，士瓦本的菲利普（Philip of Swabia）处避难，菲利普是神圣罗马帝国皇位的候选人之一。此时，第四次十字军东征的队伍正驻扎在扎拉，阿历克塞，即伊萨克二世的儿子，也来到了十字军的营地。他得到了菲利普的支持，向威尼斯人和十字军领袖许下了丰厚的承诺：只要他们帮助他夺取君士坦丁堡的王位，他将从帝国宝藏中支付他们的旅费。面对这样的诱惑，威尼斯人和十字军领袖们最终答应了阿历克塞的请求。1203 年 6 月，十字军抵达博斯普鲁斯海峡，四年过去了，距离他们最初设定的目标耶路撒冷和埃及仍然遥不可及。不过，此时这支十字军已将目光投向了另一个基督教国家——拜占庭帝国。

不待十字军入侵，拜占庭帝国就已处于瓦解之中。过去十年里，巴尔干半岛的大部分地区，包括塞尔维亚和保加利亚，已走向独立，帝国的边界也已从多瑙河后撤至巴尔干山脉一线。塞尔柱土耳其人正忙于自己国内的继承纷争，无暇利用拜占庭的困境并对其发动攻击，却释放出一群渴望夺取新土地的穆斯林。经过 15 年帝国纷争的消耗，拜占庭军队的规模和军力已大幅减弱，现主要由外国雇佣兵组成。拜占庭舰队也疏于维护，只有不到 20 艘破败的船只，外加一些雇用的私掠船。这种衰败的根本原因是帝国继承权引起的反复内乱及与之伴随的帝国政府职能的瓦解。自 1180 年以来，每位皇帝均通过政变夺权；其中两位被暗杀，一位双目失明，一位夺权者轻易从宫中监狱逃出，现任皇帝能力又不足。皇帝的侄子及争权者阿历克塞正领导着强大的西方舰队和军队对皇帝发动攻击，策划着另一场政变。曼努埃尔一世时代的联盟已经解体，其强大的军队、舰队和帝国亦随之崩溃。

威尼斯人并不完全受阿历克塞的指挥，他们由总督恩里科·丹多洛掌控。据说，丹多洛总督早年曾访问君士坦丁堡，并对这座城市心怀怨恨。然而，即使这番传言属实，丹多洛也绝不会因个人情感影响决策，他始终将威尼斯城的利益放在首位。十字军领袖们的情况并不相同。蒙费拉托侯爵波尼法乔和佛兰德伯爵鲍德温的领导权既来自他们的贵族身份，也来自众人的认可。在做出重大决策时，他们通常会与贵族会议协商，有时甚至会征求全体士兵的意见。因此，与商业化的威尼斯人相比，贵族领导的十字军军队内部的权力结构更加分散。

十字军如果真制订了计划的话，应该是说服拜占庭皇帝阿历克塞三世允许他的侄子阿历克塞进入君士坦丁堡并分享权力。只有阿历克塞能够在拜占庭获得某种程度的权力，他才能兑现他在扎拉的承诺，支付20万马克的费用。而只有获得了这笔必要的资金，威尼斯人才会同意将十字军继续运往巴勒斯坦。然而，拜占庭皇帝阿历克塞三世几乎不可能接受任何一个要求。他既不愿让侄子进入君士坦丁堡，也不愿考虑为侄子的承诺买单。更重要的是，他完全没有料到十字军的突然到来，也没有做好应对的准备。

158

1203 年之围

十字军在博斯普鲁斯海峡的亚洲一侧登陆，首先抵达迦克墩，在那里，十字军领袖们住进了当地的一座皇宫。随后，他们又转移到克里索波利斯的另一座皇宫。十字军的突然到来，对拜占庭帝国构成了严重的威胁。与此同时，威尼斯船只控制了博斯普鲁斯海峡的入口和君士坦丁堡周围的海域。在迦克墩和克里索波利斯，十字军发现了大量最近收获的粮食和其他物资，并将其据为己有。人们普遍认为，君士坦丁堡很快就会陷入缺粮状态，尽管通常挨饿的都是十字军。拜占庭未曾将这些物资运入城内，这充分暴露了阿历克塞三世政府对这场突如其来的战争毫无准备。

然而，仅占领博斯普鲁斯海峡的亚洲一侧并不能迫使拜占庭皇帝投降。更糟糕的是，阿历克塞在君士坦丁堡内部，甚至在整个拜占庭帝国范围内，都没有任何支持者，不过君士坦丁堡才是至关重要的目标，以往的无数事实已证明了这一点。为了争取民心，阿历克塞在一艘船上绕城游行，但这一举动并没有引起任何市民的关注或支持。拜占庭皇帝阿历克塞三世此时表示，如果十字军只是想前往巴勒斯坦，他可以提供必要的物资。然而，为时已晚。十字军和威尼斯人已经达成了协议，他们决心扶持阿历克塞登基，并为此不惜动用武力。即使阿历克塞在城内没有任何支持，他们也要强行将他推上皇位。

7月5日，十字军发动了对拜占庭的第一次攻击。由于拜占庭城防严密，直接从亚洲方向发动进攻无济于事。但十字军发现，金角湾沿岸的海防相对薄弱。威尼斯舰队中，包括总督丹多洛在内，有不少人熟悉君士坦丁堡的防御工事。因此，他们决定首先攻占金角湾。要进入金角湾，首先必须突破横亘在海湾入口处的巨大铁链。而要想突破铁链，就必须先攻占铁链的北端锚点——加拉达。为此，十字军集结了整个舰队，拖曳着装满士兵的商船，驶向博斯普鲁斯海峡口，这样可防止被水流冲走。登陆行动进展顺利，当他们从一些战舰上放下吊桥，全副武装的骑士骑着战马直冲上岸时，拜占庭守军惊慌失措，四散逃窜。许多士兵甚至连冲锋的场面都没见过，就吓得溃不成军。十字军未受任何阻拦，轻松登陆。

巨大的封港铁链有一端被牢牢地固定在加拉达的一座圆形防守塔楼里。然而，如同所有堡垒一样，这座塔楼也有一扇门。第二天，拜占庭守军从塔楼中出击，对十字军发动进攻。与此同时，另一支拜占庭军队乘坐驳船从城市一侧登陆，试图夹击十字军。然而，这两次进攻都失败了。在撤退过程中，一些拜占庭士兵和十字军士兵混战在一起，导致塔楼的大门未能及时关闭。趁此机会，一艘威尼斯巨舰冲上前去，撞断了铁链。这条锁链是否事先已经被松开，目前尚无定论，但可能性很大。随后整个十字军舰队，由两百艘威尼斯战舰为主，得以驶入金角湾。这意味着拜占庭最脆弱的一面暴露在了十字军的攻击之下。

但接下来十字军和威尼斯人陷入了僵局，双方对于如何发起进攻存在分歧。十字军主张从陆地发动攻击，而威尼斯人则更倾向于利用海上的优势。最终，双方达成了一项折中方案：十字军将集中兵力攻打陆地上的城墙，而威尼斯人则负责海上进攻。为了做好进攻准备，双方开始了数日的紧张部署。威尼斯人改造了自己的商船，为其配备了特制的攻城桥梁，方便士兵从船上直接登上城墙。7 月 11 日，十字军沿着金角湾的北侧向西行进，最终来到一座被拜占庭皇帝下令拆除的断桥附近。这座断桥似乎并未被严重破坏，因为仅经过一天修整就恢复了通行能力。渡河后，十字军驻扎在金角湾附近的城墙处，正对布拉赫奈宫。那里是拜占庭城防工事相对薄弱的地方，仅有一道城墙，也没有护城河。然而，即使在这一区域，城墙的高度仍然超过 50 英尺，对于兵力有限的十字军来说，只能集中火力攻打一小段城墙。而拜占庭守军也可凭借坚固的城防优势，在此集中兵力抵御十字军的进攻。

在接下来的几天里，十字军忙于准备和加固营地，同时还要抵御拜占庭守军的不断袭扰。拜占庭守军可以从多个城门出击，对十字军的营地发动攻击，令十字军防不胜防。与此同时，十字军也在加紧制造攻城梯子，他们的攻城器械也对准了城墙。7 月 17 日，十字军和海上的威尼斯人发起了联合进攻。十字军从陆地向西侧城墙发起进攻，但收效甚微。少数十字军士兵沿着攻城梯登上了城墙，但很快就被刀尖斧利的瓦良格卫队从城墙上抛下。更多士兵被击伤或掉落攻城梯，死伤惨重。相比之下，由于威尼斯人攻击的海墙与陆地上的城墙相比相对较低，他们的进攻取得了更大的进展。些威尼斯士兵成功翻越城墙，进入城内。然而，他们也很快遭到城内瓦良格卫队的反击。为了阻止拜占庭守军的反攻，威尼斯士兵放火焚烧了城内部分建筑，造成约48万平方米区域内的房屋和商店被烧毁。虽然这有效阻止了拜占庭守军的反击，但也使得威尼斯人无法扩大战果。

面对十字军的攻势，拜占庭皇帝阿历克塞三世最初表现得颇有章法，当然这有可能是得益于群臣的建议。然而，他一直躲在宫殿里，不愿亲临战场，这令许多人质疑他的勇气和能力，懦弱和无能对于一位统治者来说是致命的。阿历克塞三世并非军人出身，他早年曾作为犯人被囚禁，后来又游历西欧寻求支持，并没有接受过系统的军事训练。他认为威尼斯人的进攻已经被挫败，于是集结了全部兵力，准备出城迎战十字军。拜占庭大军浩浩荡荡，沿着城墙向十字军的营地开进，准备将十字军驱逐到金角湾。十字军见状，也迅速集结兵力，准备迎战。然而，面对气势汹汹的拜占庭军队，许多十字军将士都心生畏惧。就在两军即将交战之际，十字军的总指挥佛兰德伯爵鲍德温却下令撤退，这一举动令许多骑士感到愤怒和失望，而其他将领指挥的十字军团决定继续战斗。面对部下对于其怯懦、不战而降的质疑，鲍德温最终改变了主意，再次率领军队向拜占庭军发起进攻。两军在吕科斯河畔列阵对峙，战事一触即发。然而，就在此时，拜占庭皇帝却突然改变了主意，他下令军队撤退。这让原本紧张不已的十字军将士们大大松了一口气。

拜占庭皇帝阿历克塞被战斗、失败和死亡的前景彻底击溃。当天夜晚，他收拾了一袋财宝细软，只带上最偏爱的女儿伊琳娜（Irene）以及一些亲信，抛下妻子欧芙洛绪涅（Euphrosyne），悄然离开了皇宫和君士坦丁堡，避往他处。这一消息传开后，无疑引发了城内极大的恐慌。但一群官员展现出了非凡的决断力，在他们的组织下，已被致盲的皇帝伊萨克二世恢复了帝位，而前任皇帝阿历克塞三世留在城中的家人，包括被他抛弃的妻子都被囚禁起来，以防他们试图通过政变来恢复家族权力。

这是一个巧妙的应对，尤其是在当下形势已经陷入僵局的情况下。因为伊萨克二世是争权者阿历克塞的父亲，可以借用这种关联提出外交解决方案来结束围城。争权者阿历克塞在十字军营地中被城中官员联系上，营地中的每个人对此都欢欣鼓舞，庆幸将能够与一位友好的皇帝合作。伊萨克二世同意遵从阿历克塞与十字军最初在亚得里亚海定下的合作协议，支付十字军应得的报酬。阿历克塞与其父共同成为皇帝，并在登基仪式中加冕为阿历克塞四世。由于伊萨克二世已失明，实际的统治权落在了阿历克塞四世身上。

但无疑计划并未奏效。阿历克塞四世显然成了十字军的傀儡，需要满足他们的所有要求，因此在君士坦丁堡居民中极度不受欢迎。阿历克塞四世发现无法筹集到十字军期望和所需的资金，虽然他能够供应食物，而十字军的食物此时已相当紧缺。十字军将营地从城中转移至加拉达地区，这减轻了城市及新皇帝的压力。作为交换，皇帝决定拆除城墙的一部分，据称拆除了 300 英尺，以给十字军安全感。这个措施的初衷大概是为了让君士坦丁堡和饥饿的十字军双方都感到有把柄捏在对方手中。

阿历克塞四世进行了新皇帝的常规巡游，在城外向臣民展示自己，但并未获得任何热烈反响。最终，他不得不坦承无法筹集到需支付的款项，十字军同意暂缓支付，直到他筹到钱。然而，他依然一筹莫展。随着贸易的减少和开支的增加，税收未达预期，也许是因为人民无力支付，又或者是他们拒绝支持又一个篡位者，拜占庭帝国的疆域也日渐缩减。与此同时，十字军渐渐变得不耐烦。

十字军和君士坦丁堡市民之间的争端及战斗不断升级。8月份，一场纠纷引发的大火烧毁了城市近 162 万平方米地区，而在之前战斗中已烧毁的区域面积约 40 万平方米。到了 12月，十字军与拜占庭军队之间的战斗日趋频繁；虽然战斗仍是断断续续、规模较小，但其中包括了十字军为搜集物资在城墙外地区进行的为期两天的劫掠行动，以及拜占庭一次针对威尼斯舰队的火船攻击。君士坦丁堡城墙上的缺口随后被修复。皇帝与市民的关系日益疏远，彼此之间的敌意也在不断加剧。他一方面要应对十字军迫切的要求，另一方面还要面对市民因他试图满足这些要求而逐渐增长的敌意。

在法国骑士和威尼斯船员的攻势下，君士坦丁堡的防御相当坚固，但事实证明海墙比较薄弱。在西欧各民族中，法国人和威尼斯人可能分别是最擅长陆战和海战的，因此拜占庭的防御成果非常显著。尽管阿历克塞三世无能，阿历克塞四世过于天真，但君士坦丁堡的外交防线仍然发挥了令人满意的作用。这座城市遭到了围攻和冲击，部分防线被突破，但陆上的攻击者被成功击退，海上的攻击者一度获得突破，最终也未能成功。

然而，任何熟悉围城战术的人都明白，君士坦丁堡的根本弱点不在其城墙，而在于历任皇帝，如阿历克塞三世、伊萨克二世和阿历克塞四世，他们在城内指挥时总是犹豫不决。这些统治者直面或抵抗十字军时，人民虽然支持不够热情，但总体上还是支持他们的，军队中的雇佣兵和瓦良格卫队也是如此。居住在城中的比萨人和热那亚人及少数威尼斯人也参与了城市的防卫战斗。面对拜占庭主力军队的部署和进攻，即便指挥者是犹豫不决的阿历克塞三世，围城军队也心有惧意。如果真的发生战斗，结果很难说，只能确定双方都将遭受重大伤亡，而这对市民可能是有利的，因为围城方人数少，无法承受太多伤亡。若非皇帝优柔寡断和无能，君士坦丁堡其实本不该被攻陷。

君士坦丁堡民众对阿历克塞四世的不满情绪日益高涨。为了尽快遣返十字军，他和父亲伊萨克二世全力筹集支付给威尼斯人的巨额费用。然而，他们在民间的征敛收效甚微，反倒是教会和富裕阶层成为更易征收的对象。整个征收过程效率低下，且极大地激怒了各阶层民众，最终仍未能筹集到足够的资金。这时，一位名叫穆尔楚弗洛斯（Murtzouphlos）的官员抓住了这场危机带来的机遇，公开反对皇帝及其征收行动，并暗中谋划着夺取王位。这位野心勃勃的官员，即后来的阿历克塞五世·杜卡斯（Alexios V Doukas）。

在公众对阿历克塞四世和伊萨克二世的普遍不满下，一场会议在圣索菲亚大教堂召开。会议上，由于大批愤怒市民的强烈要求，元老院和教会高层不得不考虑推出新的皇帝候选人。若干贵族被提名为皇帝，但均拒绝，直到最终一位名叫尼古拉斯·卡纳博斯（Nicholas Kannavos）的年轻人被说服接受了这一职位。阿历克塞四世对此做出的反应是向十字军求助，目的是将卡纳博斯从宫殿中驱逐出去。在此情形下，穆尔楚弗洛斯联络了君士坦丁堡的权力核心，即由于阿历克塞四世曾承诺推动希腊教会和罗马教会合一而感受到威胁的教会人士，以及瓦良格卫队，这些团体与选出尼古拉斯·卡纳博斯的精英并没有交集。

在这些团体的支持下，穆尔楚弗洛斯已经做好了行动的准备。凭借着反十字军的立场和煽动性言论所积累的民众支持，他获得了巨大的政治资本。于是，他趁夜潜入皇帝阿历克塞四世的寝宫，将其绑架并关押进皇宫监狱——这已经是阿历克塞四世第二次入狱了。随后，穆尔楚弗洛斯宣布自己

164

登基为帝，改名为阿历克塞五世·杜卡斯。

面对阿历克塞五世获得的广泛支持，他的竞争对手们几乎没有任何机会。阿历克塞三世早已逃之夭夭，阿历克塞四世则被囚禁于皇宫之内，而伊萨克二世则双目失明，病魔缠身，几乎没有任何支持者，不久之后便黯然离世。至于他的死因，有人认为是死于恐惧，但也有人认为他是被害的。此外，尼古拉斯·卡纳博斯很快也被捕处决。同时存在如此多位皇帝，其中三位皇帝的死亡（一位流亡在外，暂时无法联系）似乎是不可避免的。当然，阿历克塞四世还活着，这主要得益于他与十字军的密切关系。将他囚禁实际上使他成为人质，毕竟他才是向十字军许下承诺的人，杀害他只会激怒十字军，迫使他们发起进攻。

新皇帝因为在帝国政府中领导反十字军派系而声名鹊起，他曾是阿历克塞三世的首席侍从官（protovestiarios），即内侍，因此对政府事务略知一二，而这是阿历克塞四世所缺乏的。因此，这次政变不仅针对阿历克塞四世，也是为了对抗十字军，预示着拜占庭政府可能会变得更为高效。然而，这对拜占庭政府的稳定并无帮助，因为它还是非法夺权的。至此，皇权的合法性已荡然无存。新皇帝曾多次企图骚扰十字军，伏击一个大型粮食运输队，并对其舰队发动火攻，但屡遭失败。他曾尝试与丹多洛进行谈判，后者只是重申执行与被囚禁的阿历克塞四世达成的协议条款；这种通过单独谈判以分裂十字军领导层的尝试，只令丹多洛更为不快。这预示

165

了阿历克塞四世的结局，他作为人质的价值已尽，最终在狱中被暗杀，有传言称是穆尔楚弗洛斯亲手所为。随着阿历克塞四世的死亡，与十字军领袖达成协议的可能性已经破灭。穆尔楚弗洛斯与十字军的任何协议都可能导致他被推翻并遭市民杀害。因此，武装冲突重新爆发，这一次任何一方都不会退让。

公元 1204 年之围

随着阿历克塞四世的离世，十字军们意识到，他们继续推进的唯一途径便是攻陷君士坦丁堡。然而，此时他们正受困于严重的物资短缺。穆尔楚弗洛斯即位后，便中止了前任们向十字军提供的物资供给，令他们的处境雪上加霜。更糟糕的是，十字军还欠着威尼斯人一笔巨额的船费，无力偿还。由于物资和资金的双重匮乏，他们既无法继续前往巴勒斯坦（除非能够支付威尼斯人船费），也无法返回故土。要想获得所需物资，他们别无选择，只能攻破并占领君士坦丁堡。

市民们也清楚地意识到局势的严峻。至少，他们现在的皇帝阿历克塞五世意志坚毅，善于战斗，尽管此前他在与十字军的交锋中屡屡战败。然而，他所统领的人口数量远超十字军，后者只有约 2 万人，而君士坦丁堡的居民数量则是其四到五倍，尽管战斗年龄段的人口可能相差不大。此外，拜占庭皇帝还拥有一支训练有素的西欧雇佣军，其中最精锐的是瓦良格卫队。更重要的是，他所掌控着的这座城市的防御工事坚不可摧。阿历克塞五世采取了一项或许早就应该实施的措施，那就是驱逐除了士兵外所有仍然滞留在城内的西方人。这些人此前一直忠于自己的主子，但穆尔楚弗洛斯并非一位深受爱戴的皇帝，而他们赖以生存的基础一直是阿历克塞四世与十字军的关系。如今，他们不得不离开，当然也带走了有关这座城市及其居民士气的重要信息。

穆尔楚弗洛斯的活力及城市工匠的高超技艺带来了一系列创新，从而进一步增强了城市的防御能力。显而易见，威尼斯人在第一次围城战中成功突破了城墙，这无疑会激励他们再次采用相同的策略。因此，人们建造了数层高的巨大木塔以增加城墙的高度，从而使防御部队能够居高临下地射击接近的船只，并能有效阻拦威尼斯人从船桅处延伸出的木桥。双方均部署了防火措施，并采用了浸泡在醋中的皮革布，以期能减缓火势的扩散，当然也都使用了希腊火。

十字军和威尼斯人再次制定了攻城计划，由十字军负责在陆地上进攻城墙，威尼斯人则负责在海上进攻海墙。但这一次，两军的行动协同得更加紧密。十字军将集中兵力攻打靠近布拉赫奈宫的一段城墙，而威尼斯人则沿着海角，攻击布拉赫奈宫近处的海堤。十字军和威尼斯人都做好了充分的准备，在船只上和攻城行动中部署了各种攻城武器，包括挖掘地道的工具、撞城锤、投石机以及装满希腊火的陶罐。而城内的守军也严阵以待，准备抵御进攻。这场攻城战运用了

13 世纪初已知最新的科技和攻城手段。由于双方兵力旗鼓相当，战斗的结果完全无法预料。

为避免事后发生争端，十字军针对预期的胜利制定了周密的计划。他们深知此举至关重要，即使事先已制定计划，争端也极有可能发生。但如果双方事先达成一致，至少可以明确责任所在，而十字军内部的舆论在这种情况下也将发挥重要作用。十字军在初期的小规模战斗中连连得胜，这让他们信心满满，而城内的居民则士气低落。

十字军预见到了另外两个问题。一旦他们取得胜利，十字军将掌管这座城市及其所统治的帝国。因此，他们需要提前规划如何管理政府。为此，他们设立了一个由三名十字军战士和三名威尼斯人组成的六人委员会来选举新皇帝；另设一个 20 人委员会，十字军和威尼斯人同样各占半数，负责分割帝国，决定新皇帝的封地。第二个问题是战利品的分割。他们制定了规则用以限制劫掠造成的破坏，并保护居民，尤其是妇女、儿童及神职人员。同时，还规定了战利品的分配方式，战利品应有序收集后再进行分发。首先向威尼斯人支付旅费，剩余的战利品再在威尼斯人和十字军之间平均分配。考虑到十字军与君士坦丁堡军民之间累积的敌意，一旦十字军取得胜利，这些规则很可能被忽视；毕竟，当一群饥饿且贪婪的士兵得胜后并横行于世界上最富有的城市里时，没人相信这套理论上的规则能够约束他们。

4 月 9 日星期五清晨，攻城战打响了，结果却令人失望。

十字军集中兵力在布拉赫奈宫附近的城墙段发起猛攻，并试图通过挖掘地道和撞击城门的方式攻破城墙，但收效甚微。威尼斯人的海上攻势也遭遇了挫折，城内吹来的强风阻碍了他们的船只靠近城墙，原本悬挂在桅杆上的跳板无法触及城墙上预先构筑的防御塔楼，这也导致了他们的首轮进攻无功而返。与此同时，威尼斯士兵们在跳板上准备登岸时，也暴露在城墙和塔楼守军的密集火力攻击之下，箭矢、弩箭、石块和希腊火接踵而至，令他们防不胜防。

激烈的战斗持续了整个上午，到了下午三点左右，攻势已然瓦解，筋疲力尽的攻城部队被迫撤退，城墙守军发出的欢呼声响彻整个城市。攻城失败令十字军的士气跌入低谷，而城内居民的士气则得到了极大的鼓舞。此时此刻，十字军领导层的作用显得尤为重要。许多士兵开始议论着要离开这里，即使没有船也要前往巴勒斯坦。他们或许逐渐意识到自己未能履行最初的誓言，也或许担心与同为基督徒的拜占庭人作战会犯下更大的罪行。

为了鼓舞士气，十字军中的神职人员开始努力说服士兵们——他们正在做正确的事，为他们的罪行进行忏悔，并赐予祝福。营地中的妓女被驱逐。世俗领导者着手监督武器的修复和升级。威尼斯人见到他们的船只的进攻未能成功，于是发明出一种改良型船只，将两艘船成对地连接在一起。他们计划发起双重攻击：使用一艘重型合体船进行冲击，在一座装有两座桥的塔楼的两侧同时发动攻击，然后士兵们将同时从两侧登陆——这一切的前提是水手们能够将船驶至足够近的距离。

经过精神和心理上的鼓舞，战士们准备就绪，采用新的战术再次发起进攻。4月12日星期一，他们集中兵力攻打海墙，许多十字军战士被运送到威尼斯舰队参战。战斗一度陷入胶着，但随后风向改变，有利于攻城方，并将一艘双桅战舰直接推至城墙下。三名士兵率先登上连接敌方塔楼的桥梁。第一个登桥的威尼斯士兵遭到攻击并壮烈牺牲，但第二个士兵——杜雷布瓦兹的安德鲁（Andrew of Dureboise）——却幸免于难。尽管他被敌人击倒在地，但精良的盔甲保护了他免受致命伤害。守军以为他已阵亡，便开始撤退。安德鲁抓住机会，奋起反击。他犹如从死亡中复活一般，令敌军——包括那些通常在战斗中无所畏惧的瓦良格卫兵——惊恐万状。守军纷纷后退，更多的士兵跟随安德鲁穿过桥梁，攻占了塔楼。这座塔楼的陷落标志着城防的突破。

在城墙的另一处，另一支十字军也在彼得·德·布拉修（Peter of Bracieux）的指挥下取得了成功。这位亚眠（Amiens）领主率领的部队攻破了一扇被砖块封堵的小门，成功进入城内。第一个冲入城内的勇士是阿莱奥姆（Aleaumes），他是一名牧师，也是后来的编年史家罗伯特·德·克拉里（Robert of Clari）的兄弟。阿莱奥姆装备精良，英勇地击退了守军的反击，为战友们创造了冲锋的机会，更多的十字军战士得以拥入城内。值得一提的是，牧师们在这次战斗中不仅从精神上鼓舞士气，还发挥了其他重要作用。除了阿莱奥姆之外，苏瓦松（Soissons）主教和特鲁瓦（Troyes）主教所乘船只也随安德鲁率先抵达城墙，这两艘船分别被命名为"天堂号"（Paradise）和"圣洁朝圣者号"（Fair Pilgrim）。

随着越来越多武装士兵突破城防，君士坦丁堡的陷落已成定局。慌乱失措的市民眼睁睁地看着侵略者打开城门，装载着骑士的马拉运输车如洪水般涌入城内，重演了加拉达的惨剧。这些全副武装的骑士迅速集结，直奔山顶醒目的紫色帐篷——皇帝穆尔楚弗洛斯的指挥中心。守卫们被轻易击溃，穆尔楚弗洛斯本人也仓皇逃窜。在这场突如其来的袭击中，大量无辜市民惨遭屠戮，血流成河。尽管许多人试图通过主城墙的大门逃往乡下，但这些大门已被砖块封堵，于是他们只能眼睁睁地看着城破家亡。幸运的是，由于士兵们忙于抢掠，以及十字军指挥担心士兵分散后会遭到反击，这些市民并未遭到追击。

夜幕降临后，十字军士兵们被约束在各自的队伍中，心中难掩对反击的担忧。威尼斯人尤为心有余悸，他们记得在第一次围攻时曾于此地攻入城内，却最终被击溃，只得纵火焚烧部分城区才得以逃脱。事实上，当夜部分十字军士兵预感到敌军会反击，也采取了相同的威慑手段：焚毁了城中另一片区域。

拜占庭皇帝阿历克塞五世·杜卡斯企图组织军队抵抗十字军或发动反击，却以失败告终。他的过往经历早已令民众对他失去信任，而此次败北更使其彻底失去了威信。面对城内军民的冷眼旁观，他悄然离去，携带着财宝和皇室成员，包括被废黜的皇帝阿历克塞三世遗弃的妻子欧芙洛绪涅及其女儿们，登上船只逃之夭夭。与此同时，十字军统帅们制定了次日作战计划，决定将军队转移至开阔地带，以便充分发挥骑兵优势，避免在狭窄的街道中陷入艰苦的巷战。

穆尔楚弗洛斯的逃亡迫使城中幸存的教会人员和官僚阶层不得不再次搜寻新的皇帝人选。值得注意的是，他们将此列为优先事项，而此时更为重要的或许是找到一位能干的军事指挥官。这一次，君士坦丁·拉斯卡里斯（Constantine Laskaris）和君士坦丁·杜卡斯（Constantine Doukas）自告奋勇站了出来，于是他们通过抽签决定谁来担任皇帝，最终君士坦丁·拉斯卡里斯中选。在这样一个危急关头，通过这样的方式来选出需要承担守城重任的皇帝，显然非智者所为。拉斯卡里斯如同他的前任一样，发现自己无人可用，而此时的瓦良格卫队也坐地起价，提出如果继续作战就必须增加工资的要求。当夜，拉斯卡里斯与前任一样，抛弃了自己的子民，弃城而逃，成为一年之内第三位逃离君士坦丁堡的皇帝。

170

黎明时分，十字军严阵以待，准备迎击敌军。他们本以为，经过一夜的休整，城内守军会发起反击，但事实并非如此。迎接他们的，并非刀光剑影，而是来自城内的教会使者。这些使者是来谈判投降事宜的。投降对十字军来说并非不可接受，但他们要求拜占庭方不得提出任何谈判条件。随着投降的正式确认，十字军士兵们迫不及待地开始了对君士坦丁堡的劫掠。

随后，盗窃、强奸、谋杀和破坏的暴行持续了数日。教堂中的物品被掠夺一空，甚至圣索菲亚大教堂高坛上的贵金属覆盖层也被剥了下来；平民住宅被侵入，所有有价值的物品均被盗走；富丽的织物被抢去，用以装饰那些酩酊大醉、血迹斑斑的士兵及其坐骑。这一切都是典型的围城胜利者的行径，从阿卡德的萨尔贡（Sargon of Akkad）①到现代的伊斯兰圣战者（Islamic jihadists）都不曾改变，让人极端不齿。除了被盗取外，另有数不清的财物被摧毁。蒙费拉托侯爵波尼法乔带领一队人马直接前往岬角上的皇宫——布科里安宫（Boukoleon）——以确保其无虞；鲍德温伯爵的兄弟佛兰德的亨利，同样第一时间占据了布拉赫奈宫。两座宫殿都充斥着无数珍宝，他们此举在一定程度上成功地抵御了其他掠夺者的侵袭。

事后，有人试图收集这些珍宝，以便对其进行估价，然后按照事先的约定进行分配。然而，毫无疑问，许多珍宝都被私藏。尽管如此，仍有足够的财富分配给威尼斯人作为报酬，另有更多财富分配给法国十字军团。普通士兵则仍按军衔分配，每人仅得到微薄的报酬。那些将偷来的财宝藏起来

① 阿卡德的萨尔贡可能建立了世界历史上第一个真正的帝国——阿卡德帝国，萨尔贡的统治时间大约为公元前 2334 年—前 2279 年。根据古代的记载，他采取了许多严厉的手段来确保和扩张权力，其军事征服往往伴随着对城市的破坏、对居民的驱逐或屠杀，以及对反抗力量的无情镇压。——译者注

的人，显然获得了比分配所得多得多的财富。

与早期的拜占庭不同，这是君士坦丁堡历史上首次被武力攻陷。该城虽然偶尔因欺诈、背叛而沦陷，但直到1204年才真正遭到征服。然而，与那些非征服性的占领相比，十字军的胜利并没有太大差别。究其根本，第二次十字军围城能够取得成功，是帝国统治者在围城前十年的无能和软弱造成的。到4月12/13日君士坦丁·拉斯卡里斯在夜间逃离时，拜占庭在过去20年间共有八位皇帝走马上任，除了阿历克塞五世·杜卡斯可能拥有一定的军事才能外，其他皇帝要么是篡位者，要么在压力下逃跑了，要么被谋杀。这段历史对于任何国家来说，都是极其悲惨的。

君士坦丁堡的主城墙并未被攻破。海墙虽然曾两度失守，但第一次只是被威尼斯人短暂得手。从军事角度来看，攻占加拉达塔和打破封城锁链才是关键。如果威尼斯战舰一开始就被阻挡在金角湾之外，主城的海墙就不会遭到攻击和破坏。当然，包括威尼斯人和十字军在内的西方人的出色战斗能力也不可忽视，他们屡次击溃了帝国军队和市民的抵抗。不过如果城墙能一直坚守，西方人即使在具备军事优势的情况下也只能望城兴叹。

又或者君士坦丁堡能够以一种明智而配合的方式，满足十字军的勒索，让市民，尤其是富人们，为了拯救自己的家园而贡献出一部分财富，那么或许十字军们会履行他们的誓言，继续航行前往巴勒斯坦——那片他们梦寐以求的圣地。

171

268 | 君士坦丁堡的 40 次围城

即使这样难免会造成财富的损失和城市的破坏，但至少它能够满足威尼斯人的贪婪，并为劫掠者们留下丰厚的战利品。如此一来，拜占庭的市民们或许就能避免失去他们的一切，包括这座历经沧桑的伟大城市。这一切悲剧的发生，只能怪皇帝们的昏庸和无能。

172

别样视角之四　拉丁帝国

　　君士坦丁堡陷落后，劫掠并没有就此结束，反而愈演愈烈，最终演变为纯粹的毁灭性狂欢。在这场浩劫仍在持续的同时，关于被征服后君士坦丁堡的未来治理也展开了激烈的讨论。一场商议由谁继任皇帝的会议召开，尽可能多的十字军战士出席了会议。会上呼声最高的两名候选人分别是佛兰德的鲍德温和蒙费拉托侯爵波尼法乔，他们都是自第四次十字军东征开始以来一直担任主要指挥官的资深将领。为了将自己的人马塞进代表队伍，各方势力展开了激烈的政治博弈，选举团的推选过程充满了暗箱操作和利益交换。相比之下，威尼斯代表的选拔过程则显得更加有序，完全基于他们在国内惯用的方法。实际上，整个过程都由总督丹多洛进行了有效控制。

　　鉴于丹多洛有效地控制了威尼斯选举人，而其余选举人分属不同阵营，他很可能在最终的统治者人选的选举中发挥了至关重要的作用。丹多洛不愿让意大利人上台。波尼法乔在意大利北部已拥有强大的势力，如果他再在君士坦丁堡建立统治，将极大地限制威尼斯在意大利和东方的活动，而威尼斯打算利用君士坦丁堡为自己谋利。此外，还存在着一种可能：无论谁在竞选中落败，都可能会心怀怨恨，诉诸暴力。为了防止这种情况发生，鲍德温和波尼法乔约定给落败者一笔丰厚的补偿金。

选举委员会成员主要是牧师，可能人们普遍认为，与世俗人士相比，牧师更不容易受到贿赂和裙带关系的影响。然而，其中也有一些牧师明显偏袒某位候选人。值得注意的是，这次选举的总体形式也是举行群众大会、考察候选人，最终由教会人士敲定人选，与早些时候选举尼古拉斯·卡纳博斯和君士坦丁·拉斯卡里斯的程序如出一辙。关键的区别在于，这次的选举是在一个被征服的城市中进行，而该城市此时正处于战火和毁灭之中，这与稳定有序的选举截然不同。不过这次选举都没有什么可取之处。

最终，讨论决定由鲍德温担任皇帝。5 月 16 日，即征服君士坦丁堡六周后，他在圣索菲亚大教堂举行了加冕仪式。而此时劫掠活动仍在继续，尽管已经有所控制。新皇帝鲍德温面临着极其艰巨的挑战。他统治着君士坦丁堡而非整个拜占庭帝国。这座城市饱经战火和劫掠的摧残，满目疮痍。许多历史遗迹被拆除或毁坏，无有幸免；大量建筑被烧毁或破坏，沦为废墟。更重要的是，城市中大部分居民已经死亡，还有一部分逃离城市，在帝国其他地区寻求庇护。鲍德温囊中羞涩，且没有任何筹集资金的手段。

除了城内这些棘手的问题，鲍德温还必须安抚波尼法乔。经过一番谈判，后者得到了塞萨洛尼基的统治权和国王的头衔，有机会征服前拜占庭帝国位于希腊的大片领土。为了提升在希腊语人口中的影响力，波尼法乔迎娶了匈牙利公主玛格丽特（Margaret of Hungary），即皇帝伊萨克二世的遗孀。然而，两人的婚姻关系并不牢固，很快就陷入了争执。

此外，鲍德温的帝国周围环绕着贪婪的掠夺者，他们对旧帝国的遗产垂涎欲滴，丝毫不逊色于鲍德温、波尼法乔和那些劫掠者。保加利亚沙皇卡洛扬（Kaloyan）自称是旧沙皇的继承人，要求掌管整个帝国。来自旧帝国的贵族们则在各个地方建立了独立的公国。其中，狄奥多尔一世·拉斯卡里斯（Theodore I Laskaris）以亚洲的尼西亚为中心，建立了通常被称为"尼西亚帝国"的政权；米海尔一世·科穆宁·杜卡斯（Michael I Komnenos Doukas）以伊庇鲁斯（Epeiros）的阿尔塔（Arta）为中心，建立了通常被称为"伊庇鲁斯专制国"（the Despotate of Epeiros）的国家；而大卫（David）和阿历克塞一世·科穆宁（Alexios I Komnenos）兄弟则在君士坦丁堡被征服之前就已控制了遥远的特拉比松（Trebizond）。这些人都有从早期拜占庭皇帝和贵族那里继承遗产的权利，也全都声称拥有帝国的统治权。狄奥多尔一世是曾短暂担任皇帝的君士坦丁·拉斯卡里斯的兄弟，也是阿历克塞三世的女婿；特拉比松的科穆宁兄弟则是皇帝安德洛尼卡一世的孙子；米海尔一世·杜卡斯是阿历克塞一世的孙子，也是伊萨克二世和阿历克塞三世的堂兄弟。这三人都自称为皇帝，并举行了加冕仪式。在继承权方面，拉斯卡里斯略占优势，因为他是在君士坦丁堡普世牧首（流亡）的主持下加冕的。伊庇鲁斯的统治者们从未被正式承认为皇帝，只能被称为"专制者"。特拉比松的科穆宁家族则获得了皇帝的称号。

希腊的其余部分逐渐落入法国或意大利的拉丁人野心家手中，被分割成由拥有亚该亚亲王（Prince of Akhaia）、雅典公爵（Duke of Athens）等头衔的人统治的公国。理论上，这些公国是拉丁皇帝或塞萨洛尼基国王的附庸，但由于距离遥远和其他因素，实际上它们通常是独立的。所有这些公国都很弱小。雅典和伯罗奔尼撒半岛南部的公国维持了最长时间。塞萨洛尼基不到 20 年就落入了伊庇鲁斯之手，君士坦丁堡则在 50 多年后落入尼西亚人之手。

鲍德温在马尔马拉海和达达尼尔海峡沿岸的亚洲部分展开征战，试图从土耳其人手中夺取一系列地点的控制权，但未能长期控制这些地区，且在这过程中至少与当地势力发生了两场战斗。他控制的领土没有超出色雷斯地区，并很快陷入了争端。这并不令人意外，他不仅与塞萨洛尼基的波尼法乔有争议，还与保加利亚沙皇卡洛扬发生了冲突。在哈德良堡与保加利亚人的战斗中，鲍德温被俘，他的许多骑士阵亡，这严重削弱了拉丁帝国的军事力量。这场败仗主要是拉丁人的过度自信，及由此引发的纪律松懈导致的。这次战败，加之授予大片封地导致的前拜占庭帝国的分裂，以及其他领土的独立和分封，预示着东方拉丁帝国不太可能长久存续。

君士坦丁堡本身也遭受了重创。这座城市部分被焚毁，遭到大规模洗劫，许多建筑被摧毁，教堂被亵渎，也失去了对一直支撑它的帝国的控制。拉丁征服者的残暴和破坏行为造成了人口锐减和幸存者的大量逃亡，造成的人口流失至少在 1453 年的暴力征服之前都未能恢复。拉丁统治时期仅有一位真正称职的皇帝，即鲍德温的兄弟佛兰德的亨利（Henry of Flanders，1206—1216 年在位）。但此后，这个家族出现了遥远的继承者、意外的统治者、与公主联姻的王侯，以及一系列短暂的统治，这种复杂的继承极具破坏性，与前拜占庭帝国政权的混乱如出一辙。最后一位皇帝鲍德温二世（Baldwin Ⅱ，1228—1261 年在位）虽然统治时间超过 20 年，但他在位期间大部分时间都在西欧寻求财政或军事援助，却鲜有收获。他最终将自己的皇权转让给了安茹（Anjou）和那不勒斯的查理一世，这给了查理及其后代继承者侵略希腊的借口，但几乎无助于拉丁帝国的恢复或存续。西欧在深刻反思后，实际上对所发生的一切心怀愧疚。

君士坦丁堡曾是拜占庭帝国的命脉所在，1204 年的劫掠和羞辱对这座城市造成了毁灭性的打击，使其急剧衰落。这种衰落也体现在拉丁帝国的羸弱上。人口的锐减导致经济活动受限和财富匮乏，进而削弱其军事力量。西方国家对拉丁帝国的支持乏力，更使其雪上加霜。

威尼斯人在瓜分战利品时，成功维护了自身利益。总督丹多洛要求将第一笔正式分配的战利品作为未支付的运输费用，并获准挑选威尼斯想要的领土。威尼斯人没有选择难以防守和管理的帝国大陆领土，而是选择了亚得里亚海和爱琴海沿岸的一系列港口城市。这些城市可以作为海军基地、商业中心，以及船只在航行中停靠、休息和避风的海港。他们还占领了爱琴海的几个岛屿，包括基克拉泽斯群岛（the Cyclades）和克里特岛、优卑亚岛这几个大岛，尽管征服基克拉泽斯群岛耗费了大量时间，但结果最终证明了丹多洛的选择是明智的。在君士坦丁堡，威尼斯宣称拥有一个扩大的城区作为其商馆，并驱逐了热那亚和比萨的商馆。显然，威尼斯认为该地区仍有足够的财富供其商人开拓。然而，这些财富并没有使衰落的帝国皇帝受益。相反，对这座城市和帝国的剥削仍在继续，而所谓的征服者却没有得到多少回报。

君士坦丁堡这座伟大的城市继续走向衰败。1213 年，拉丁主教关闭了希腊东正教教堂，驱逐了神职人员，迫使希腊东正教教徒放弃中立立场，走向政治对立和不忠。由于财政困难，皇帝们继续拆除、摧毁和出售任何有价值的物品，包括教堂和宫殿屋顶上的铅、古希腊雕塑，以及保存在东正教教堂中的圣物。因此，围城时的劫掠延续成为拉丁帝国的官方政策，使这座城市在物质、文化、财政、宗教和人口方面

176

全面陷入匮乏。君士坦丁堡，这个曾经的基督教城市、"城
市之后"（Queen of Cities），神形皆失，不复昔日荣光。　　177

第十九章　于东方复兴——尼西亚帝国

1234—1235 年及 1260—1261 年攻城战

坐镇于君士坦丁堡的拉丁帝国皇帝被贪婪的敌人重重包围，在他们执政的岁月里，实际上处于某种被围困的状态。与此同时，由于前拜占庭帝国各地政治派系林立，这些敌人也同样承受着来自各方的压力。在接下来的几个世纪里，许多巴尔干和亚洲国家都被卷入君士坦丁堡的历史纷争中。

十字军攻占君士坦丁堡，彻底打碎了曾经统一的帝国，各继承国的权力都被削弱，以致从亚得里亚海到金牛山脉，整个地区沦为由小国组成的破碎拼图。这样的政治格局必然导致整个地区长期陷入政治动荡，各个国家在短暂崛起后又迅速衰落，国家间合纵连横，战争频发。这与昔日拜占庭帝国鼎盛时期所主导的国际秩序形成了鲜明对比，那时，拜占庭即使在最艰难的岁月里，也始终控制着这一区域。因此，在探讨君士坦丁堡的个体命运之前，我们首先需要审视这种全新的政治格局。

在这　时期，有两个敌对的帝国共同构成这一政治体系的中心，一个是以君士坦丁堡为中心的拉丁帝国，另一个则是以尼西亚为中心的拜占庭帝国。他们犹如孪生兄弟般并列存在，拉丁帝国控制着君士坦丁堡和色雷斯的大部分领土，而拜占庭帝国则占据着小亚细亚西北部。这两个帝国周围环绕着一圈较小的国家，它们与这两个帝国关系紧密，而这圈较小的国家又被另一圈国家所包围。在这个全新的国际政治体系中，君士坦丁堡仍然处于核心位置，尽管它已满目疮痍。　178

为了更好地了解君士坦丁堡周围的这些国家，我们可以沿着逆时针方向对这些小国逐一考察。首先映入眼帘的是，位于北部和西北部复兴的保加利亚王国。该王国由其第三任国王卡洛扬（1197—1207 年在位）统治，十字军称其为约翰尼扎（Johanitza）。这是一个相对较小的国家，北面以多瑙河为界，南面以巴尔干山脉为界。尽管地界狭小，却拥有新生的活力，并能够招募来自乌克兰大草原的库曼雇佣兵，组建了一支强大的军队。正是这支军队在 1205 年击败并俘虏了拉丁皇帝鲍德温一世。在保加利亚王国的西边，以品都斯山脉（the Pindos Mountains）为中心，延伸到亚得里亚海岸的，则是伊庇鲁斯专制国。该政权由米海尔一世·杜卡斯于 1204 年建立。与尼西亚帝国一样，伊庇鲁斯专制国也渴望收复君士坦丁堡，重振昔日拜占庭帝国的荣光。然而，它目前正面临着两个方面的威胁：一是威尼斯人在亚得里亚海沿岸城市设立的哨所，二是塞萨洛尼基王国的扩张。塞萨洛尼基王国在第一位统治者蒙费拉托侯爵波尼法乔的统治下，正逐渐将领土扩展到马其顿和色萨利地区。从地理位置上看，塞萨洛尼基王国与昔日的马其顿王国几乎重叠，因此也可以视其为君士坦丁堡的潜在竞争者。在塞萨洛尼基王国的南面，则是在波尼法乔的鼓动下，由十字军在希腊中部和伯罗奔尼撒半岛上建立的新国家，包括雅典公国（the Duchy of Athens）、亚该亚侯国（the Principality of Achaia）、底比斯领主国（the lordship of Thebes）等。严格来说，这些国家都是波尼法乔和鲍德温的附庸国，但实际上早已独立。与此同时，威尼斯人的势力也在爱琴海上不断扩张。他们占领了越来越多的岛屿，包括优卑亚岛〔又名尼格罗蓬特（Negroponte）〕、基克拉泽斯群岛、莱斯沃斯岛，最终甚至将克里特岛和塞浦路斯也纳入囊中。

这一局势的形成和演变并非一蹴而就，而是经历了漫长的时间。例如，威尼斯人直到 1211 年才首次尝试控制克里特岛。在此期间，各国的统治者忙于建立行政管理机构，征收税赋，镇压反抗的新臣民，并时刻提防着邻国的最新动向。直到 1210 年或 1211 年左右，新的政治格局才逐渐清晰起来。政治格局充满动荡，危机四伏，随时都有可能发生剧变，但其基本轮廓已甚是清晰。

与欧洲的复杂局面相比，亚洲的政治格局则相对简单，

只有两个主要势力。第一个是立基于尼西亚的拉斯卡里斯王 179
朝，由狄奥多尔一世·拉斯卡里斯建立。该王朝控制了安纳
托利亚北部和西部的大片领土，并夺取了佛兰德的亨利在普
洛彭提斯海岸临时征服的地区，与位于色雷斯地区的拉丁帝
国隔海相望，形成了对峙局面。特拉比松的科穆宁兄弟试图
向西扩张，但遭到挫败。尼西亚帝国与拉丁帝国这两大势力
之间的边界并不稳定，目前拉丁帝国仍控制着比提尼亚。尼
西亚帝国与伊庇鲁斯专制国一样，目标是恢复对君士坦丁堡
的控制，这是一种意识形态上的迫切需要。但就目前而言，
其主要目标是巩固亚洲领土。

第二个亚洲强国是塞尔柱苏丹国，与尼西亚帝国毗邻，
控制着安纳托利亚的南部和东部地区。塞尔柱苏丹国的首都
是伊康（即现在的科尼亚）。令人惊讶的是，在拜占庭帝国
崩溃之际，塞尔柱苏丹国并未卷入其中。部分原因是其当时
正处于继承危机之中，另外则是受到更东部势力的威胁。

这群密切关联且相邻的国家占据了前拜占庭帝国的领土，
除这些国家之外，还有些离君士坦丁堡更远的国家，幅员多
比巴尔干半岛和小亚细亚的核心国家更辽阔，军事上也更为
强大，都有可能出手干预君士坦丁堡周围地区的政治格局。
如在乌克兰大草原上，库曼人目前是占主导地位的族群，但
很快就在 1237—1242 年被蒙古帝国（the Mongol Empire）取
代，蒙古帝国是阿瓦尔人之后最令人闻风丧胆的游牧民族国
家。蒙古人的到来令俄罗斯国家的新生力量逐渐黯淡。原来

的基辅公国已经分裂成数个小国，在接下来的三个世纪里，这些分裂出来的国家虽然数量众多，但由于弱小，无法抵御蒙古可汗的进攻。蒙古人已经渗透到匈牙利和巴尔干半岛，但迫于内部问题回撤。而伊朗以外的蒙古人开始对塞尔柱人虎视眈眈。

位于巴尔干半岛以北的匈牙利王国，从一开始就对君士坦丁堡的命运极为关注。部分原因在于，蒙费拉托和塞萨洛尼基的波尼法乔娶了匈牙利国王的女儿——前拜占庭皇帝伊萨克二世的遗孀玛格丽特——为妻。后来，玛格丽特离开君士坦丁堡，前往匈牙利亲戚处避难。而坐落于亚得里亚海之畔的威尼斯，利用拜占庭帝国覆灭的机会，从一个以商业为主的城邦发展为新兴的海上帝国。它在亚得里亚海和爱琴海拥有众多港口、城镇和岛屿等，如前所述，这些都是通过夺取前拜占庭帝国的领土而获得的。威尼斯长期以来以其灵活的政治手腕著称，因此虽然在地理上远离君士坦丁堡，却直接参与了君士坦丁堡和爱琴海的政治争端。此外，威尼斯还在君士坦丁堡的大部分地区设立自己的贸易工厂，从而成为拉丁帝国的主要支持者，而这一负担随着时间的推移不断加重。

在意大利南部，主要有两股势力：教皇和西西里王国（the kingdom of the Two Sicilies）。教皇的权力并非来自其军事实力，而是来自他的劝诫能力。西西里王国则在过去的一个半世纪里一直对巴尔干半岛南部虎视眈眈，并野心勃勃地计划在前拜占庭帝国的势力范围内扩张。1266 年，法国野心家安茹的查理（Charles of Anjou）夺取了西西里王国王位，使得王国的力量得到强化，对周边国家频繁地袭击、入侵、索赔领土并采取破坏性的外交手段，构成了持续威胁。1267 年，鲍德温二世将拉丁帝国统治权移交给西西里王国国王查理一世，进一步表明了该王国持续的掠夺性野心。后来的统治者从普利亚（Apulia）发动侵袭，也体现了这一野心。

地中海的另一面是强大的阿尤布苏丹国，该国以埃及为中心，并将其作为苏丹萨拉丁（Saladin）的政治和军事基地。1250 年，它演变为马穆鲁克苏丹国（the Mamluk Sultanate），由从军事奴隶内部选拔的苏丹控制。该国不仅包括埃及，还包括叙利亚。其首要目标是消灭叙利亚残存的十字军国家，半个世纪后这一目标终于达成。为防止新入侵的十字军获得立足点，马穆鲁克苏丹国蓄意摧毁了每一个十字军城市和其建造的众多城堡。马穆鲁克苏丹国是该地区最强大的军事国家，也是该地区最稳定、最长寿的国家，一直延续到 19 世纪初。在这方面，可以与拜占庭帝国的最终继承者相媲美。

从多方面来看，君士坦丁堡的未来，或者更确切地说，这座城市花落谁家，是所有这些国家外交政策的核心。尽管经历了侵袭破坏和严重的人口流失，君士坦丁堡仍然是一座规模宏大的城市。直到被奥斯曼土耳其征服之前，它一直主宰着从金牛山脉到亚得里亚海这片土地，历经千年。其优越的地理位置宜于发展贸易，坚固的防御体系抵挡住了一次又

181

一次外侮，加之一度强大的海军的加持，所有这些都令周边国家觊觎，那些渴望在该地区获得更大影响力的国家，无一不希冀掌控这座城市，这样的企图甚至从一开始就昭然若揭。因此，拉丁帝国开局良好，因为它拥有对君士坦丁堡的控制权。然而，许多拉丁战士被派往巴勒斯坦履行誓言或返回家乡，削弱了这个新兴国家的实力。1205 年，拉丁皇帝鲍德温一世在与保加利亚人的战斗中被俘、失踪并最终死亡，许多留在城中的士兵也战死沙场。这意味着拉丁帝国几乎在建立之初就遭受了重创。此外，一些更具能力的拉丁臣民分散在希腊和巴尔干半岛的其他新兴国家中，这再次严重削弱了拉丁帝国的实力。

拉丁帝国建立后，尼西亚帝国成为君士坦丁堡短期内的主要威胁。其首位统治者狄奥多尔一世·拉斯卡里斯为巩固政权，先后与塞尔柱人、特拉比松的科穆宁家族以及拉丁帝国展开激烈斗争。与此同时，他也面临着来自拜占庭帝国末代皇帝阿历克塞三世的挑战。阿历克塞三世在君士坦丁堡陷落后，先是残害了其继任者阿历克塞五世·杜卡斯，将其致残并移交给了拉丁人，使其最终被处决。之后，阿历克塞三世投靠了塞尔柱苏丹吉亚斯丁·凯霍斯鲁一世（Ghiyath al-Din Kay Khusrau Ⅰ，1192—1196 年及 1204—1210 年在位）。两人早在君士坦丁堡沦陷前就已相识，当时凯霍斯鲁一世曾流亡于此。为了扶持阿历克塞三世重返君士坦丁堡，凯霍斯鲁一世对尼西亚帝国发动进攻，却遭到狄奥多尔一世的迎头痛击。战败后，阿历克塞三世被俘，被狄奥多尔一世幽禁于修道院。相比其他人的悲惨结局，阿历克塞三世可谓幸运，毕竟他与狄奥多尔一世是表亲兼姻亲。此战有效遏制了塞尔柱人的野心。1214 年，狄奥多尔一世与拉丁帝国签订条约，划定了双方边境，这使他得以腾出手脚，将战略重心转移至其他方向。而塞尔柱帝国则陷入了内部纷争，无暇他顾。

狄奥多尔一世的继任者约翰三世·瓦塔泽斯（John Ⅲ Vatatzes，1222—1256 年在位）即位后，东部边境相对稳定，他得以将精力集中于帝国的复兴。在位期间，他成功驱逐了除比提尼亚半岛以外其他亚洲地区的拉丁人，并夺取了数个原本属于威尼斯的爱琴海岛屿。此外，他还与保加利亚国王约翰·阿森二世（John Asen Ⅱ，1218—1241 年在位）签订分治协议，占领了克森尼索一侧的加里波利（Kallipolis），从而控制了战略要道赫勒斯滂。这一系列举措表明，约翰三世对威尼斯——这个拉丁帝国的主要支持者——持强硬态度，而控制赫勒斯滂则是他遏制威尼斯和拉丁帝国的重要手段。

伊庇鲁斯专制国同样在收复前拜占庭帝国领土方面取得了成功，其统治者米海尔一世·杜卡斯（1204—1215 年在位）是一位精明的外交家，他巧妙地利用联盟，先后与波尼法乔、鲍德温和威尼斯人结盟，又适时地解除联盟。到 1212 年，他已经收复了色萨利的控制权。他的继任者，即他的弟弟狄奥多尔一世·杜卡斯（1215—1230 年在位），挫败了新上任的拉丁皇帝彼得·德·库特奈（Peter de Courtenay）从西方进军

182

其领土的企图。彼得被俘后失踪，其军队也随之溃散。彼得是第二位被俘后失踪的拉丁皇帝。1222 年，波尼法乔之子、塞萨洛尼基王国的继任者德米特里奥斯一世（Demetrios Ⅰ）迫于无奈，前往意大利寻求援助，但无功而返。两年后，狄奥多尔一世攻占了塞萨洛尼基，并将它建为由其弟弟统治的独立国家。然而，这一举措并没有促成该地区的政治稳固。

由于上述种种牵制和博弈，收复君士坦丁堡的企图被各方势力延宕了 30 年之久。这并不难理解，因为任何一方都不希望看到其他势力染指这座昔日的帝国之都。从某种程度上说，这正是拉丁帝国最有效的防御策略：将自己置于群狼环伺的境地，迫使各方势力为了自身利益而相互牵制。最终，直到 1234 年，才有人发起了针对君士坦丁堡的围攻。

13 世纪 30 年代，约翰三世·瓦塔泽斯在色雷斯发起战役，此战之后，拉丁帝国的领土只剩君士坦丁堡附近一小块区域和比提尼亚部分地区。为了共同攻取君士坦丁堡，约翰三世与保加利亚国王约翰·阿森二世结盟，并签订了《加里波利条约》（the Treaty of Kallipolis），约定战后瓜分色雷斯。然而，这次远征却遭遇了重大挫折。瓦塔泽斯派遣舰队封锁君士坦丁堡，他自己和保加利亚军队则从陆路进攻。这种海陆协同作战本是攻克君士坦丁堡的唯一有效方法，但威尼斯人却派出舰队突破了封锁，支援了拉丁帝国。1236 年春，约翰三世及其盟军再次尝试围攻，但依然未能撼动坚固的城墙。由于双方各怀心思，都意图独占君士坦丁堡，因此合作也难

183

以持久。最终，这次行动与其说是一次围攻，不如说是一次海陆封锁，虽然志在征服，但以失败告终。

然而，约翰三世·瓦塔泽斯却在塞萨洛尼基取得了重大胜利。这座城市被伊庇鲁斯人征服后成为独立国家，一直是包括保加尔人、伊庇鲁斯人和拉丁人在内的所有周边势力的觊觎目标。瓦塔泽斯征服塞萨洛尼基为日后两个希腊政权争夺帝国继承权埋下了伏笔，最终在 1246 年尼西亚帝国取得胜利。同时，尼西亚帝国与保加利亚人之间也爆发了冲突。最终，伊庇鲁斯专制国得以在原领地的西部山区幸存，尽管规模和实力有所减弱，而色萨利南部的希腊公国也得以继续存在。约翰三世·瓦塔泽斯还夺取了保加利亚的部分领土，在其统治后期，几乎重现了 1200 年拜占庭帝国的版图，这是通过与所有邻国不断征战而实现的，也是地区原政治格局解体的必然结果。然而，尼西亚帝国统一大业还缺一块重地，那就是君士坦丁堡，这座昔日的帝国之都依然牢牢地控制在拉丁帝国手中。

各继承国都自称是拜占庭帝国的合法继承者，而拜占庭帝国早已在拉丁人的征服下灰飞烟灭。他们的继承制度沿袭了旧帝国的传统，复杂无序。尼西亚帝国的继承情况与拜占庭帝国一样混乱，充满了世袭、暗杀、篡夺和谋杀。约翰三世·瓦塔泽斯是狄奥多尔一世的女婿，其子狄奥多尔二世继承了皇位。这从某种程度上说是世袭继承，但狄奥多尔二世在 1258 年英年早逝，年仅 34 岁，之后王位传给了他 7 岁的幼子约翰四世。在一个崇尚武力的政体中，幼子执政无疑极其危险。果然，雄心勃勃的将领米海尔·巴列奥略戈斯（Michael Palaiologos）趁机取代了幼主，先是自封为共治皇帝，不久后又策划暗杀了幼主。米海尔背负着篡位和杀害儿童的罪名，但没有人对此感到意外。

在杜卡斯家族，米海尔一世的兄弟狄奥多尔一世继承了皇位，随后他们的弟弟将塞萨洛尼基作为自己的领地。在塞萨洛尼基，王位由他的两个侄子继承，形成了四代直系继位，当时，这种情况在该地区实属罕有，但这种传承未能延续下去。拉丁帝国的继承情况则更加混乱，鲍德温一世传位给他的兄弟亨利，再传到他妹妹约兰达（Yolanda）的丈夫彼得·德·库特奈，他最终在作战中失踪。之后，约兰达担任摄政王，并传位给她的儿子鲍德温二世。为了年幼的鲍德温二世顺利施政，布列讷的约翰（John de Brienne）被任命为共治皇帝，尽管他与皇室没有任何血缘关系。这种毫无章法可言的继承方式在很大程度上导致了这些国家政治局势的动荡不安。

经过约翰三世·瓦塔泽斯的长期征战，君士坦丁堡最终意外地落入了尼西亚帝国之手，这场胜利充满偶然性，但尼西亚帝国能够成功实现这一地区所有国家共有的目标却并非偶然。值得注意的是，在米海尔·巴列奥略戈斯成功登上尼西亚帝国王位后，曾爆发过一场冲突。当时，伊庇鲁斯的国王米海尔二世、亚该亚的纪尧姆二世（Guillaume II of

Achaia）以及西西里王国的国王曼弗雷迪（Manfred）结成联盟，意图削弱米海尔的势力。米海尔以其卓越的军事才能和外交手腕而闻名，因此引起周边势力的担忧，这些国家结盟企图阻止他巩固王位。1259 年，盟军与尼西亚帝国军队在马其顿的佩拉戈尼亚（Pelagonia）交战，惨遭败北。米海尔的兄弟约翰率领尼西亚帝国军队取得了决定性的胜利，亚该亚的纪尧姆二世被俘，曼弗雷迪的 400 名骑士阵亡。这一战役实际上吹响了拉丁帝国和君士坦丁堡命运的号角。此后，再也没有任何力量能够阻止尼西亚帝国夺取君士坦丁堡。

小国之间不断相互争斗的政治和战略逻辑再次显现：在这样的竞赛中，只有一个赢家，其他参与者会被逐步淘汰。然而，尼西亚帝国的弱点也暴露无遗，它无法完全消灭其竞争对手，伊庇鲁斯专制国和亚该亚侯国在佩拉戈尼亚战役后仍然存续，虽然权力和声望有所下降，但领土和独立性却得以保存。

米海尔八世（Michael Ⅷ，1259—1282 年在位）是一位机智、善辩、狡猾的政治家，也是一位非常成功的外交家。他不仅幸运地分享了哥哥的胜利果实，还重新夺回君士坦丁堡，这两项成就足以使他在动荡的王位上安稳度过余生。此外，他还创建了一套比对手更成功的结盟体系。他拉拢了移居尼西亚避难的旧君士坦丁堡贵族家族，并授予他们声望卓著的官职。正是这些家族的支持，最终使得他在 1261 年除掉养子约翰四世。

185

　　1260 年，米海尔八世找到了一位法兰克人内应，此人能够进出君士坦丁堡且对拉丁帝国心怀不满。一支尼西亚军队随即逼近了这座城市，但这位法兰克人——很可能是卡约的安索（Anseau of Cahieu）——并没有按照约定打开城门，而此时，米海尔八世正率领军队进攻金角湾对面的加拉太地区。除了法兰克人，米海尔八世还联络了热那亚人，他们是威尼斯人的死敌和长期竞争对手，在过去的 50 年里，几乎被排挤出君士坦丁堡的贸易。为了拉拢热那亚人，米海尔八世在 1261 年 3 月签订的《尼姆法伊翁和约》（the Treaty of Nymphaion）中承诺，攻占君士坦丁堡后，威尼斯人在城市内的租界将由热那亚和比萨取代，并允许热那亚在士麦那、希俄斯岛和莱斯沃斯岛建立工厂。通过这一系列措施，米海尔八世成功地与一支海军力量结盟，从而有能力在海上与威尼斯抗衡。

　　1261 年 7 月，一支尼西亚军队直接逼近了君士坦丁堡，这很可能就是去年在加拉太地区作战的军队。他们攻占了小城塞利布里亚，以及附近为君士坦丁堡供应粮食的大片农业区。这给君士坦丁堡带来了更大的压力。不过，城内人口减少，可用于耕种的土地相应增加，使其面对粮食供应危机时比以前更从容。即使在十字军围攻期间，君士坦丁堡也能维持充足的食物供应，有时甚至能供应给敌人，那时的人口远超现在。因此，城内居民不太可能因缺少粮食而饿死。尼西亚的围攻军由阿莱克修斯·斯特拉特戈普洛斯（Alexios

Strategopoulos）指挥，他是一位敢想敢干的将军。他率军经由色雷斯地区，在城墙前进行示威，展示米海尔八世的军事实力，确保这位新皇帝不会遭遇叛乱。也就是说，斯特拉戈普洛斯的任务不是直接攻击君士坦丁堡，而是寻找任何可能出现的进入城市的机会。虽然前一年与卡约的安索的阴谋失败，但通过内应进入城市的可能性仍然存在。

186

遵照米海尔八世的指示，尼西亚军队进入君士坦丁堡城墙的视野范围。果然，机会降临了。原来，拉丁皇帝鲍德温二世派出了大部分军队攻打普洛彭提斯海上的一座岛，导致君士坦丁堡几乎处于不设防状态。一名来自塞利布里亚的农民，在斯特拉特戈普洛斯的审问下，透露出城墙下有一条连接城内两座修道院的地道。夜幕降临，一小队尼西亚士兵悄然通过地道潜入城中，打开了金门。随即尼西亚军队架起攻城梯，翻越城墙，大举进入城内，受到了市民的热烈欢迎。拉丁皇帝鲍德温二世被迫逃亡，不久，米海尔八世在圣索菲亚大教堂正式加冕，登基为帝。

君士坦丁堡这一次陷落，既不靠激烈的围攻，也不靠英雄式的壮举，只依靠谋略、准备和警觉。历史一再证明，这座伟大的城市往往因内部分歧而沦陷。拉丁皇帝鲍德温二世或许会将其归咎于背叛；而对于米海尔八世来说，这是拜占庭帝国的合法继承人收复失地。另外，不可否认的是，在斯特拉特戈普洛斯率军攻占君士坦丁堡之前，这座城市至少承受了一年的压力，始于卡约的安索与尼西亚的密谋和后者对加拉太地区的攻击。在这种情况下，鲍德温二世竟然调离军队，使城市暴露于敌军攻击之下，显然是严重失职。因此，他被驱逐出境，理所应当。而米海尔八世在外交和军事上双管齐下的策略堪称明智，最终取得成功也就不足为奇了。

君士坦丁堡的陷落和拉丁帝国的灭亡，犹如耶路撒冷和阿卡①失守般，在西欧掀起轩然波澜。许多由前拜占庭帝国遗民建立的国家也深受震荡，但对于他们来说，这并不意外，尤其是考虑到两年前佩拉戈尼亚战役的结果以及尼西亚帝国与热那亚的结盟。尼西亚帝国已经证明，它是这些继承国中最为强大的。

187

---

① 耶路撒冷和阿卡都是十字军东征时期的关键城市，耶路撒冷是基督教的圣地，1099 年第一次东征期间十字军成功占领耶路撒冷后，建立了耶路撒冷王国，这是十字军国家中最重要的一个，耶路撒冷的沦陷直接影响到基督教世界对圣地的控制，被视为对基督教信仰的重大打击。而阿卡（亦称阿克尔）位于今天的以色列，是重要的港口城市，历史上多次作为十字军东征的集结地和补给地，是最后一个保持在十字军手中的重要据点，阿卡的陷落标志着十字军在圣地的最终失败和十字军国家的实质性结束。——译者注

第二十章　敌在内部——内战

1376 年、1379 年及 1390 年之围

米海尔八世执政期间可谓功勋卓著，但在其谢世后的一个世纪里，拜占庭帝国的疆域，包括君士坦丁堡辐射区域日益缩小。究其原因，是皇室与贵族沉溺于内战，国内动荡不安。1321—1322 年及 1327—1328 年，安德洛尼卡二世与安德洛尼卡三世之间爆发内战。1341 年至 1347 年，约翰五世·巴列奥略戈斯（John V Palaiologos）与约翰六世·坎塔库泽努斯（John Ⅵ Kantakouzenos）交锋；1352 年到 1357 年，二人再度兵戎相见。内战使得帝国的敌人得以伺机而动，蚕食其领土，亚洲的突厥人、欧洲的保加利亚人与塞尔维亚人、海上的威尼斯人与热那亚人无不乘虚而入，帝国疆域日渐缩减，这是可以想见的结果。因此这些内战，往往也伴随着一个或多个外部敌人的参与。

雪上加霜的是，1347 年至 1348 年间，黑死病（the Black Death）横扫君士坦丁堡甚至整个帝国。疫病由一艘自克里米亚驶来的热那亚船只带来，君士坦丁堡也成为除克里米亚之外，欧洲首个被黑死病冲击的城市。随着蒙古人对欧洲的入侵，货物和人员的流动更为频繁，旅行也更加便利，这些因素都加速了瘟疫的传播。这次疫情导致君士坦丁堡人口锐减，有三分之一到二分之一的人口不幸丧生。农村地区也未能幸免，人口凋敝，财富缩水，生产停滞，农业衰退，瘟疫所到之处生灵涂炭。在政治层面，黑死病的侵袭也造成了深远影响。由于人口锐减，原本规模庞大的军队如今也只剩下寥寥数百人，使得那些争权夺位的皇帝和意图篡位之人再也无力发动大规模战争。

在接连不断的内战中，最接近围城的战事发生在第二次内战和第三次内战间隙，即 1347 年至 1349 年间。当时，热那亚和威尼斯两国在君士坦丁堡周围海域展开激烈交锋。两国都期望或请求拜占庭皇帝约翰六世（1347—1354 年在位）提供援助，但未得到任何回应。在一次难分胜负的海战之后，威尼斯人选择撤出战斗。热那亚人见状，怒气难消，便将矛头指向君士坦丁堡，发动了攻城战。不过，他们的进攻似乎只是出于对拜占庭皇帝冷淡态度的不满，所以并不坚决。拜占庭皇帝派遣海军迎战，却以惨败告终。拜占庭新造的战舰在那些毫无经验的水手的操控下，全部落入了热那亚人手中。不过，热那亚人并没有乘胜追击，而是选择就此罢手。这一决定对于拜占庭帝国来说，可谓一种莫大的羞辱，因为这表明其已沦落到不值一击的程度。

不过，威尼斯和热那亚之间的战争并没有就此结束，反而愈演愈烈，但双方都未把攻占君士坦丁堡视为首要目标。威尼斯人更看重的是位于金角湾以北的加拉达郊区，那里是热那亚工厂所在地，因此也成为威尼斯人的打击目标。而对热那亚来说，攻打君士坦丁堡需要投入大量的人力物力，耗费巨大的成本，这对于实力有限的他们来说，实在力有未逮，因此也只能将目标锁定在加拉达地区。在黑死病肆虐君士坦丁堡，欧洲遭受有史以来最严重的瘟疫冲击的情况下，这场意大利人之间的战争可谓一时奇景。

到了 14 世纪 70 年代，拜占庭帝国的疆域更见缩小，尽管名义上仍然是一个帝国，但领土已支离破碎，不复昔日的辽阔。帝国版图只剩下君士坦丁堡及周围的土地，距离城墙最远不超过 30 公里；孤悬海外的塞萨洛尼基，领土几乎微不足道；还有伯罗奔尼撒〔摩里亚（Morea）〕半岛的一部分；以及普洛彭提斯海和黑海西部沿岸的几个城镇。除此之外，非拉铁非（Philadelphia）① 也属于拜占庭帝国的领土，但它同样是一座位于小亚细亚西部，完全孤立于另一片大陆的城市。

彼时，小亚细亚西北部悄然崛起一股新兴势力。13 世纪 60 年代和 70 年代，塞尔柱苏丹国分崩离析，取而代之的

---

① 非拉铁非，现称阿拉谢希尔（Alaşehir），位于小亚细亚西部，于公元前 189 年左右建立。——译者注

是数个小型土耳其酋长国（Turkish emirates）。其中，奥斯曼（Osman）于 1300 年左右建立的酋长国尤为强盛。该酋长国位于小亚细亚西北部，位于昔日尼西亚帝国的腹地，其首府瑟于特（Sogut）距离尼西亚不过百里之遥。奥斯曼苏丹国（Ottoman Sultanate）以吉哈德（jihad）[①]为立国之本，不断征伐周边基督教势力，磨炼了其统治者及军队的战斗技巧，逐渐声名鹊起。奥斯曼之子奥尔汗苏丹（Sultan Orkhan，1326—1359 年在位）在位期间，他趁加里波利半岛部分城镇居民在一系列地震后被疏散之机，于当地驻扎军队，为日后扩张奠定了基础。此举与一个世纪前尼西亚帝国皇帝约翰三世·瓦塔泽斯的策略如出一辙，当时他也是通过这样的策略收复了色雷斯。此外，奥尔汗苏丹还将势力拓展至博斯普鲁斯海峡、普洛彭提斯和赫勒斯滂海峡的亚洲沿岸，即古代的赫勒斯滂弗里吉亚、比提尼亚和特洛阿德这片区域。过去半个世纪以来，拜占庭帝国内战各方都曾雇用或借用过奥斯曼土耳其的军队，因此他们在欧洲的永久驻扎不出意料。但是，奥斯曼苏丹国的崛起，无疑为拜占庭帝国的内战增添了新的变数。巴尔干半岛上存在着多个实力孱弱的王国，极有可能被奥斯曼人出兵征服，而前者甚至可能也乐于与其结盟来实现自身目的。果不其然，下一任奥斯曼苏丹穆拉德一世（Murad Ⅰ）于 14 世纪 60 年代攻占哈德良堡，并在

---

① 吉哈德，伊斯兰教及伊斯兰世界常用的宗教术语，出自阿拉伯语词根"jahada"，即"作出一切努力"或"竭力奋争"之意。在伊斯兰语中，"jihad"是穆斯林的宗教义务；在阿拉伯语中，"jihad"这个词转化为名词，意为"挣扎"。——译者注

长达一个世纪的时间里将其作为苏丹国在欧洲的首都。

自 1261 年米海尔八世收复君士坦丁堡至 1376 年拜占庭帝国内战再次爆发，这座城市本身鲜少面临直接威胁，1350年热那亚的挑衅亦不足为惧。然而，帝国领土有限，难免遭到敌军或叛军侵扰，君士坦丁堡也未能幸免。尽管经历了数次内战，这座城市在那一百年来却从未被围攻。拉丁帝国时期遭受的严重破坏，并未阻碍君士坦丁堡复苏，其人口在瘟疫来袭之前一直在逐渐回升，贸易体系也愈加繁荣，不过大部分贸易掌握在意大利人手中。然而，长达一个世纪的平静期在 1376 年结束，君士坦丁堡再次迎来了围攻的考验，在接下来的 80 年时间里，这座城市前后共经历了七次围攻，最终难逃沦陷的命运。

1376 年，拜占庭宫廷风云变幻，安德洛尼卡在热那亚人的暗中帮助下成功越狱，并随后颠覆了其父——拜占庭皇帝约翰五世的统治。热那亚人之所以插手此事，是因担忧约翰五世即将与威尼斯达成的协议会损害自身利益。这场权力的争夺不仅仅是父子之间的对抗，同样也是兄弟之间的较量。约翰五世偏爱幼子曼努埃尔作为继承人，并为此将安德洛尼卡从王位继承序列中除名。自 1354 年登基以来，约翰五世统治多年，如今已年迈体衰，其统治的终结似乎近在眼前，因此继承权的问题变得尤为迫切。安德洛尼卡此前因图谋篡位而被囚禁。此次，在热那亚人的助力下，他围攻了君士坦丁堡。城内的约翰五世孤立无援，而安德洛尼卡至少得到了奥斯曼苏丹穆拉德一世名义上的支持。围城战持续了整整一个月，最终，约翰五世与其子曼努埃尔不得不投降。他们被囚禁在阿涅马斯塔（the Tower of Anemas），这座曾经是布拉赫奈宫一部分的塔楼，现已沦为关押政治犯的牢狱。

190

约翰五世对奥斯曼苏丹穆拉德一世支持其子——新登基的拜占庭皇帝安德洛尼卡四世（Andronikos IV）——的行为明显不满。多年来，约翰五世一直作为穆拉德一世的附庸和军团长，忠实地服务于苏丹。然而，当父子之间的权力斗争爆发时，穆拉德一世却巧妙地利用这场争端来支持安德洛尼卡，以此谋利，获取他渴望控制的领土——港口城市加里波利。加里波利是奥斯曼帝国在加里波利半岛上的战略要地，也是连接亚洲与欧洲的重要航线交会点，控制它便控制了赫勒斯滂海峡，进而控制了所有经由此地的船只。尽管奥斯曼人在 14 世纪 50 年代曾短暂占领加里波利，但不久后被约翰五世夺回。然而到了 1377 年，穆拉德一世再次夺回加里波利，并有效地利用这一战略位置向欧洲输送军队。这一举措不仅为他在色雷斯的驻军提供了更加坚固的后盾，也为其向巴尔干半岛的进一步扩张打下了基础。穆拉德一世随后控制了赫勒斯滂海峡，并迅速将加里波利发展成一个重要的军事港口，成为他随时可以部署军力的战略据点。借助于军事策略和技术的优势，奥斯曼人在不直接占领君士坦丁堡的情况下，逐渐扩展了他们在欧洲的势力。就像早年的约翰三世·瓦塔泽斯一样，他们巧妙地扩张了自己的领土，将自己的影响深植于欧洲的土地之中。

1379 年，约翰五世和曼努埃尔从牢狱中逃脱，再次寻求奥斯曼苏丹穆拉德一世的庇护与支援。穆拉德一世的援助并非平白无故，而是出于削弱拜占庭实力的策略。得到苏丹的支持后，约翰五世与曼努埃尔重返君士坦丁堡，对其子安德洛尼卡四世展开了包围。此次围攻与 1376 年的战役相比，持续时间更长。安德洛尼卡四世被迫离开君士坦丁堡，流亡至加拉达地区，在那里，他获得了热那亚人的支持与庇护。到了 1381 年，这场旷日持久的内战终于在谈判桌上宣告结束，但拜占庭帝国的实力、权力和威望已大为削弱。约翰五世和曼努埃尔指挥着穆拉德一世借给他们的土耳其军队，在威尼斯船只的支持下，继续对退守在加拉达地区的安德洛尼卡四世进行围攻。这场围攻持续了整整一年，其间，安德洛尼卡四世得到热那亚军队的援助。奇异的是，这场内战似乎完全没有拜占庭本土军队的参与。在这场兄弟之争中，约翰五世为了获得穆拉德一世的支持，不得不接受苛刻的条件，将拜占庭帝国沦为奥斯曼帝国的附属国，向其纳贡。

至此，纷争犹未平息。1385 年，安德洛尼卡四世逝世，其子约翰继承了皇位——他曾在父亲统治期间被加冕为共治皇帝，即约翰七世（John VII）。至 1390 年，历史再次翻开了冲突的篇章，约翰七世率领一支由奥斯曼帝国新苏丹巴耶济德（Bayazid）支援的土耳其军队及热那亚人组成的联军向君士坦丁堡进发。他们对这座古老的城市发起了围攻，要求市

191

民承认约翰七世为新帝。然而，市民中支持者寥寥，以至于他们必须在夜幕下，用武力威胁街头穿着睡衣的市民。与此同时，约翰五世避往防御坚固的金门，而曼努埃尔则设法逃脱，并开始集结力量。他召集了包括罗得岛的圣约翰骑士团（the Knights of St John at Rhodes）[1] 在内的几个盟友的船只。这些船只和拜占庭的士兵合力，足以将约翰七世赶出君士坦丁堡。在一场中午进行的战斗中，他们终于俘获了约翰七世的士兵。战斗规模并不大，曼努埃尔仅集结了五艘战舰和一些小船，但这已足以完成任务，结束这场奇异的内战。

约翰五世一生历经动荡后，于次年辞世，曼努埃尔即位为皇帝，而约翰七世则在不远的塞利布里亚伺机而动。这时，新晋奥斯曼苏丹，绰号为"闪电"（Yilderim）[2] 的巴耶济德提出了取得他支持的条件：要求拜占庭提供一支由 100 名士兵组成的军队加入奥斯曼的远征。之所以是 100 名士兵，是因为这可能是约翰七世所能调动的全部力量，也可能仅仅是象征性地表明其附庸地位。换句话说，巴耶济德要求这样的

---

[1]　罗得岛的圣约翰骑士团，是中世纪的基督教军事骑士团，起源于 11 世纪为服务和保护朝圣者前往圣地的医院骑士团。1309 年，圣约翰骑士团在被穆斯林势力从其在巴勒斯坦的基地驱逐后，占领了罗得岛，并将其作为骑士团的总部。1522 年，当时奥斯曼帝国的苏丹派遣大军企图夺取罗得岛，最终圣约翰骑士团被迫投降并离开，在 1530 年定居于马耳他，成为马耳他骑士团。今天，马耳他骑士团仍然以从事慈善和医疗活动的形式继续存在。——译者注

[2]　巴耶济德一世，被称为"闪电"（Yilderim，意为"雷电"），奥斯曼帝国苏丹，统治时期为 1389 年至 1402 年。他的军队以攻势猛烈著称，经常迅速征服欧洲的城镇和要塞，因此赢得了"闪电"这一绰号。1402 年，他在安卡拉的战役中被蒙古帝国后裔帖木儿俘虏，最终在囚禁中离世。——译者注

军事支援，旨在公开宣示约翰七世为其附庸。巴耶济德出征时带上了约翰七世，防止他再次发动政变。

当拜占庭帝国巴列奥略家族（the Palaiologoi）^①的皇帝们沉溺于内斗与私利之争时，奥斯曼帝国的影响力却在稳步壮大。自 1366 年首次占领加里波利起，至 1377 年最终巩固了对此地的控制，为之后征服赫勒斯滂至多瑙河间的几个脆弱王国铺平了道路。在此过程中，奥斯曼帝国的苏丹们还成功地将安纳托利亚的敌对突厥酋长国纳入版图，有些地区甚至被完全吞并，从而确立了奥斯曼帝国在金牛山脉东部的边界。在欧洲，奥斯曼的力量同样在扩张。1371 年，保加利亚人在战场上被击败，随后成为奥斯曼的附庸。塞尔维亚在 1389 年的科索沃战役（Battle of Kosovo）^②中遭到重创，防御力量被严重削弱，苏丹穆拉德一世也在此战中阵亡。到了 1396 年，保加利亚的残余部分终被奥斯曼彻底吞并，至此奥斯曼帝国的西北边界已延伸至多瑙河。巴耶济德继承了前任苏丹们的遗志，完成了大部分的领土扩张。这些成就在前苏丹们与对手经历了长达一个世纪的冲突与战斗之后才得以实现。如今，

192

---

① 巴列奥略家族是一个拜占庭希腊贵族家族，他们在 13 世纪末崛起，并建立了拜占庭帝国最后一个统治王朝。从 1261 年到 1453 年，直至君士坦丁堡沦陷于奥斯曼土耳其人之手，巴列奥略家族的统治持续了近两个世纪。王朝的奠基人是米海尔八世·巴列奥略戈斯（Michael Ⅷ Palaiologos），他从拉丁帝国手中夺回君士坦丁堡后，将拜占庭帝国的首都光复。——译者注

② 科索沃战役是巴尔干历史上的一次关键军事冲突，发生在今天的科索沃平原上。这场战役主要是塞尔维亚军队与奥斯曼帝国军队之间的对抗。通常认为战役结果是，双方都未能获得决定性胜利。奥斯曼军队未能完全击溃塞尔维亚军队，但塞尔维亚的防御力量遭到了削弱。——译者注

奥斯曼帝国的规模与边界可与 7 世纪时阿拉伯的征服（the Arab conquest）[①] 以及拜占庭帝国在巴西尔二世时期的辉煌相媲美。

奥斯曼帝国的军事策略，作为帝国扩张的基石，体现了其制定者的智慧与远见。苏丹掌控着一支精英核心军队，这支军队由训练有素、忠诚无比且报酬丰厚的土耳其士兵组成。为了强化这股力量，奥斯曼人从其广袤的征服领土中征召人力，组建特遣队伍。这些队伍通常由已屈服为附庸的地方统治者指挥，如约翰五世和约翰七世等人。在巴尔干半岛，许多基督教统治者对此策略并不反感。实际上，他们通过与奥斯曼帝国的这种关联，得以在自己动荡不安的王座上获得某种程度的支持与安定——这与拜占庭皇帝的处境颇有几分相似。然而，这些附庸国的持续存在，也揭示了奥斯曼帝国内部潜在的不稳定。巴耶济德对领土的进一步吞并，可以视为对这种根本性弱点的直接回应，是其企图巩固帝国内部统一与权威的行动。

奥斯曼帝国尽管在战场上战果丰硕，但仍有一座至关重要的城池未曾收归旗下，那便是君士坦丁堡。对这座古老的拜占庭帝都的占领，不仅将为奥斯曼帝国的辉煌战绩画上完美的句点，更是确保其战果持久安全的关键。虽然种种因素

---

① 阿拉伯的征服指在公元 7 世纪，阿拉伯人在伊斯兰教先知穆罕默德的带领下开始了一系列的征服活动，通常也被称为"穆斯林的征服"。当时阿拉伯人的力量扩张远至中国、印度次大陆，穿越了南亚、中亚、北非、西西里岛和伊比利亚半岛直至比利牛斯山。——译者注

一度导致征服计划中断，但君士坦丁堡无疑仍是奥斯曼帝国的首要战略目标。然而，奥斯曼人未曾预料到，攻克这座宏伟城池竟需耗费逾半个世纪之久。

193

第二十一章　包抄而来的敌人——奥斯曼土耳其人

1394—1402 年、1411—1413 年及 1422 年之围

奥斯曼苏丹国融合了两种帝国类型：伊斯兰"圣战国家"（Islamic jihad state）[①] 和勇士帝国（warrior empire）[②]。这两者虽有相似之处，却并非完全相同。"圣战国"往往内部组织松散，容易陷入派系纷争，通常因宗教诠释差异而兵戎相见。战士对伊斯兰教的理解往往成为其精神支柱，但若屡战屡败，民众士气便会迅速消沉。相比之下，勇士帝国则以征战为常，并依赖征服维系生存。7 世纪早期的阿拉伯帝国是

[①]　伊斯兰"圣战国家"，强调的是奥斯曼帝国在其扩张过程中的宗教动机和使命。在伊斯兰教义中，"圣战"（jihad）是一个重要概念，通常指为维护或扩张伊斯兰教而进行的斗争。奥斯曼帝国利用这一概念来合法化其军事征服和扩张，声称是在为伊斯兰教的利益和真主的旨意而战。——译者注

[②]　勇士帝国则强调了奥斯曼帝国的军事性质和战士文化，反映了奥斯曼帝国的军事组织和社会结构，其中战斗人员在社会和政治层面上占据了核心地位。——译者注

"圣战国"的典型代表，14 世纪早期的奥斯曼帝国亦与此类似。19 世纪的西非索科托哈里发国（the Sokoto caliphate）[①]和马赫迪苏丹国（Mahdist state）[②]，以及 21 世纪初在美索不达米亚短暂存在的伊斯兰"圣战国家"，也皆属此列。罗马共和国和亚历山大大帝的帝国，则堪称勇士帝国的典范。美国在西部扩张时期，以及英国在印度的征服，亦体现出勇士帝国的特征。

　　两种国家类型融合时最初会形成"圣战国家"——奥斯曼帝国称之为"加齐"（gazi）。如果这类国家能够延续足够长的时间，往往会演变为勇士国家，并将宗教起源作为其征服的正当理由，阿拉伯哈里发国就是此类演变的典型代表。它们的征伐目标通常是非伊斯兰国家，例如，奥斯曼帝国对东欧基督教国家的战争，但也包括异端伊斯兰社会，例如，萨非王朝（the Safavid）[③]统治下的什叶派化伊朗（Shi'a

---

[①]　索科托哈里发国是 19 世纪初由西非学者和改革家乌斯曼·丹·福迪奥（Usman dan Fodio）在今日尼日利亚北部建立的一个伊斯兰国家，这个哈里发国基于伊斯兰教法的原则，试图建立一个更公正、更符合伊斯兰教义的政治和社会结构。1903 年，该国被英国殖民势力征服。——译者注

[②]　马赫迪苏丹国是在 1881 年由穆罕默德·艾哈迈德宣称自己为"马赫迪"（即伊斯兰教预言中的救世主）后，在苏丹建立的一个伊斯兰政权。该国在 1898 年的奥姆杜曼战役中被英国—埃及联军击败，随后被并入英国和埃及共同管理下的苏丹殖民地。——译者注

[③]　萨非王朝，16 世纪至 18 世纪初期在今天的伊朗地区执政的一个重要的波斯王朝，1501 年建立，存续至 1722 年。——译者注

Iran）[1]。随着演变的深入，这类国家往往会变得高度官僚化——事实上，对于任何一个帝国的持久延续而言，稳定的官僚机构都是必不可少的。税收收入越来越多地被用于战争，而用于其他方面的支出则相对较少。它们极其擅长征服战争，但与所有征服型国家一样，最终也会达到其地理扩张的极限。此时，官僚机构和军队会逐渐僵化，沉湎于昔日的胜利，并将维护现有领土视为首要任务。这便是其衰落之始。

到了 14 世纪末，奥斯曼苏丹国正处于从其诞生之初的"圣战国家"向官僚勇士帝国转变的关头。此时，它将饥渴的目光投向了君士坦丁堡。在 15 世纪上半叶，奥斯曼苏丹四次围攻这座城市，试图将其纳入囊中。

1394—1402 年的围城与封锁

奥斯曼苏丹国从加齐演变为官僚帝国的过程中，苏丹巴耶济德一世（1389—1402 年在位）的统治可谓典型。他有效地平息了叛乱，将多个不满的省份和附庸国重新组织为易于管理的行政区。这些省份中多居住着基督徒，他们并未被迫改信伊斯兰教，这显示了一种相对的宗教宽容政策。为了夺

---

① 什叶派化伊朗指萨非王朝上台后，采取了一系列政策将什叶派伊斯兰教确立为国教。而在此之前，伊朗的主要宗教信仰是逊尼派伊斯兰教。——译者注

取对君士坦丁堡的控制权，特别是在拜占庭的新任皇帝曼努埃尔二世（Manuel Ⅱ，1391—1425 年在位）开始拒绝缴纳贡款时，巴耶济德一世采取了一系列果断措施。1394 年，他占领了该城的色雷斯腹地，并修建了一系列堡垒，以控制城内居民并实施陆地封锁。因此，君士坦丁堡城外依次是由两堵墙和两条壕沟组成的城墙，然后是一片空地——"无人区"，最外围则是奥斯曼的堡垒线。这座城市因而陷入了长达近八年的封锁状态。从 1394 年开始，奥斯曼军队年复一年地围攻君士坦丁堡，虽然他们的多次进攻均被击退，但他们对城外附近乡村的破坏却很彻底。这场围城封锁持续了八年，城内的生活条件极为恶劣，然而这还不足以迫使城内居民投降。

与此同时，巴耶济德在欧洲战场上纵横捭阖，将保加利亚纳为附庸国，并成功征服了塞尔维亚。他在波斯尼亚和多瑙河对岸的瓦拉几亚（Wallachia）设立了边境行省，以此筑起一道屏障，防范那些未被征服地区的潜在威胁。与此同时，瓦拉几亚的领主们以典型的"圣战"方式，对基督教邻国发动了多次侵袭。这一切行动表明，奥斯曼苏丹国既是一个官僚国家，又维持着在边境展开"圣战"的战斗精神。在亚洲，巴耶济德采取了重组手段，将大部分仍处于附庸统治下的区域整合为一个庞大的行省——阿纳多卢（Anadolu）。在亚洲，一息尚存的土耳其附庸国渐显衰落，他们将希望寄托于东方，寻求外援，这种情况与君士坦丁堡皇帝曼努埃尔二世向西方列强寻求帮助，以对抗强大的土耳其势力颇有相似之

195

处。同时，在中亚和伊朗，来自大草原的新征服者——跛子帖木儿（Timur the Lame）[①]，正以伊斯兰征服者的身份霸道横行。1396 年，他征服了伊朗，随后准备进军伊拉克和美索不达米亚，而奥斯曼帝国的安纳托利亚显然成了他的下一个目标。值得一提的是，帖木儿的征服对象无一例外都是伊斯兰国家。为了抵御帖木儿的威胁，巴耶济德与埃及的马穆鲁克王朝和一位亚美尼亚国王结成了防御联盟。不过，帖木儿最终放弃了对安纳托利亚的进攻，转而处理中亚的内部问题，并发动了对印度的入侵。

1394 年对君士坦丁堡的封锁并非一帆风顺，其间穿插着零星的进攻，但无一例外均以失败告终。与此同时，城内的居民也不甘示弱，发起了一系列反击，但同样未能扭转局势。这座城市很快陷入了近乎饥荒的困境。威尼斯方面偶尔会运送物资支援，每年约有三艘船共 300—400 吨的粮食运抵城内，但未必能顺利送达。特拉比松和一些黑海港口也向君士坦丁堡提供了援助。此外，君士坦丁堡还得到了外部势力的支持。1395 年，巴耶济德不得不抽调大部分兵力北上迎战，这让君士坦丁堡暂时松了一口气。次年，由匈牙利国王率领的一支庞大军队集结在多瑙河畔，意图支援君士坦丁堡，但

[①] 跛子帖木儿是一位突厥化蒙古军事领袖和帝国建立者，出生于 1336 年，起事时被打伤，从此跛脚，因此人称跛子帖木儿。帖木儿本是小部族的首领，后来通过军事征服扩展领土，最终建立了帖木儿帝国，以今天的伊朗为中心，范围涵盖了中亚、南亚和西亚的部分地区，其创建的帝国在他去世后不久便开始分崩离析。——译者注

最终在尼科波利斯（Nicopolis）败下阵来。1399 年，法国元帅布西科（Marshal Boucicaut）在尼科波利斯战役中被俘，获释后途经君士坦丁堡返回法国。之后他率领着一支约 1000 人的军队返回，为这座岌岌可危的城市带来了新的希望。布西科的部队与君士坦丁堡城内守军密切配合，积极出击，并成功夺取了巴耶济德位于博斯普鲁斯海峡沿岸的一个要塞——里瓦（Riva）。

巴耶济德在接管了爱琴海沿岸被吞并的酋长国后，开始利用当地船只尝试对君士坦丁堡实施海上封锁。然而，这一封锁策略并未能严密执行，君士坦丁堡的物资供应并未完全被切断。历史记载中，一些机智的君士坦丁堡商人仍能派遣船只穿越爱琴海的某些区域，购买所需物资，并成功将其运回城市。这些商船通常会在热那亚人掌控的佩拉（现称加拉达区）登陆。由于佩拉的地理位置，它成为物资转运的理想之地，从那里可以轻松通过金角湾到达城市内部。尽管金角湾的入口已被新设的吊杆封锁，它取代了以往的封港铁链，但这条水路依旧保持畅通。此外，位于阿索斯山的修道院也接到了特殊指令，被要求通过位于莱斯沃斯岛上的领地向城内输送粮食。他们成功地完成了这一使命，将宝贵的物资安全运达君士坦丁堡。

在被围困的君士坦丁堡城内，富人占据着优势。他们能够负担得起暴涨的食物价格，甚至可以派船出海采购物资，城中贵族约翰·贡德勒斯（John Goudeles）就曾派船外出采

196

购。他虽富贵，却依然将进口物资以创纪录的高价出售，以此牟利。城内居民为购置昂贵食物而纷纷抛售房屋或店铺，住房价格应声下跌。与此同时，城墙内的农田价格却因粮食收益的增加而水涨船高。简言之，君士坦丁堡正经历着所有被围困城市都会遭遇的困苦、贫穷以及食物与财富分配不均的现象。

在布西科元帅的劝说下，拜占庭皇帝曼努埃尔二世决定向西欧列强寻求援助，以解君士坦丁堡之围。他的主要目标是教皇、法国国王和德国皇帝，除此之外，他还远赴伦敦寻求帮助。为了促成增援，布西科斡旋并促成了曼努埃尔二世与约翰七世的和解。1399 年，曼努埃尔二世与布西科乘船离开君士坦丁堡，将城市的统治权交给了约翰七世。然而，他们的外交努力收效甚微，几乎没有获得任何实际援助。

不过，此时来自外部的威胁迫使巴耶济德放松了对君士坦丁堡的封锁。1395 年和 1396 年，多瑙河战事频发，巴耶济德不得不抽调兵力应对，导致封锁力度减弱。此外，巴耶济德对围城的毫无进展也心急如焚，于是将精力投入其他战事之中。在这样的情况下，土耳其船只并未干扰威尼斯和热那亚商船的贸易航行，这显然有利于君士坦丁堡获得物资补给，有可能巴耶济德不愿将这两个国家激怒为敌。与此同时，东方传来消息，帖木儿在 1400 年卷土重来，对巴耶济德的领土构成严重威胁。

帖木儿的政治手腕可谓拙劣。他的军队擅长攻城略地、一往无前，屠杀战败的平民，但他个人的政治视野却仅限于战场上的胜利和对敌人的毁灭，构建稳定秩序似乎超出了他的能力范围。相比之下，巴耶济德则展现出卓越的政治才能，他致力于建设一个可持续发展的帝国。这项工作刚刚起步，有时会因他过度的猜疑而中断，但无疑是一项比帖木儿所作所为更有意义的事业。1402 年，两位雄主的军队在安卡拉（Ankara）交锋，巴耶济德惨遭败北，本人亦被俘虏并于次年去世。然而，帖木儿所做的仅仅是恢复近期被巴耶济德征服的伊斯兰酋长国，未能对奥斯曼苏丹国造成进一步致命打击。奥斯曼帝国在欧洲得以幸存，并迅速收复安纳托利亚的大部分领土。而那些被扶持起来的酋长国则过于弱小，无法长久维系。帖木儿的入侵只是昙花一现，仅仅让奥斯曼苏丹国的崛起进程延缓了一代人的时间，却无法阻挡其前进的脚步。

　　对于君士坦丁堡而言，帖木儿的胜利意味着一段短暂的喘息期，这种情形也在该地区的其他地方出现过。巴耶济德撤回军队，迎战帖木儿，从此一去不复返。战争中的基督教幸存者在拜占庭帝国船只的帮助下，渡过博斯普鲁斯海峡返回君士坦丁堡城内。巴耶济德的离世导致了奥斯曼苏丹国的混乱和崩溃，奥斯曼帝国在随后的十余年间陷入了复杂的继承权争夺战。在这段充满纷争的时期，奥斯曼帝国无力再关注外部事务，对外活动几乎陷入停顿。

197

1411—1413 年之围

巴耶济德离世后留下四位子嗣，却未明确指定继承者。王位的继承问题只能通过四兄弟间的内战来决定，这也为他们的敌人提供了可乘之机。在加里波利，代为统治拜占庭的约翰七世与巴耶济德的儿子之一苏莱曼，达成了一项条约。苏莱曼希望控制奥斯曼帝国的欧洲领土，并趁机收复了君士坦丁堡附近的部分领土。同时，奥斯曼帝国在安纳托利亚的内战也在激烈进行。穆罕默德，这位在小亚细亚东北部的布尔萨（Bursa）建立基地的皇子，与帖木儿任命的总督们进行了激烈的角逐。他从布尔萨出发，逐步扩展了在安纳托利亚北部的势力范围。与此同时，他的兄弟伊萨（Isa）和穆萨（Musa）也在安纳托利亚的其他地区自相残杀。在欧洲，苏莱曼确立了从哈德良堡到君士坦丁堡的统治，但局势并不稳定。一些基督教附庸国对奥斯曼帝国的重新统治心存不满，暗中蠢蠢欲动。

这一切发生时，拜占庭皇帝曼努埃尔二世正在欧洲求援。归国后，他获悉侄子约翰七世已与苏莱曼达成新条约，收复了摩里亚、普洛彭提斯沿岸地区、黑海沿岸地区、靠近君士坦丁堡的色雷斯地区以及塞萨洛尼基等部分领土，并免除了向巴耶济德缴纳的贡款。尽管这些收复的土地位置分散，且易受到奥斯曼帝国复兴的威胁，但这对拜占庭帝国来说仍是一个相当有利的结果。苏莱曼在随后的确认条约中承认曼努埃尔二世为封建领主，这一行动似乎揭示了苏莱曼对形势感到危急，正在试图化解拜占庭潜在或实际存在的敌意。

这场关系的逆转虽出乎意料，但曼努埃尔二世并不认为这种局面会持久。在接下来的几年里，他巧妙地利用奥斯曼帝国四兄弟间的内斗为拜占庭谋取利益。在拜占庭与苏莱曼签订条约后不久，穆萨便越过边境进入欧洲，对苏莱曼的统治发起挑战。1405 年帖木儿去世后，穆罕默德在亚洲巩固了自己的权力，并将其领土扩张至整个安纳托利亚。由此，奥斯曼帝国分裂为欧洲和安纳托利亚两个部分。考虑到巴尔干半岛的基督教人口在拜占庭皇帝的号召下可能会团结起来争取独立，曼努埃尔二世希望这种分裂持续下去，或至少希望奥斯曼帝国内部的争斗能持续存在，以便他有更多的时间为未来的独立与自主争取更多可能。

苏莱曼和穆萨在欧洲的冲突持续至 1411 年，最终以穆萨的胜利收场。对曼努埃尔二世而言，这是一个不祥之兆，因为相比于苏莱曼那依赖基督徒援助的温和政策，穆萨更倾向于寻求奥斯曼狂热"加齐"战士的支持。穆萨的胜利预示着一个更为强硬的统治者的崛起。在这场战争期间，曼努埃尔二世曾派兵前往哈德良堡支援苏莱曼。因此，穆萨一取得胜利，便迅速对拜占庭帝国发起攻击，并在 1411 年 2 月对君士坦丁堡发起了新一轮的围攻。苏莱曼曾分配给拜占庭的色雷斯领地遭到烧毁和洗劫，穆萨将他的军队部署在城墙之下，迅速收复了大部分此前归还给拜占庭的领土。此外，孤立无援的塞萨洛尼基也未能幸免于难，遭到了攻击。

不过，在巴耶济德逝世后的宝贵时光里，曼努埃尔二世并未坐以待毙。他积极备战，大量储备食物和武器，修复了城墙——这项工程曾由约翰七世启动，但在巴耶济德的阻挠下未能完成。此外，他还组建了一支能够对抗土耳其舰队的海军力量，即使无法与威尼斯和热那亚的海军匹敌，亦不容小觑。此外，拜占庭帝国的城墙是其得天独厚的优势，为城市提供了坚不可摧的屏障。土耳其军队主要由轻步兵和快速骑兵组成，机动性虽强，但在火炮的配备上却相对匮乏。这使得他们虽能攻占一些城市，却难以轻易取胜，而君士坦丁堡的坚固城墙则构成了一道难以逾越的屏障。穆萨的军队对君士坦丁堡的围攻未能奏效，他的舰队同样被曼努埃尔二世新建的海军击溃。

曼努埃尔二世在这场危机中展现出高超的外交手腕。他与亚洲的穆罕默德取得联系，并达成协议，将穆罕默德的军队运送到欧洲。因此，当穆萨围攻君士坦丁堡时，穆罕默德率领他的亚洲军队前来，试图解围，或至少在围攻军的营地中给予他们致命一击。与此同时，曼努埃尔二世也组织部队进行坚决的防御，并取得了显著的成果。这一策略延续了拜占庭帝国在重大压力和紧急情况下常用的手法——寻求远方盟友的支援，不论是威尼斯、热那亚、匈牙利、十字军，还是草原上的游牧民族。然而，这一次的不同之处在于来自奥斯曼王子穆罕默德的关键援助，帮助他们化解了危机。实际

上，穆罕默德在率军渡海之前经历了三次失败，但最终成功
登陆欧洲并击败了穆萨的军队。随着穆萨的战败和死亡，始
于 1411 年的君士坦丁堡围城战在持续两年后，终于在 1413
年解除。穆罕默德，一位与曼努埃尔二世一样正直的君主，
在 1413 年签订的新条约中恢复了苏莱曼在 1403 年给予拜占
庭的领土。经历了长时间的围困和无尽的焦虑后，拜占庭帝
国终于再次获得了喘息之机。

1422 年之围

　　1421 年，奥斯曼苏丹穆罕默德一世驾崩，长子穆拉德二
世（Murad Ⅱ）随即继位。与此同时，在君士坦丁堡，拜占庭
皇帝曼努埃尔二世与其子约翰八世（John Ⅷ）就如何对待新
苏丹的政策问题展开了激烈争论。身体日渐衰老、健康状况
每况愈下的曼努埃尔二世早已将日常政务交由约翰八世处理，
如今，关于对奥斯曼帝国继承人的策略选择，他也将决策权
交给了儿子。与此同时，奥斯曼帝国的王位继承争议再度浮
出水面，包括穆罕默德一世的三个儿子，以及一位自称为巴
耶济德一世后裔的争权者穆斯塔法（Mustafa），都在竞争权
位。穆斯塔法，在几年前一次未遂的政变后，曾被曼努埃尔
二世拘留。他一度逃离君士坦丁堡，前往塞萨洛尼基，最终
又被送回曼努埃尔二世手中。根据之前与穆罕默德一世达成
的协议，曼努埃尔二世同意将穆斯塔法终身监禁。奥斯曼帝

国的实际权力落在了穆拉德二世手中，而穆罕默德一世的两个幼子则因年幼而无法执政，其中一人不久后被穆拉德二世杀害。

约翰八世利用穆斯塔法对抗穆拉德二世，这一战略是严重的误判。承认穆拉德二世的统治或许还能维持奥斯曼帝国与拜占庭在 1403 年和 1413 年签订的条约，相比之下，穆斯塔法则是一个不足以信赖的人。此外，穆拉德二世以强硬和不容冒犯的性格著称，对任何形式的挑衅绝不姑息。穆斯塔法被释放到欧洲的奥斯曼领土后，虽然一度取得了一些成功，但穆拉德二世很快便从安纳托利亚返回，将其击败。拜占庭皇帝在此中所为令穆拉德二世怒不可遏，1422 年，他率领一支庞大的军队再次对君士坦丁堡展开了围攻。这场围攻留下了珍贵的历史记录，由亲历者历史学家约翰·卡纳诺斯（John Kananos）撰写。

在对君士坦丁堡的围攻中，穆拉德二世首先命令在城墙前方挖掘壕沟，并堆砌起土墙。关于究竟有多少段城墙前被掘出了壕沟，历史上并没有确切的记载，但若是几座主要城门前设有壕沟，毫无疑问将大大阻碍拜占庭军队的任何出击行动。这种景象在君士坦丁堡的围城战中并不常见，仅在那些被视为有极大胜算的围攻中才会出现。这次围攻显然是奥斯曼帝国精心策划、蓄谋已久的征服行动。穆拉德二世的军队还配备了火器。早在 14 世纪 90 年代对君士坦丁堡的长期围困中，巴耶济德就曾使用过火器，但它在攻坚战中收效甚微。在此次围攻中，穆拉德二世的火器同样未能发挥预期作用，这为奥斯曼军队的后续战斗提供了宝贵教训。

受到一位伊斯兰圣者预言的启发，穆拉德二世在8月24日发动了一次大规模进攻。然而，经过双方的拼死搏斗，这场攻势最终被挫败。据传，穆拉德二世带领了一支达1万人的军队参与这次围攻——这一数字远超寻常规模。然而，光靠士兵数量并不能保证胜利。对城墙的攻击必须由一小队精兵发起——这支部队后来被誉为"敢死队"（the forlorn hope）。只有当这些士兵成功攻入城墙，或登上城墙之巅，并能在突破点坚持足够长的时间以至援军到来时，才可凭大量军力取胜。在第四次十字军攻取君士坦丁堡时，这种攻城模式在海墙上取得了局部成功。然而，穆拉德二世面临的是陆上城墙，一个更为庞大和复杂的障碍。他的舰队无法进行有效的海上攻击，且水闸阻挡了他们进入金角湾的路径。

君士坦丁堡此次解围，如同往昔，源于智慧与谋略的完美运用。此时的拜占庭皇帝曼努埃尔二世虽已年迈体衰，逐渐从政坛退却，但依旧保持着敏锐的外交洞察力和高超的权谋手腕。奥斯曼苏丹穆拉德二世在内部清除权位争夺者时，先是消除了对手穆斯塔法的威胁，又杀害了自己的一个幼弟。然而，他另一位同名的弟弟——小穆斯塔法仍然健在。于是曼努埃尔二世敏锐地抓住机会，联系了这位小穆斯塔法在布尔萨的老师。巧合的是，安纳托利亚的奥斯曼敌对势力也利用小穆斯塔法之名起事，包括幸存的附庸国和独立的埃米尔

（emir）①们，因为他们都对穆拉德二世的扩张感到威胁。拜占庭皇帝曼努埃尔二世向各方暗示，如果小穆斯塔法起兵，他将支持其争夺奥斯曼王位。这一下果然激起了安纳托利亚的叛乱，迫使穆拉德二世率军前往镇压，君士坦丁堡也因此得以解围。这是拜占庭帝国第二次利用奥斯曼内部的权力斗争来拯救都城。曼努埃尔二世再次证明了，即使年老体衰，他也依然是位不可小觑的政治高手。

奥斯曼帝国此次围攻失败，拜占庭帝国得以存续。这场围攻的另一深远后果是，小穆斯塔法和他的兄弟一样，被苏丹命令绞死。历史上已有多位苏丹通过此法清除被视为潜在威胁或野心勃勃的亲族成员。然而，自此之后，奥斯曼苏丹的王位继承常伴随着弑亲夺权的血腥场面——只因生而为男性，就不得不成为付出生命代价的牺牲品。这种做法虽然危险，但在某种程度上也显得合乎逻辑。得益于一夫多妻制，奥斯曼苏丹通常拥有众多男性后代，这为王位继承提供了众多的选择。然而，在后宫的密谋和斗争中，这些潜在的继承者也可能被提前铲除。相较之下，实行一夫一妻制的王朝常常难以持续多代，因为弑亲往往会导致皇室血脉的绝迹。从13 世纪至 19 世纪末，奥斯曼王朝尽管每代苏丹的登基都伴随着弑亲的血雨腥风，但依然保持着直接继承。在极少数情况

---

① 埃米尔是一个在伊斯兰世界广泛使用的称号，来源于阿拉伯语词"رﯦﻣ"（amīr），意思是"指挥官"或"领导者"。在奥斯曼帝国，埃米尔是较低级别的贵族或行政官员的称号，通常负责某个特定地区的行政或军事事务。现为某些君主世袭制国家元首的称谓。——译者注

下，苏丹去世后存在多个男性继承人时，往往会爆发内战。因此这种残酷的传统可以说经受住了时间的检验。征服者穆罕默德（Mehmet the Conqueror）甚至颁布法律将其正式化，这项法律后来虽然被废除，但依然成为奥斯曼帝国根深蒂固的传统。

这次失败的围攻除保证了拜占庭帝国的延续，还直接影响了其残存的领土。拜占庭皇帝曼努埃尔二世亲自参与了随后新条约的谈判。尽管围城军队被击退，苏丹穆拉德二世提出的条件依旧强硬，没有任何让步。除了君士坦丁堡仍留在拜占庭皇帝手中，拜占庭帝国在 1403 年和 1413 年的条约中获得的城市和土地全部被剥夺，同时贡金也被大幅度提高。这反映出穆拉德二世对这次围攻失败的愤怒，并且他决心进行报复。穆拉德二世的报复还表现在他对 1424 年条约中未割让的领土发起的军事行动上，他残酷地镇压了那里的反抗势力。这次对君士坦丁堡的围攻标志着奥斯曼帝国对拜占庭帝国的一次重大进攻，它的失败无疑加剧了穆拉德的愤怒。相比之下，早期的几次围攻更像是象征性的姿态，只是为了封锁城市、削弱拜占庭帝国的抵抗意志，并没有真正展开大规模攻城战。即使偶尔有围攻取得成功，那也是拜占庭内战导致城门被叛徒打开，而非外国军队的直接攻陷。此外，穆斯林对战败的非穆斯林的屠杀或奴役政策，也使得被围困的拜占庭平民不敢轻易投降或叛变。

未能攻克君士坦丁堡，穆拉德二世将怒火转向了拜占庭帝国的其他残存领土。塞萨洛尼基首当其冲，其总督——曼努埃尔二世之子——为了保住城市，将其卖给了威尼斯。然而，威尼斯人只顾着自身的利益，权衡之下并没有尽力防守，最终导致塞萨洛尼基落入奥斯曼之手。城破之后，穆拉德二世拒绝受降条款，并对城中居民进行了残酷的屠杀。接着，他将矛头指向了安纳托利亚那些曾支持其弟穆斯塔法叛乱的酋长国，一一将其镇压。随后，他又转战欧洲，攻占了伊庇鲁斯专制国的残余领土，并向希腊南部进军。在科林斯地峡（the Isthmus of Corinth）①，奥斯曼军队遇到了坚固的六里墙（Hexamilion）②，但凭借火炮的威力，他们轻而易举地突破了防线，这让所有国家见识到了火药武器的巨大威力。在穆拉德二世的报复行动中，摩里亚遭到严重破坏，部分领土被奥斯曼帝国吞并。至此，拜占庭帝国只剩下君士坦丁堡及其周边地区，还有伯罗奔尼撒的一部分残存领土，昔日辉煌的帝国已沦为风中残烛。

1442 年之围

拜占庭帝国与西欧之间的关系长期以来被两者所信奉的

---

① 科林斯地峡是希腊南部联系大陆和伯罗奔尼撒半岛的狭窄地峡，宽仅 6.5 公里。因其地理位置的战略重要性，历史上多次成为军事工程的目标。——译者注

② 六里墙建于公元 5 世纪，约为六公里长，是一道横跨整个科林斯地峡的巨大防御墙，旨在防御来自北方的入侵者。墙体配备有塔楼、堡垒和大门，用以增强其防御能力。1458 年被奥斯曼帝国军队突破。——译者注

不同基督教传统所困扰。教义和礼仪上的分歧，加之罗马教皇对整个基督教会至高无上的权威，构成了双方关系中难以调和的矛盾。自 11 世纪以来，每逢君士坦丁堡遭受威胁，拜占庭皇帝便向教皇寻求军事援助。作为西方唯一的跨国宗教领袖，教皇能够对西方的君主和民众施加道德压力，促使他们提供支援。然而，西方的支援通常附带一项前提条件：拜占庭帝国必须与西方教会"重新统一"，意即拜占庭的东正教需归附于罗马天主教皇的权威之下。这对拜占庭皇帝而言，无疑是一个难以接受的要求。他们虽然迫切需要西方的军事援助，但同时也不能无视国内教会和民众的强烈反对。对大多数拜占庭人而言，与西方教会的统一等同于对自身信仰的背叛，这是绝对无法接受的。因此，每当这一议题被提上讨论桌，双方总会陷入长时间的僵局。

15 世纪 30 年代，拜占庭再次面临这样的境遇。在 1422 年的围城后，除了摩里亚和其他少数地区外，拜占庭帝国的领土大幅削减，使得这座城市在帝国分散的领土中几乎孤立无援。鉴于奥斯曼帝国的威胁日益逼近，拜占庭皇帝约翰八世无奈之下寻求罗马教皇的援助。作为获取援助的条件，约翰八世和拜占庭的主要教士必须参加在意大利佛罗伦萨举行的会议，商讨教会统一的条款。这一谈判过程持续了数年，最终约翰八世和多名教士签署了统一协议。然而，待他们回到故乡后，许多教士便公开撤销承诺。尽管面临国内的激烈争议，约翰八世仍坚守自己的诺言，导致帝国内部纷争不断加剧。那些信守承诺的签署者多选择留在意大利或前往意大利，在那里，他们因自身的博学而受到尊重和敬仰。他们中的一些人后来成为意大利文艺复兴（Italian Renaissance）运动的中流砥柱，他们带来的希腊学问在意大利得到了前所未有的重视，超越了一切宗教和政治的界限。

在君士坦丁堡，约翰八世推动教会统一的尝试以失败告终。与此同时，教皇正在缓步筹划新的十字军东征，他未急于行动，而是在仔细观察教会统一在拜占庭的接受程度与执行情况。十字军中的一位指挥官，特兰西瓦尼亚的匈雅提·亚诺什（John Hunyadi of Transylvania），展现了击败奥斯曼的潜力。然而，在十字军尚未完全动员并最终于 1444 年抵达战场前，拜占庭已深陷持续的宗教危机，这场危机最终演变成内部的暴力冲突。这支十字军最终在保加利亚海岸的瓦尔纳（Varna）遭遇重挫，他们在那里被穆拉德二世的军队彻底击败。①

拜占庭皇帝约翰八世有几个兄弟，他们在帝国不同地区担任总督。摩里亚地区由狄奥多尔负责治理，以位于斯巴达西北的米斯特拉斯（Mistra）为首府。他的弟弟君士坦丁则担任副手，协助他处理政务。君士坦丁曾与阿尔塔专制国的统治家族的玛德莱娜·托科（Maddalena Tocco）结婚，但婚后数月玛德莱娜便不幸离世。君士坦丁继承了她的嫁妆，并利用这笔财富扩大了自己

---

① 1444 年 11 月 10 日，由穆拉德二世指挥的奥斯曼土耳其军队与欧洲数国组成的基督教联军在今保加利亚东部瓦尔纳附近进行一场会战。战役以奥斯曼土耳其一方获胜而告终，同时结束了欧洲各国为解救君士坦丁堡免遭土耳其征服所做的努力。——译者注

在摩里亚的统治范围，将原本由拉丁领主控制但未被狄奥多尔攻占的地区纳入麾下。在他的治理下，伯罗奔尼撒半岛逐渐发展成为拜占庭帝国的重要省份。与其他兄弟相比，君士坦丁展现出卓越的才能和领导能力，成为约翰八世最为倚重的人物之一。

拜占庭皇帝约翰八世的另一个弟弟德米特里奥斯，被任命为黑海沿岸墨森布里亚的总督。但他并不满足于仅仅是一个地区的领导者，野心勃勃地觊觎着皇位。当时，拜占庭帝国内部宗教矛盾日益加剧，与此同时，奥斯曼帝国也对拜占庭虎视眈眈。在这种局势下，德米特里奥斯看到了机会，他主动联系了奥斯曼苏丹穆拉德二世，表示愿意与他联手，推翻兄长的统治。穆拉德二世对德米特里奥斯的提议十分心动。他深知，如果拜占庭帝国与摩里亚地区、专制国的残余势力以及即将到来的十字军联手，将会对奥斯曼帝国构成极大的威胁，欧洲国家多信仰基督教，若败于这些基督徒之手，对信仰伊斯兰教的奥斯曼帝国不啻灭国之灾。而德米特里奥斯的叛乱无疑为奥斯曼帝国提供了千载难逢的机会。1442 年夏天，德米特里奥斯率领一支由奥斯曼军队组成的部队，兵临君士坦丁堡城下，对这座古老的帝国都城发起了围攻。

面对德米特里奥斯的叛乱，拜占庭皇帝约翰八世和君士坦丁堡城几乎陷入了孤立无援的境地。城内守军主要由雇佣兵组成，而市民们因为不满教会统一，加之德米特里奥斯打着反对派领袖的旗帜，未必会支持皇帝。然而，如果君士坦丁堡落入奥斯曼帝国之手，则意味着拜占庭帝国的灭亡，这足以阻止任何叛徒打开城门投敌。危急时刻，皇帝的弟弟君士坦丁率领军队从摩里亚赶来支援。与此同时，奥斯曼苏丹穆拉德二世也并不急于攻占君士坦丁堡，他更希望看到拜占庭内部继续分裂，从而削弱其抵抗力量；不管任何一方胜出，他都有把握让对方臣服。因此，奥斯曼军队对德米特里奥斯的攻势也并不积极。最终在君士坦丁的率领下，拜占庭军队成功击退了叛军，德米特里奥斯被俘。

自君士坦丁集结军队驰援君士坦丁堡，这场围城战持续了大约一个月。最终，在君士坦丁的帮助下，约翰八世击败了叛军，德米特里奥斯被俘。这场内战促使兄弟二人达成和解，君士坦丁凭借其卓越的才能和忠诚，被约翰八世考虑作为帝国继承人。然而，这一决定却让他们的另一个兄弟狄奥多尔感到不满，不过狄奥多尔在第二年便辞世。为防止德米特里奥斯再次发动叛乱，约翰八世虽未对他施以刑罚，但将他安排到君士坦丁堡附近的塞利布里亚城任职，使其离宫廷足够近以便监视，又足够远以防范不测。

半个世纪以来，奥斯曼苏丹国对君士坦丁堡的觊觎之心早已昭然若揭。他们伺机而动，誓要将这颗帝国明珠纳入囊中。过去的三位苏丹都曾发动过猛烈的攻势，试图攻陷君士坦丁堡，但最终都因其他地区的危机而功亏一篑。然而，奥斯曼人并没有放弃他们的野心，他们坚信，只要坚持不懈，最终一定能够实现目标。毕竟，与北抵多瑙河、南至金牛山脉的庞大奥斯曼帝国相比，君士坦丁堡不过是一座孤城。

第二十二章 城破——奥斯曼土耳其人的征服

1453 年大围城

穆拉德二世是奥斯曼帝国历史上的杰出统治者，与其祖父巴耶济德一世和儿子穆罕默德二世并列，被视为帝国的奠基人。他继承了巴耶济德的遗志，致力于整合安纳托利亚和巴尔干半岛的诸多附庸国，并由此建立了一套高效的行政管理体系。为了锻造一支无坚不摧的军队，穆拉德二世扩大了德夫希尔梅（devshirme）①制度，征召基督徒男孩进行训练，将其培养为穆斯林禁卫军，这是奴隶军团在奥斯曼的一种变体。这一政策取得了显著成效，即便是那些与原生家庭保持一定联系的男孩，经过系统的培训后，也转变为狂热的穆斯

① 德夫希尔梅，有时也称作"血税"或"儿童税"，是奥斯曼帝国一个独特的行政和社会制度，从 14 世纪持续到 17 世纪。这一制度涉及从帝国的非穆斯林（主要是基督教）人口中征召年轻男孩，让他们接受伊斯兰教育和军事训练，最终成为奥斯曼行政体系或军队的成员。——译者注

林战士。值得一提的是，类似的制度也在埃及和叙利亚的马穆鲁克王朝中得到实施，不过他们是从外部购买儿童并加以训练，这些儿童主要来自高加索地区和非洲。尽管德夫希尔梅制度和马穆鲁克王朝的制度都为各自帝国建立了强大的军队，但奴隶士兵并不总是如君主所期望的那样服从命令。

1444 年，奥斯曼帝国的统治者穆拉德二世试图将权力移交给他的儿子穆罕默德二世，但这一计划却遭遇了两次挫折。第一次，年仅 12 岁的穆罕默德二世尚未做好执掌帝国的准备。之后，穆罕默德二世被流放到安纳托利亚的马尼萨（Manisa）城，且在那里设立了自己的宫廷。穆拉德二世在此期间被迫重回权力中心，亲自指挥军队应对接踵而至的危机，包括瓦尔纳十字军东征（Crusade of Varna）① 和来自摩里亚的君士坦丁专制国的威胁。1451 年，穆拉德二世离世，年仅 19 岁的穆罕默德二世正式登基，他虽年幼，却已两次执掌权柄。显然，穆罕默德二世在半流亡期间已谋划好未来的执政目标和策略。

首先，穆罕默德二世着手重整政府高层人员；其次，积极与周边国家展开外交斡旋，稳定局势；最后，也是他心中最为重要的目标，攻克君士坦丁堡。事实上，穆罕默德二世深知，占领君士坦丁堡才是重中之重，而其余两项目标则是

---

① 瓦尔纳十字军东征发生在 1444 年，是一场由欧洲基督教国家发动的军事远征，旨在对抗扩张中的奥斯曼帝国，最终遭遇惨败。此次失败对于欧洲的基督教国家来说是一个沉重的打击，终结了其在东欧抵抗奥斯曼帝国扩张的大规模军事努力。——译者注

实现最终攻城胜利的必要准备。

207

在 1448 年的风云变幻之中，拜占庭皇帝约翰八世辞世，给已经风雨飘摇的帝国带来了新的动荡。皇位的继承问题立即激发了皇族三位兄弟之间的权力斗争。德米特里奥斯，原本掌管着塞利布里亚，是第一个显露王位野心之人。他的弟弟托马斯，长期辅佐君士坦丁，也投身于对皇位的争夺。而君士坦丁自己则远在摩里亚，暂时无法直接介入这场兄弟间的权力斗争。

然而，真正决定王位归属的，并非皇子们的刀兵相见，而是皇太后海伦娜（Dowager Empress Helena）[①]的强势介入。海伦娜是已故皇帝曼努埃尔二世的遗孀，曼努埃尔二世于1425 年驾崩。德米特里奥斯显然低估了海伦娜的魄力，试图无视她的权威，夺取皇位。然而，海伦娜深知先帝约翰八世遗志，毅然拥立君士坦丁为新任皇帝，并得到了城内大部分民众的拥护。在海伦娜的威望和支持下，德米特里奥斯的野心显得幼稚可笑，他既没有足够的力量对抗太后及其拥护者，也没有胆量诉诸武力，最终只能黯然退场。当君士坦丁两个月后于 1449 年 1 月抵达君士坦丁堡时，得到了全面承认，登基成为新一任皇帝。

在前往君士坦丁堡之前，君士坦丁十一世已在米斯特拉

———————————

① 海伦娜·德拉加什是拜占庭帝国皇帝曼努埃尔二世的皇后，出身塞尔维亚贵族，1448 年其长子约翰八世去世后，她帮助其次子君士坦丁夺得了皇位。1450 年在君士坦丁堡逝世。——译者注

斯接受了加冕礼，这一仪式由当地的大主教主持。通常情况下，拜占庭皇帝的加冕仪式应在圣索菲亚大教堂由宗主教主持，但他在抵达君士坦丁堡后，并未再次举行加冕。这一决策的背景是，当时教会统一的问题在政治上引发了广泛争议，使得宗主教在神职人员中被边缘化。前任皇帝约翰八世已对此无奈接受，而君士坦丁则选择在米斯特拉斯进行加冕，巧妙地绕过了君士坦丁堡内的宗教争议。君士坦丁继承了其父的政策，接受了教会统一的立场，但在任命政府部长时，他巧妙地平衡了不同派别的力量。他挑选的人选虽然持有不同的宗教和政治观点，却都不至于过于狂热，从而确保了一支稳固而忠诚的团队。

在君士坦丁堡，皇帝君士坦丁的两个兄弟，德米特里奥斯和托马斯，也经历了类似的政治抗争，但他们兄弟间的纷争并没有达成和解。这场纠纷源于个人利益之争，而非纯粹的信仰冲突。尽管德米特里奥斯在 1442 年以宗教为名试图发动政变，实际上这是出自个人野心的驱使。同时，奥斯曼帝国的军队正逐步逼近，威胁着君士坦丁堡的安全，这座城市自上个世纪以来一直是奥斯曼苏丹试图征服的目标，但始终未被攻破。到了 1449 年，穆拉德二世年事已高，曾多次尝试退位，使得奥斯曼帝国内部不稳。在他统治期间，奥斯曼帝国不太可能对君士坦丁堡发动大规模攻势。然而，随着其子穆罕默德二世继承王位，情况发生了变化。穆罕默德二世年轻，雄心勃勃，对君士坦丁堡志在必得。面对这种内外交困

208

的形势，拜占庭的皇室本应团结一致。遗憾的是，德米特里奥斯和托马斯的争斗并未因此而平息。两兄弟被派往伯罗奔尼撒半岛，共同担任那里的统治者——德米特里奥斯掌管米斯特拉斯及其东南部地区，托马斯则从格拉伦察（Glarenza）开始统治西北部。他们的融洽关系实际上只维持了几个月，最后不得不由君士坦丁出面解决争端。这种持续的不和正是拜占庭帝国试图避免的，这也是将他们送往摩里亚和选君士坦丁为帝的一大原因。

1451 年，穆罕默德二世登基，成为奥斯曼帝国新的苏丹。此时，君士坦丁才在君士坦丁堡登基两年。与预期的狂热行动不同，穆罕默德二世展现出其冷静且实际的治国方式。他对父亲遗留的执政团队进行了精心调整，将他们重新安置在其他关键职位上。他尽管与维齐尔（vizier）[①] 哈利勒（Halil）在进攻君士坦丁堡的问题上意见相左，但依然将其留任。尽管君士坦丁堡以外的邻国对这位年轻苏丹如何建立并巩固权威感到忧心，他们还是派出了使节团向穆罕默德二世祝贺，并呈上了礼物。穆罕默德二世采取了一系列措施来安抚这些国家，包括续签穆拉德二世与威尼斯签订的和平条约，与特兰西瓦尼亚的匈雅提·亚诺什签订三年的停战协议，将拉古萨（Ragusa）[②] 每年的贡金提高；并将一些城镇划给

---

① 维齐尔指高级的行政顾问及大臣（有时涉及宗教），为穆斯林君主如哈里发及苏丹服务。——译者注

② 拉古萨位于现在的意大利西西里，在奥斯曼帝国时期为自由城邦。——译者注

塞尔维亚领导人，而其女儿——穆拉德的遗孀，也带着丰厚的礼物回到了其父身边；罗得岛的医院骑士团（the Knights Hospitaller of Rhodes）①、希俄斯岛的热那亚商人政治寡头以及瓦拉几亚统治者的使节团都受到了热情的接待。君士坦丁的使节团同样受到了热烈欢迎，作为拜占庭皇帝，君士坦丁比任何人都更了解来自穆罕默德的潜在威胁，并对苏丹的友好问候感到惊讶。同时，一位名为奥尔汗（Orhan）②的奥斯曼王子作为人质居住在君士坦丁堡，君士坦丁获得了更多津贴，确保奥尔汗留在城中。

苏丹穆罕默德二世以其不同寻常且出人意料的外交策略深得访客赞誉，使他们放下戒备，同时令各国政府暂时松了一口气。然而，这份表面的真诚，只是一种权宜之计，任何富有洞察力的外交官都能迅速识破其中的深层意图。穆罕默德二世正致力于重组政府架构，提升行政效率，同时在国际舞台上争取时间，以策划下一步行动。恢复并延续和平条约，以及对所有邻国展现和解姿态，便是他达成战略目的的第一步。他为自己设定的首要任务是征服君士坦丁堡，不久之后，他便制订并执行了一系列明确的行动计划，使得这一野心人所共知。

在 1451 年年末，穆罕默德二世展开了一系列军事行动，

---

① 罗得岛的医院骑士团，即前文中的圣约翰骑士团。——译者注

② 奥尔汗·切莱比（1412—1453），穆罕默德二世的表兄弟或堂兄弟，曾试图夺权，后逃往君士坦丁堡并成为人质，1453 年围城时曾率军抵抗奥斯曼围城军队。——译者注

以平息正在安纳托利亚策划叛乱的卡拉曼（Karaman）[①] 埃米尔的动作。穆罕默德二世亲自率领军队抵达叛乱地区后，局势迅速得到了控制。在返回途中，一部分禁卫军提出加薪的要求，引发了新的问题。穆罕默德二世果断地用更忠诚的部队稀释了这些不满的团队，并更换了由哈利勒任命的指挥官。这一系列果敢且迅速的举措，无疑震撼了那些曾误以为穆罕默德二世懒散随和的人，彻底改变了他们这一看法。

在外界看来，这些问题可能是每位新晋苏丹必然面对的常规挑战，但事实上，穆罕默德二世在掌权初期就迅速平息了卡拉曼埃米尔的叛乱，且迅速平定了奥斯曼军队的意外状况，这两大难题仅用数周便得以解决。由此可以看出他坚定的意志、果断的决策力、出众的军事及政治才能以及政治上的雄图大志。上任之初，穆罕默德二世便以比历代苏丹更快的速度控制了帝国。而他的返程也吹响了即将发起的君士坦丁堡战役的号角。

在穆罕默德二世往返亚洲与欧洲的旅途中，他通常选择在加里波利过境。即位后，他从马尼萨前往哈德良堡时，也如初登基时那般，选择了途经加里波利这条最快捷的路径。但他从卡拉曼返回时，获悉意大利舰队正在达达尼尔海峡执行巡逻任务，而另一条最短的回程路线则需穿越博斯普鲁斯

---

① 卡拉曼，位于今天的土耳其中南部地区，卡拉曼王朝的中心。卡拉曼王朝是安纳托利亚地区的小型酋长国之一，最终被奥斯曼帝国所吞并。——译者注

海峡，因此便带领军队渡过博斯普鲁斯海峡返回亚洲。历史
上，两千年前波斯帝国的大流士大帝也曾面对类似境况，
而罗马人则为解决这一问题发展了复杂的道路网络。苏丹
巴耶济德曾在亚洲一侧筑起名为安纳托利亚堡垒（Anadolu
Hissar）的城堡，坐落于渡口上方，俯瞰整个博斯普鲁斯海
峡。此地以北就是希耳俄，古时船只常在希耳俄海湾等待顺
210 风起航，因此这里也是拜占庭和雅典等势力设立海关的重要
位置。

　　巴耶济德选择了这片海湾南侧的地带，建造了安纳托利
亚堡垒，从其高处可全方位俯瞰下方的锚地。1394 年，在对
君士坦丁堡的长期围攻和封锁中，此堡垒应运而生，位于海
峡最为狭窄的地段。穆罕默德二世率军队经此过海，或许也
曾短暂驻足于堡垒之中。这座城堡建造的目的可能就是牢牢
控制博斯普鲁斯海峡的关键部分，而穆罕默德二世对此战略
点的重视促使他计划在海峡对岸也建造一座对应的城堡。也
许他早已心知，此举会激怒君士坦丁堡城内的拜占庭皇帝。

　　穆罕默德二世选定的地点是一处岩石嶙峋的岬角，与对
岸的安纳托利亚堡垒遥相呼应。1451 年年底，穆罕默德二世
发布了一项征召令，召集工匠、泥瓦匠和其他劳动力前来参
与城堡的建设。同时，他派遣测量员勘测地形，制定了详细
的建造方案。1452 年春天，修建工程正式破土动工。为了加
快施工进度，穆罕默德二世下令拆除当地的教堂和修道院，
并将拆除所得的石料用于建造城堡。仅仅四个多月的时间，

城堡便建成了。

建造城堡的这块土地实际上属于君士坦丁堡的领土。穆罕默德二世的行动意图昭然若揭。此前在巴耶济德的封锁期间，位于里瓦的要塞被攻占后，便成为巴耶济德建立的众多封锁堡垒之一，与穆罕默德二世新建的城堡地点相距不远。在新城堡建设期间，君士坦丁堡多次表达不满，并多次派遣使节，以确认新建堡垒并不意味着对君士坦丁堡的直接攻击，其中一次还曾提出增加看守人质奥尔汗的津贴，并隐晦地威胁将其释放。穆罕默德二世对此忍无可忍，最终监禁并处决了最后一批使节。若君士坦丁堡市民之前尚未完全意识到危机的严重性，使节的被杀则清晰地发出了一个不祥信号，这一行为在整个欧洲都被视为宣战。似乎为了更加明确地传达开战意图，穆罕默德二世亲自率军抵达城墙前，扎营三天，其间详细巡视了城市的防御设施。

面对穆罕默德二世咄咄逼人的攻势，拜占庭皇帝君士坦丁十一世深知，一场恶战即将到来，新城堡如梅利堡垒（Rumeli Hissar）的兴建就是穆罕默德二世进攻的前奏。为了保卫这座古老的帝国首都君士坦丁堡，他立即着手准备。军事方面，君士坦丁十一世下令修复城墙，清理护城河，并收集和制造武器，武装城内的守军。在外交方面，君士坦丁十一世向威尼斯、热那亚、教皇和阿拉贡（Aragon）① 王国的

211

---

① 阿拉贡王国成立于公元 12 世纪，是中世纪和现代早期的一个重要政治实体，位于现今西班牙的东北部。——译者注

国王派遣使节，寻求援助。然而，这些国家不愿为风雨飘摇的拜占庭而弃本国事务于不顾，再一次拒绝了援助请求。

面对拜占庭的求援，天主教国家表现出的是淡漠和迟疑；而东正教国家，例如俄罗斯、塞尔维亚、瓦拉几亚及特拉比松等，更是表现出彻底的冷漠。这些国家非但没有提供任何援助，作为奥斯曼帝国的附庸国，塞尔维亚和瓦拉几亚甚至还向苏丹派出了增援部队。在这种背景下，君士坦丁堡城内的外国人以及来自外地的志愿兵成为城市的救星。威尼斯在城中有一块相当大的领地，那里的许多男性居民选择留下并投入保卫战。而热那亚著名指挥官乔瓦尼·朱斯蒂尼亚尼·朗戈（Giovanni Giustiniani Longo）率领的 700 名热那亚士兵的到来，则为这座孤城带来了一线希望。他们被视为一支关键的援军，为这场绝望的抗战注入了新的力量。

奥斯曼帝国决定利用如梅利堡垒来封锁博斯普鲁斯海峡，这一策略不仅加剧了地区的紧张局势，也迫使威尼斯重新考虑其立场，并开始积极支援君士坦丁堡。这座新建的堡垒装备了三门巨型火炮，任何企图穿越此地的船只必须停靠接受检查，否则将遭受炮火攻击。起初，不少船员并不相信土耳其人会真的对过往船只开火。前两艘威尼斯船只遭到攻击，依然顺利通过了海峡，但两周后的第三艘船却遭遇不幸，被击沉且船员惨遭处决。这一事件震动了威尼斯，强化了他们支援君士坦丁堡的决心。然而，威尼斯本身也面临来自意大利的巨大内外压力，这使得其难以全力支援君士坦丁堡，且即便伸出援手，也根本无法逆转战局。

　　奥斯曼海军的雏形可追溯至安纳托利亚地区已式微的几个善于远洋航行的酋长国的海军，特别是艾登（Aydin）和门泰谢（Mentese），即过去小亚细亚西南地区的爱奥尼亚和卡里亚。这些酋长国被巴耶济德一世征服，后被帖木儿短暂复兴，最终又被穆拉德二世征服。1403 年，巴耶济德一世将海军力量集中在达达尼尔海峡的加里波利，建立了一支由 40 艘战舰组成的舰队，旨在控制海峡航道，就像如梅利堡垒和安纳托利亚堡垒控制博斯普鲁斯海峡一样。1444 年，一支前往君士坦丁堡和黑海支援瓦尔纳十字军东征的勃艮第船队便遭到这支奥斯曼舰队的炮击，预示着奥斯曼海军力量的崛起。1452 年，一支由多达 200 艘船只组成的奥斯曼舰队从小亚细亚西部和加里波利出发，进入马尔马拉海，确立了奥斯曼帝国对该海域的控制。面对突然出现的强大奥斯曼海军，威尼斯和教皇联合派遣了 20 艘军舰和一些运送物资的商船前来支援，但收效甚微。奥斯曼舰队迅速封锁了君士坦丁堡，切断了拜占庭帝国的海上交通线。

　　在君士坦丁堡攻防战中，火炮扮演了至关重要的角色。双方都拥有数量可观的火炮，但奥斯曼军队的火炮优势明显。奥斯曼帝国的主要火炮铸造厂位于哈德良堡（今土耳其埃迪尔内），为如梅利堡垒、加里波利和舰队提供了大量火炮。同时，奥斯曼帝国积极招募外国火炮专家，包括枪械匠、枪械制造者、铜匠和炮兵理论家，并以高报酬吸引他们为己效

212

力。其中最著名的欧洲火炮专家是火炮专才乌尔班（Master
Orban）①，他可能是来自匈牙利的日耳曼人，最初为拜占庭
皇帝君士坦丁十一世效力，但由于薪酬问题最终转投奥斯曼
苏丹穆罕默德二世，并得到了四倍于原价的报酬。专才乌尔
班负责铸造了多门用于攻城的巨型火炮，包括那门最终摧毁
城墙的巨型火炮。相比之下，拜占庭军队的火炮数量和质量
都逊于奥斯曼军队，没有一门能够与奥斯曼巨炮匹敌。此外，
拜占庭军队无须像奥斯曼军队那样攻破坚固的城墙，因此对
火炮的依赖程度相对较低。

　　在 1453 年年初，奥斯曼帝国经过几个月的缜密策划，终
于准备好对君士坦丁堡展开攻击。穆罕默德二世，经过慎重
213 考虑，最终决定在一月份发动这场进攻。他向自己的朝臣们
阐释了这一决策的必要性与迫切性：以往的围城未能成功，
原因在于拜占庭帝国总能获得外援。然而，现今外部援助的
路径已被封锁。虽然坚不可摧的城墙和精心策划的防御曾一
度使奥斯曼军队望而却步，但现在，奥斯曼帝国拥有了更多、
更精锐的兵力，更先进的火炮及强大的海军，这些足以粉碎
任何防御工事。作为一个港口城市，君士坦丁堡能够通过海
路获取补给以抵御围困，但若海路被封锁，城市终将不攻自

---

① 乌尔班是一位匈牙利工程师，是制造大炮的专才，拥有当时全欧洲最高
明的铸炮技术。曾为拜占庭帝国皇帝君士坦丁十一世效力，后因君士坦丁
十一世无力支付薪酬转投奥斯曼帝国穆罕默德二世。1452 年至 1453 年，奥
斯曼帝国对君士坦丁堡围攻期间，乌尔班建造了一种巨型大炮，史称"乌尔
班大炮"，因为首次使用于达达尼尔海峡，又称达达尼尔巨炮。——译者注

破。尽管如此，朝臣们也清楚，此次若再败，奥斯曼帝国将付出沉重的代价，穆罕默德二世的声望也会大受影响。一些朝臣，包括哈利勒，认为维持君士坦丁堡的独立但确保其势力削弱，或许是一个更加稳妥的策略。这段话中未提及的是，若君士坦丁堡陷落，将给敌人带来极大的心理冲击——这座城市过去仅因内部叛变或基督教敌人煽动内部背叛而沦陷。自先知穆罕默德（the Prophet Muhammad，570—632）^①时代起，这座城市就是穆斯林渴望征服之地。

如果穆罕默德二世的攻击告败，他的敌人将从中获得极大鼓舞，而奥斯曼帝国则可能在叛乱与外来侵略的双重压力下走向崩溃。毕竟，帝国周边敌对势力环伺，其欧洲领地主要由新近征服的基督教国家组成，亚洲则是刚刚失去独立的穆斯林酋长国。在这样的压力之下，朝臣和高级官员们满怀疑虑，勉为其难地接受了展开围攻的决策。穆罕默德二世想必已清醒地认识到，他的这一决断等同于将自己的命运悬于一线。若攻击失败，他不仅将失去政权，更可能直接丧命。

1月，宫廷最终被说服，决定进攻。在所有准备工作中，穆罕默德二世派出由鲁米利亚（Rumeli）总督达依·卡拉贾贝（Dayi Karadja Bey）领导的先锋部队，目标是接管仍然处于拜占庭帝国控制之下的君士坦丁堡两侧沿海的几座城镇。位于黑海沿岸的墨森布里亚、安基阿卢斯和比佐斯（Byzos）迅

① 先知穆罕默德是伊斯兰教的先知，同时也是一位政治家、军事家和社会改革者，成功使阿拉伯半岛各部落在伊斯兰一神教下统一。——译者注

速投降。而在普洛彭提斯海岸，塞利布里亚和佩林索斯则展开了抵抗，它们被攻占后遭到洗劫，城墙也被摧毁。如果拜占庭皇帝能保留这些要塞，那么通过这些地方，他本可以借助后方登陆部队对围困军发起突击，但现在这种可能已荡然无存，除非他能利用舰队来实现这一战术。

奥斯曼舰队驶入马尔马拉海，军队已全面集结，沿海的拜占庭附属城镇相继被占领。包括专才乌尔班设计的巨炮在内的大型火炮，沿着专门修建的平坦道路从埃迪尔内运抵，穿越被加固的桥梁。12000 名精锐禁卫军构成了军队的核心，基督教附庸国也派遣了部队增援。来自欧洲各省（鲁米利亚）和安纳托利亚地区（阿纳多卢）的可用部队被召集入伍，同时增添了一批非正规兵力——巴什波祖克（bashi-bazouks）①。奥斯曼军队的总兵力约为 8 万正规军和 2 万非正规军，此外，还有数千名追随者在营地为士兵提供烹饪、清洁和其他后勤支持。实际上，整个帝国都为攻陷这座城市而动员起来。

当然，还有炮手。由火炮专才乌尔班制造的巨炮，全长约 8 米，炮管厚度达到 20 厘米，由青铜铸造，能够发射重达 544 千克的石弹。巨炮被安置在一辆特制的推车上，需要 60 头牛来拉动，因此其行进速度不超过每小时 2 公里。同时有 200 人负责护送，另有负责操作的炮手们。这门巨炮从埃迪尔内出发，大约需要一个月的时间到达君士坦丁堡。与此同时，

----

① 巴什波祖克是奥斯曼帝国在局部冲突中使用的雇佣军或非正规部队。——译者注

来自奥斯曼帝国各地的军队正在集结，准备共同参与这场攻城战。

奥斯曼帝国的防御网横跨数条边界，策略性地部署在每一个可能的入侵通道。为了堵截可能来自摩里亚的德米特里奥斯和托马斯的侵袭，奥斯曼帝国派遣了由资深将领塔鲁罕·贝伊（Taruhan Bey）带领的军队前往科林斯地峡，并命其进一步向伯罗奔尼撒半岛南端发起了突袭。这一行动相当于在君士坦丁堡周边沿海城镇进行的大规模远征。奥斯曼帝国同样在多瑙河及金牛山脉边界部署了严密的监视与防卫体系。此外，他们必须时刻警惕威尼斯的动向。众多由威尼斯总督管理的沿海要塞和领土，遍布达尔马提亚至爱琴海区域，包括克里特岛和尼格罗蓬特，这些地区的主要居民是东正教徒，可能会对拜占庭帝国抱有同情。随着威尼斯对奥斯曼帝国的态度从中立转向敌对，这一点变得尤为关键。另一点需要注意的是，欧洲各敌国一旦发现奥斯曼决意攻城，且其海军实力远胜于早期的土耳其苏丹国，这无疑会使他们感到威胁，而一旦他们彼此显示出合作意向，很可能会介入此次围城战。另外，尚有其他穆斯林敌对势力在周边虎视眈眈。因此，穆罕默德二世必须在其他势力插手前迅速攻占君士坦丁堡。这座城市不仅是基督教的堡垒，也是穆斯林渴望征服的目标。

奥斯曼帝国是否研究过君士坦丁堡遭受的历次围攻，以了解早期攻击失败的原因，目前尚无定论。然而，其军队中

215

无疑有些人亲历 1442 年的围城，甚至还有些老兵记得 1422 年的围城。奥斯曼帝国档案馆很可能保存着有关 1390 年巴耶济德的长期封锁和 1411 年至 1413 年穆萨袭击的文献。然而，最重要的一次围城是来自两个半世纪前的第四次十字军东征，因为那次攻击最终成功攻破了君士坦丁堡的城墙。在许多指挥官看来，最有效的征服策略显而易见——海上封锁与陆地进攻相结合。尽管战略构思简单，实施却充满挑战，穆罕默德二世并没有采用十字军的方法。在 1453 年的围攻中，区别于以往所有围攻的新变化是，奥斯曼帝国此次装备了乌尔班设计的巨型火炮，这种新的战术资产预示着一种全新的攻城方式。

坐镇于君士坦丁堡的拜占庭皇帝君士坦丁十一世，在面对日益严峻的形势时，或许是出于对城内现状的深切忧虑，指派了秘书乔治·斯弗兰齐斯（George Phrantzes）统计城中可战斗人员及武装居民的总数。结果发现，连同僧侣和城内的外籍人员，能够投入战斗的守军居然不足 7000 人。君士坦丁吩咐斯弗兰齐斯，须对此数字严加保密。然而，明眼人一看便知，守军在兵力上与奥斯曼军队相比，处于明显的劣势。城内对奥斯曼军队兵力的估计，更是高出其实际总数的两倍，这无疑使不利形势越发凸显。

穆罕默德二世下令其指挥官带领陆军进发并部署海军力量，自己则于 4 月 5 日抵达战场，正式启动对君士坦丁堡的围城。然而，实际上，围攻的准备工作早在几个月前就开始了，最初的行动是修建如梅利堡垒。如今，随着所有准备就绪，穆罕默德二世终于可以发起总攻。

216

奥斯曼舰队集结在佩拉北部的博斯普鲁斯海峡，利用水流和盛行的北风，随时准备进军君士坦丁堡。然而，他们面临着一项艰巨的挑战。君士坦丁堡的海墙坚固无比，足以抵御任何攻击；湍急的水流和暗礁使得进攻路线上困难重重；横亘在金角湾入口处的巨大木栅栏，更是牢不可破，由粗壮的原木和坚韧的缆绳构成，并由驻扎在金角湾内的拜占庭帝国、威尼斯、热那亚等多国舰队严密把守。尽管佩拉的热那亚驻军保持中立，但城内仍有热那亚士兵和战舰协防，热那亚人也明显偏向守军一方。

在陆地上，奥斯曼大军将君士坦丁堡城墙团团包围。扎加诺斯帕夏（Zaganos Pasha）率领着一支部队驻扎在佩拉一侧，通过横跨金角湾的浮桥与主力部队保持联络。扎加诺斯帕夏刚刚结束沿海征战，他指挥着奥斯曼的欧洲军队，驻守在城墙北端和布拉赫奈宫附近。禁卫军则由苏丹亲自统领，被部署在吕科斯河谷，那里被认为是城墙最薄弱的地方。山谷以南，地势逐渐平缓，一直延伸到马尔马拉海岸，安纳托利亚军队由伊沙克帕夏（Ishak Pasha）率领，驻扎在此地。

君士坦丁堡城墙上，来自热那亚、威尼斯和拜占庭帝国的军队与希腊和外国志愿者并肩作战，共同抵御着奥斯曼大军的进攻。由于海流湍急，且有横亘在加拉达与君士坦丁堡之间的巨大木栅栏阻拦，海堤附近遭攻击的风险较低，因此只部署了少量守军。一群希腊僧侣、奥尔汗王子和一些从奥斯曼帝国叛逃的土耳其人则在马尔马拉海一侧的小港口守卫。加泰罗尼亚人（Catalans）驻守在卫城下方，支持东西教会合一的俄罗斯大主教伊西多尔（Cardinal Isidore）则在卫城顶部指挥。威尼斯和热那亚的水手则把守着金角湾一侧的城墙。由于城内兵力不足，这些守军分遣队人数有限，主力部队当然都被部署在主城墙上。

因此，双方军队都呈现出国际化的特点，甚至连指挥官中也不乏叛离母国之人。奥斯曼舰队司令苏莱曼·巴尔塔奥卢（Suleiman Baltoglu）出生在保加利亚，皈依伊斯兰教后成为苏丹麾下的一员猛将。而威尼斯舰队的指挥官则多来自当地的商贾家族，如康达里尼（Contarini）、韦尼耶（Venier）、丹多洛（Dandolo）等。热那亚方面亦是如此，他们最倚重的人物是乔瓦尼·朱斯蒂尼亚尼·朗戈，一位骁勇善战、极具领导力的指挥官。拜占庭帝国的指挥官中，则包括两位来自巴列奥略家族的皇亲，以及一位来自坎塔库泽努斯家族的将领。这支由不同民族、不同家族组成的军队本可能存在协同问题，但皇帝审时度势，将他们分散成小单位，以便于相互支援，共同抵御强敌。

面对穆罕默德二世于 4 月 5 日提出的招降要求，君士坦丁堡城内没有任何回应。于是，奥斯曼军队于 4 月 6 日开始了轰炸，目标是通往哈德良堡的查瑞休斯城门（Charisian Gate），造成城门部分损坏，但守军连夜进行了修复。由于最大的火炮尚未抵达，奥斯曼军队便着手进行其他准备工作：拓宽城墙前壕沟，以指示进攻方向；修筑沟渠和壁垒，保护己方营地。同时，他们还攻占了城墙前两个孤立的据点，并当众处死了幸存者，以此恐吓城内守军。奥斯曼舰队则袭击了王子群岛（the Princes' Islands）①，遭遇抵抗后，他们攻占了一座堡垒，再次杀害其守军，并将最大的岛屿上的平民全部奴役，以此惩罚他们参与抵抗。显然，奥斯曼军队的目的并非正义或报复，而是纯粹的恐吓。然而，这些暴行并没有动摇君士坦丁堡守军的决心，他们誓死抵抗，寸土不让。

4月11日，奥斯曼大军的巨型火炮终于到位，对准了禁卫军驻守的吕科斯河谷一侧城墙，开始了猛烈轰击。经过一周的狂轰滥炸，外墙已被严重摧毁。然而，君士坦丁堡守军没有放弃，他们迅速用土木工事构筑起一道新的栅栏，并加紧修复主城墙。奥斯曼舰队也试图趁机突破金角湾的封锁，但威尼斯和热那亚守军凭借着精良的盔甲和武器，击退了他们的进攻。4月18日，奥斯曼禁卫军发动了对吕科斯河谷一侧受损城墙的进攻，但由于守军的个人防护装备明显优于进攻者，以失败告终。

奥斯曼帝国这些早期的进攻都以失败告终，对土耳其一方来说更糟糕的是，意想不到的转折发生了。教皇派遣的三艘热那亚战舰，趁着罕见的南风穿越了达达尼尔海峡，护送

---

① 王子群岛位于土耳其马尔马拉海中，靠近伊斯坦布尔，由九个小岛组成。——译者注

着一艘装满物资的拜占庭帝国船只驶向君士坦丁堡。这支小分队在途中遭遇了土耳其舰队的围追堵截。两军在城市附近激烈交战，许多君士坦丁堡市民从卫城上观望这场战事，奥斯曼苏丹则在加拉达观战。四艘基督教战舰凭借着更加坚固的船体、更高的射程和更精良的武器，占据了明显的优势。尽管土耳其方面调集了大量战舰前来支援，但因其船体较小，装备也较差，而且由于数量庞大造成拥堵，无法有效地展开攻击。四艘基督教战舰则紧紧团结在一起，相互支援，击退了敌人一次又一次的进攻。最终，北风吹起，为他们打开了通往君士坦丁堡的通道。天黑后，金角湾的封锁被解除，四艘战舰顺利入城。而土耳其舰队则不得不败退到博斯普鲁斯海峡上游的锚地。

面对海战失利，奥斯曼苏丹勃然大怒，当即撤销了巴尔塔奥卢的指挥官之职。苏丹全程观战并不时大声呼喝，下达命令，但他对海战一窍不通，他的指挥也毫无效果。己方再次失利，苏丹怒火中烧之余，也意识到必须改变策略。他在加拉达仔细观察了战场形势，并注意到土耳其舰队停泊的位置，以及从那里通往山顶扎加诺斯帕夏军营的道路已经修建完毕，从那里通往另一侧的另一条道路也正在修建中。一个大胆的计划由此萌发：将一半的土耳其战舰从陆上运过加拉达，绕过金角湾的封锁，直捣黄龙。这个看似疯狂的计划，可能来自他军队中的一位意大利人，但最终定夺并付诸实施的，却是苏丹本人。

苏丹的命令一下达，早已准备多时的工匠们便立即行动起来。4月22日运送战舰的计划开始执行。他们将一个个巨大的木制摇篮推入海中，然后小心翼翼地将战舰安置其中。随后，几十头强壮的牛将这些沉重的摇篮拖上陆地并拉着它们一步步移动。士兵们则列队护卫在两旁。短短一天之内，已有70艘战舰成功绕过金角湾的封锁，出现在了君士坦丁堡守军的眼前。这个大胆的计划取得了完全的成功，令城内的守军震惊不已。尽管整个运输过程伴随着巨大的锣鼓喧嚣，但奥斯曼军队还是成功地将秘密隐藏到了最后一刻。

面对苏丹的奇谋，君士坦丁堡守军也制订了反击计划。特拉比松船长贾科莫·可可（Giacomo Coco）提出了一项大胆的方案：趁着夜色，对停靠在登陆点的土耳其战舰发动突袭，将其付之一炬。这个计划得到了威尼斯人的支持，并被严格保密。然而，由于计划延误了一天，消息传到了热那亚人的耳朵里。热那亚人强烈抗议被排除在行动之外，导致计划再次推迟。消息随后泄露，有可能是佩拉的热那亚人泄露给土耳其人，土耳其人知悉后也做好了防备，在登陆点部署了更多的火炮。最终，夜袭行动遭遇了猛烈反击，以失败告终。第二天清晨，双方展开了一场残酷的报复行动。所有在战斗中得以逃生却不幸跑到对方控制区的士兵，都被处以极刑。土耳其人处死了40名俘虏，而基督徒则处死了260人。

巨炮的轰鸣声夜以继日地撼动着君士坦丁堡，奥斯曼的炮火无情地轰击着这座千年古城。城墙上烟尘滚滚，守军们

219

不眠不休地修补着被撕裂的缺口。城市的补给线已被严密封锁，食物和必需品变得极为稀缺。因时值春季，城内的果园与农田尚未到收获时节，饥饿的阴影迅速笼罩全城。为了解决这一迫切危机，市民们组建了应急委员会，负责收集并公平分配城内所有可用的粮食资源。但随着 5 月的到来，食物供应已濒临枯竭，饥饿的威胁日益严峻，城内的恐慌情绪也随之升高。与此同时，在港口失利和奥斯曼舰队进入金角湾的双重打击下，士气更是一落千丈。城内的矛盾愈演愈烈，热那亚人与威尼斯人之间的旧怨未解，支持与反对教会统一的分歧加深，有人甚至提议皇帝仿效约翰八世和曼努埃尔二世，舍弃城池，西行寻求援助。在这种压力之下，君士坦丁十一世与苏丹之间进行了数轮终无果的谈判。传言皇帝曾愿意放弃除君士坦丁堡之外的所有土地，但这一提议未获苏丹明确回应。

在连绵不绝的炮火和激烈的战斗中，君士坦丁堡的守军展现出了顽强的抵抗力。巨炮夜以继日地轰击城墙，城墙上一座塔楼在一次猛烈的轰炸中倒塌。然而，在夜幕的掩护下，守军迅速而默默地修补了这一致命的缺口。同时，奥斯曼军队采用了挖掘地道的策略，意图从地下发起突袭。但这一计划很快被敏锐的守军察觉。他们不仅反制敌人的地道，还成功地消灭了潜入的奥斯曼矿工。为了保护在护城河上劳作的士兵，奥斯曼军队构建了一座巨大的木塔，以协助填埋护城河——这是攻城的一大障碍。但这座木塔未能逃过守军的夜袭，一场精心策划的火攻将其化为灰烬。在一次激烈的反地道战斗中，守军俘虏了一名土耳其高级军官。在严刑逼供下，这名军官泄露了奥斯曼军队所有地道的位置。守军立刻出动，一一摧毁这些地道，从根本上破坏了奥斯曼军队的地下战略。

起初，人们寄希望于威尼斯的救援舰队。然而，威尼斯水手惨遭杀害，令城内的气氛更加凝重。救援舰队的准备工作异常缓慢，最终集结起来的舰队行动迟缓，并被一系列拖延进度的指令束缚。为了催促威尼斯舰队尽快抵达，拜占庭皇帝派遣一艘船只探查，船上的人伪装成土耳其人，但他们一无所获。5 月 23 日，这艘船带着令人失望的消息返回了君士坦丁堡。这意味着，这座孤城将不得不独自面对命运的挑战。此时，君士坦丁堡已历经七周的围困，求救无门，饥饿的威胁日益迫近，而城外的奥斯曼军队却仿佛无穷无尽。

随着时间的推移，君士坦丁堡城内的气氛愈加沉重。漫长的围困、孤立无援、严重的饥荒，以及对金角湾的失控，都令守军士气低落，疲惫不堪。而在奥斯曼军营中，苏丹正紧锣密鼓地筹划着新一轮的进攻。根据苏丹的计划，博斯普鲁斯海峡的舰队将掉转方向，对马尔马拉海岸的海墙发起攻击；同时，金角湾的舰队也将对北侧的海墙展开威胁。苏丹并不指望这两路攻势能够直接攻破城墙，但至少能够牵制一部分守军，为后续的进攻创造有利条件。

在陆地上，驻守加拉达的扎加诺斯帕夏将兵分两路：一路增援金角湾的船队；另一路则渡过浮桥，增援城墙附近的

220

军队，准备攻打布拉赫奈宫附近的城墙。与此同时，伊沙克帕夏也将率领部队进攻城墙的南部，重点目标是位于吕科斯河谷和马尔马拉海岸之间的第三军用城门以及该段中部的城墙。不过，苏丹真正的杀招隐藏在吕科斯河谷。在这里，他集结了主力部队，包括大炮、禁卫军、巴什波祖克和其他步兵。这些军队将排成密集的队形，一波接一波地向守军发起进攻，力求将他们压垮。

5 月 29 日，星期二，注定将成为君士坦丁堡历史上最为黑暗的一天。前一天，苏丹策马巡游于军营之中，慷慨激昂地鼓舞着士气。他向士兵们许诺，一旦攻破城池，他们将拥有整整三天的时间进行劫掠。与此同时，君士坦丁堡城内也呈现出一派紧张而肃穆的气氛。皇帝君士坦丁十一世亲临前线，检阅了守军，并发表了振奋人心的讲话。为了表达对胜利的渴望和对上帝的祈求，皇帝还带领着全体市民在圣索菲亚大教堂举行了一场隆重的祈祷仪式。教堂内，希腊人和意大利人、支持和反对教会统一的人士、天主教红衣主教和东正教主教，所有人都放下分歧，虔诚地祈祷着。而在奥斯曼帝国的阵营中，军事准备活动正在有条不紊地进行：工兵们填埋着护城河，火炮被推进到前线的最佳位置，而整个军队则在战前的最后一天进行休息和默祷，为即将到来的决战做好了心理与物质上的准备。

221

1453 年 5 月 29 日星期二凌晨 1 点 30 分，君士坦丁堡迎来了它的生死之战。奥斯曼军队的全面进攻随着护城河的填平而展开。率先冲锋的是由多个民族组成的巴什波祖克军队，这些战士大多是基督徒，装备简陋，纪律松散，效率低下。他们的主要任务并非占领城池，而是耗尽守军的体力和弹药。在夜色的遮蔽下，巴什波祖克士兵在接下来的两小时内不断发起冲锋，或是出于义务，或是被身后奥斯曼高官以鞭子驱使前行。尽管如此，君士坦丁堡的守军坚守未动，成功地将这支杂乱无章的军队击退。随后，由伊沙克帕夏指挥的更为精锐的安纳托利亚军队从城市的南侧加入战斗。这些战斗持续到破晓时分，在攻势暂停或重整期间，猛烈的炮火支撑着前线的奥斯曼军队，城墙在持续的炮轰下崩塌了长长一段。随着黎明的到来，安纳托利亚军队发起总攻，却同样未能成功。安纳托利亚军队的命运与巴什波祖克一样，未能改变战局，被迫撤退。

穆罕默德二世的王牌部队——禁卫军，终于登上了战场。此前两次大规模进攻的失败，已经让士气蒙上了阴影。在海上的进攻同样毫无进展，而邻近布拉赫奈宫的战斗和第三军事大门的战斗也陷入了僵局。穆罕默德二世知道，如果禁卫军也无法取得突破，那么这场战争就将失败。届时，那些对他心怀不满的大臣，很可能会趁机发动政变。事实上，就在几天前，大将哈利勒就已经在御前会议上主张放弃围攻。如今，禁卫军的进攻也陷入了困境，城墙依然岿然不动。

两场几乎同时发生的意外事件，彻底扭转了君士坦丁堡战役的局势。在布拉赫奈宫附近，一个名为"科克波塔"

（Kerkoporta）的后门，被守军用来出击并骚扰土耳其军队，阻止他们进攻。然而，在一次出击之后，这座后门竟然被人遗忘，没有关闭。一支土耳其小队趁机潜入，打开了城门。与此同时，在吕科斯河谷前线，热那亚指挥官朱斯蒂尼亚尼身负重伤，被部下抬着从另一个城门撤离战场。目睹这一幕的热那亚士兵们军心动摇，一些人甚至跟着朱斯蒂尼尼一起退入了城内。正在战场指挥的苏丹穆罕默德二世，敏锐地捕捉到了这一机会。他立刻命令禁卫军再次发起进攻，并挑选了一位名叫哈桑（Hasan）的巨人战士带领冲锋。在哈桑和30名禁卫军的英勇带领下，这支突击队成功突破了封锁。尽管哈桑和大部分突击队员都壮烈牺牲，但他们的行动却在主城墙上打开了缺口，更多的土耳其士兵蜂拥而上，架起梯子爬上城墙，科克波塔上竖起了土耳其国旗。两处城墙的失守，彻底击溃了守军的抵抗意志。皇帝君士坦丁十一世试图组织反击，但最终被乱军淹没，战死沙场。随着皇帝君士坦丁十一世的阵亡，这座历经千年的帝国也灰飞烟灭。君士坦丁堡这座曾经繁华辉煌的城市，终沦为奥斯曼帝国的囊中之物。

君士坦丁堡陷落的消息传遍两军，苏丹穆罕默德二世立即命令军队开进城内。在他的指挥下，奥斯曼军队井然有序地接管了城墙，并打开了其他城门。为了躲避战乱，城内的外国侨民纷纷逃向金角湾的船只，而城内居民则急匆匆地赶回家中，保护家人和财产。与此同时，守卫金角湾和马尔马拉海海墙的士兵也失去了抵抗意志，纷纷放下武器，向城内溃逃。

在金角湾的水域内，在北风的助力下，超过 20 艘船舶冲破了奥斯曼的封锁，慌忙逃离这座已沦陷的都城。这些船只来自威尼斯、热那亚及拜占庭本身，载着无数逃亡的平民与官员，他们将把君士坦丁堡沦陷的消息传遍整个欧洲。但命运并非眷顾所有人，一些船只未能逃出，被困在港内，人员与货物无一幸免，均沦为奥斯曼人的战利品。城破之日，劫掠与屠杀随处可见。奥斯曼士兵如饿狼般在城中肆虐，疯狂抢夺一切财富，无差别屠戮无辜民众。穆罕默德二世下令处决了数名重要俘虏，包括许多意大利高级官员，还有一些则被扣押为人质索要赎金。尽管一些帝国官员最初被释放，他们最终也未能逃脱死亡的命运。

三周后，穆罕默德二世离开了君士坦丁堡。这座曾经繁华无比的城市，如今已是满目疮痍，一片狼藉。目睹眼前的惨状，苏丹不免发出了叹息。1000 多年来，无数人将攻占君士坦丁堡视为毕生的梦想。如今，穆罕默德二世终于实现了这一梦想，他会为此感到悲伤？

223

别样视角之五　伊斯兰化

　　陷落后，君士坦丁堡遭受了巨大的创伤。可以想见，城池在攻防战中遭到严重破坏。目睹满目疮痍的景象，苏丹穆罕默德二世也不禁发出叹息。然而，与1204年第四次十字军东征对君士坦丁堡的劫掠相比，奥斯曼帝国的入侵造成的破坏要小得多。似乎与奥斯曼军队相比，十字军中的基督徒在奴役和杀戮上略有不及，但造成的破坏却远胜于前者。究其原因，一方面是奥斯曼军队纪律严明。穆罕默德二世在攻城前就明确指示，士兵不得破坏城内建筑，因为这些建筑将于战后归属于他。此外，城破后，军队的劫掠只进行了一天便被他喝停。另一方面，在奥斯曼军队攻城之前，君士坦丁堡就已经多年处于风雨飘摇之中，城市人口比以往锐减，许多建筑也遭到了损坏。因此，即使奥斯曼军队进行了劫掠，所获得的战利品也相对有限，且劫掠行动只进行一天（也许是出自行政命令），说明可抢的东西已经很少了。值得注意的是，与十字军士兵不同，奥斯曼军队中的大部分士兵都是穆斯林。他们对基督教圣物并不感兴趣，而这正是 1204 年十字军造成严重破坏的一大原因。奥斯曼士兵也没有像十字军士兵那样纵情酗酒、放纵欲望。当然，也有一些基督徒士兵参与了劫掠，但他们的行为受到了宗教信仰的约束，总体而言，造成的破坏要小得多。

也就是说，这座曾经辉煌无比的城市，并未如预期般为奥斯曼帝国带来无尽的财富。多数战利品源自教堂之内：金银圣器、镶嵌珠宝的十字架，皆被劫尽。城中豪门大宅同样难逃厄运，其金银珍宝被一扫而空。至于那些一贫如洗的底层贫民，他们微不足道的家当并未引起侵略者的兴趣，他们自身，却沦为了奴隶或被随意屠戮的对象。然而，随着时间的推移，他们渐识盲目屠戮之无益，意识到活着的奴隶和战俘能带来更大的经济价值。于是，屠杀逐步停歇，取而代之的是奴隶市场与赎金交易。很快，那些无力劳作的老弱病残和无依无靠的孩童成为杀戮的唯一对象，因他们既无法作为劳力出售，也无法成为物资交易的货品。苏丹的命令终止了这场暴力，但第一天的劫掠结束后，这座城市已所剩无几。城市的基督教外饰被迅速拆除，或是湮灭。最富丽的教堂被掠夺一空，珍藏宝物无一幸免。城中的基督教人口，无论是被赎回、奴役还是被杀害，都在这出悲剧中成为被迫改变命运的牺牲品。

穆罕默德二世在凯旋后的第一天，便兴冲冲地从位于卫

224

城的亚德里亚堡之门（Edirne Kapi）匆匆步入了圣索菲亚大教堂。这座宏伟的建筑原本回响着基督徒的祈祷和哀泣，求助他们的神以抵御灾难；现在，其内的信徒已经逃亡，宝藏也被洗劫一空。苏丹并未就此罢手，他命令将这座标志性的教堂进行净化，转化为清真寺，以昭示伊斯兰教的永恒与荣耀。到了下一个星期五，这座教堂便迎来了它新的使命，作为印度以西最知名的建筑之一，它的转变不仅象征着穆斯林的胜利，更是对穆罕默德二世"法齐赫"（Fatih），即"征服者"的英明决策的永恒见证。

除了圣索菲亚大教堂之外，还有其他许多教堂也被改建为清真寺。然而，并非所有教堂都遭此厄运。苏丹穆罕默德二世为恢复城市人口和活力采取了一系列措施，限制对城市的破坏和劫掠。在一些主动投降的城镇，他派驻了奥斯曼士兵进行保护，避免了进一步的劫掠和屠杀。这些城镇的居民得以保存其财产，并筹集了足够的资金，从奴隶贩子手中赎回了众多被俘的同胞。

战争的烟云散去后，君士坦丁堡的街道萧条冷清，城市人口大量减少，无数居民或在战火中丧命，或被迫沦为奴隶，或流离失所。战前，这座城市已显得空旷，守卫者不过 7000名士兵，且外籍雇佣兵居多，全城总人口未超 25000 人。自第四次十字军东征期间的劫掠后，这座城市便未曾恢复往日的繁华。苏丹穆罕默德二世采取了一系列措施，诚邀世界各地的人民——基督徒或穆斯林，犹太人、土耳其人或希腊

人——前来此地安家立业。被释放的战俘被赋予自主选择留
下或离去的权利，而那些能够支付赎金的俘虏则获准定居。
此外，预计还将有大批土耳其民众移居此地，以及更多在未
来战役中的战俘，他们将在这里获释并安家。当然，尽管历
经洗劫，君士坦丁堡仍有着不凡的声誉——一个传说中富得
流油的地方，或至少是能够积聚财富的地方。这片土地的传
奇和希望吸引了来自四面八方的移民，他们与城中幸存的居
民一同编织了这座城市新的社会结构。

在苏丹穆罕默德二世的统治下，君士坦丁堡蜕变成一个
多元社会。为了高效治理，苏丹引入了一项名为"米利特"
（millet）的制度，精心设计以授予每个宗教团体一定的自治
权。根据这一制度，不同的宗教社群得以在本教派高级神职
人员的领导下，自主管理宗教事务及部分民法事务。具体而
言，穆罕默德二世任命了东正教牧首、犹太首席拉比（rabbi）
和亚美尼亚格列高利（Gregorian）[1]牧首分别为各自宗教团体
的领袖。这些领袖由信徒选举产生，但须经苏丹批准。他们
负责处理宗教事务，此外，还拥有部分民事司法权，但无权
处理刑事案件。这一制度有效地解决了东正教和天主教教会

225

---

[1] 指的是亚美尼亚使徒教会的宗教领袖。亚美尼亚使徒教会是世界上最古
老的基督教国家教会之一，早在公元 301 年，亚美尼亚王国国王因教士启蒙
者格列高利（Gregory the Illuminator）而改宗基督教，结束了多年来对基督
徒的迫害，并将之奉为国教。大约在公元 302 年，格列高利被任命为亚美尼
亚的国家教会领袖，并被祝圣为主教，之后此职位的继承者也被称为亚美尼
亚宗主教。作为建立者，格列高利的名字也被用来称呼亚美尼亚教会。——
译者注

统一的争议；新任东正教牧首根纳季乌斯（Gennadios）曾在哈德良堡为奴，之前便是教会统一的著名反对者。米利特制度巧妙地缓解了各宗教社区之间的紧张关系，减轻了统治者管理上的负担。苏丹对穆斯林社群同样持此开放态度。

君士坦丁堡虽然在被征服之初以基督徒为主，但随着时间的推移，这座城市逐渐转变为一座穆斯林占主导的城市。围城前的严重人口流失，为新移民尤其是穆斯林移民的涌入腾出了空间。当然，影响这座城市面貌的不仅是人口，还有建筑。除了圣索菲亚大教堂被迅速改建为阿亚索菲亚清真寺（Aya Sofya Camii）之外，其他许多教堂也被改建为清真寺，其中多数改建工程由苏丹宫廷或政府官员主持进行。这个过程持续了相当长的时间。此外，穆罕默德二世还下令在城市中心横跨梅兹大街（the great Meze street）的位置建造了法齐赫清真寺——征服者清真寺（the Mosque of the Conqueror）。为了建造这座清真寺，圣使徒教堂（the church of the Holy Apostles）被拆除。法齐赫清真寺不仅是伊斯兰教礼拜场所，也是教育中心、慈善机构、市场，以及陵墓，苏丹穆罕默德二世便长眠于此。这座清真寺的建成，甚至比圣索菲亚大教堂的改建更具标志性意义，它代表着君士坦丁堡这座城市被彻底征服，文明形态彻底转变。

穆罕默德二世还着力于新都的建设。其中，最具标志性的莫过于宗教建筑法齐赫清真寺的修建。然而，穆罕默德二世的雄心壮志远不止于此，他还决心为奥斯曼帝国建造一座全新的皇宫。皇宫选址于君士坦丁堡卫城之上，也就是古希腊时期拜占庭城邦的位置所在。他还在金角门（Yeni Kapi）处修建了一座新堡垒，作为禁卫军的驻地，其塔楼则被改造为监狱，在功能上与布拉赫奈宫的阿涅马斯塔相仿，后者也曾作为高级监狱使用。这些工程只是他对城市广泛改造的开端。在陷落后长达一个世纪的时间里，君士坦丁堡继续经历着深刻的转变，逐步被塑造为一个适应新信仰和新政治权力中心的城市。

226

奥斯曼帝国军队及其后继的伊斯兰教徒和移民虽拥入君士坦丁堡，但这座城市的风貌并未立刻发生剧变。改造过程逐渐展开，缓慢而持续。基督徒社区不仅保持了许多教堂的原貌，甚至依然存在于城市的特定区域，这部分得益于"米利特"制度下的种族区隔（apartheid）①政策。这种政策允许不同的宗教团体保留一定的自治权，同时也维持了文化和宗教的多样性。由于拜占庭时代最后几个世纪该城逐渐衰落，大片土地荒废，为新来的移民提供了足够的空间进行安置，尽管这些地区同样饱受战争的摧残和人口流失的影响。在被奥斯曼征服前，君士坦丁堡的人口据估计约有 25000 名，但由于战争、逃亡、死亡和驱逐，人口数量可能减少了至少一半。然而，到了 1477 年，家庭人口普查显示，穆罕默德二世

---

① "apartheid"一词源于南非语，意为"种族隔离"，涉及现代种族隔离政策所具有的歧视和强制隔离的负面含义。为更精确体现奥斯曼帝国"米利特"制度多元共存的特点，本文中将其译为"种族区隔"。——译者注

实施的人口填充政策已使城市居民增至约 8 万人。当然，这些统计数字不那么精确。

1453 年至 1477 年间，君士坦丁堡的人口似乎激增了三倍。这种增长势头持续了一个多世纪，最终止步于约 15 万人口。根据 19 世纪初的人口普查数据，城墙内的面积最多只能容纳约 20 万人。尽管城外有所扩展，但这种扩张一直到 19 世纪都相对有限。通常情况下，对于所有首都城市来说，人们普遍认为其实际人口会更多，当然事实也是如此，因此有人会称君士坦丁堡的人口高达 100 万，但这过于不切实际。此外，1477 年的人口普查根据米利特制度按宗教给家庭归类。超过 16000 户的家庭总户数中，约 9500 户是穆斯林，约 3700 户是希腊东正教徒。因此，城市的伊斯兰化进程在不到 25 年的时间里取得了显著进展。这样的群体分布（还包括 2000 多户其他教派团体，主要是各种基督徒团体）在接下来的四个世纪中基本保持稳定。可以说，穆罕默德二世是君士坦丁堡的第四位缔造者，继墨伽拉人、塞普蒂米乌斯·塞维鲁和君士坦丁大帝之后，为这座城市注入了新的活力。根据古希腊传统，他完全配享将陵墓置于城内的待遇。

19 世纪民族主义兴起，随之而来的是奥斯曼帝国内部各民族与宗教之间隔阂的加深，以及帝国权力的逐渐削弱，这些因素共同推动了人口平衡的显著变动。穆斯林或土耳其人对少数民族的频繁骚扰，使得整个社会对基督徒和犹太人充满敌意。到了 20 世纪末，大规模的屠杀或驱逐活动频发，主要影响了希腊人、亚美尼亚人、库尔德人和犹太人。具有讽刺意味的是，在 20 世纪 20 年代，正是土耳其通过了一部强化世俗化的宪法[①]之后，这些排斥和清洗行动才达到顶峰。在奉行世俗主义的土耳其共和国，首都几乎已经成为一座完全伊斯兰化的城市。最近几年，随着穆斯林势力在土耳其共和国的复兴，曾经长期作为博物馆和旅游景点的标志性建筑圣索菲亚大教堂，在 2020 年重新恢复了其作为清真寺的宗教功能。

228

[①] 指的是土耳其改制为共和国后，于 1924 年通过的《1924 年土耳其宪法》，该宪法取消了苏丹的职位，废除了哈里发制，建立了世俗化的法律和教育系统，标志着土耳其的彻底世俗化。——译者注

第二十三章　敌自巴尔干半岛来——保加利亚人

1912—1913 年的军事威胁及围攻

在 1453 年被征服后，君士坦丁堡①在接下来的四个世纪里并没有经历过大规模围城战。然而，它并非一直处于完全安全的境地，始终受到攻击的威胁。1624 年，一支来自乌克兰的哥萨克（Cossack）舰队穿越黑海，驶入博斯普鲁斯海峡，在两岸发动袭击，洗劫了位于如梅利堡垒北侧的耶尼柯伊（Yenicoy）村，之后扬长而去。由于耶尼柯伊村正对安纳托利亚堡，两座城堡扼守着海峡要冲，因此哥萨克人无法突破防线。1656 年，一支威尼斯舰队驶入达达尼尔海峡，击败了驻扎在那里的奥斯曼舰队。但随后，威尼斯舰队并没有继续深入，而是转而占领了忒涅多斯岛（Tenedos）和利姆诺斯岛。可能是因为达达尼尔

---

① 1453 年君士坦丁堡被征服后，改名为伊斯坦布尔，此处用原文译名。下文同。——译者注

海峡两岸的加里波利和恰纳卡莱（Canakkale）两座要塞构成了坚固的防御，威尼斯人最终没有选择强攻。这两座堡垒配备了威力强大的火炮，足以威慑任何来犯之敌。1770 年，一支在小亚细亚切什梅海战（Battle of Chesme）[1] 中击败奥斯曼舰队的俄国舰队也曾封锁达达尼尔海峡，但封锁并没有持续多久。

君士坦丁堡，这座历史悠久的城市，虽然土耳其人已逐渐习惯使用"伊斯坦布尔"这一名称，但对于奥斯曼帝国的敌人和所有基督教居民而言，它仍旧是"君士坦丁堡"。城市的防御体系早已不限于古老的城墙或奥斯曼舰队的保护，而是拓展至战略上关键的博斯普鲁斯海峡和达达尼尔海峡，这里布置着一些坚不可摧的堡垒。1453 年的围城战已经证明了，面对强大的火药武器，昔日的狄奥多西城墙已力不从心。为了抵御外来的侵略，新的防线被迫设立在更远的地点，因此海峡中部的堡垒应运而生。在 17 世纪和 18 世纪，这些堡垒曾成功抵御了俄国和威尼斯的侵袭，其军事价值被一再证实。然而，到了 1807 年，这些堡垒未能如预期般发挥作用。英国为了迫使苏丹塞利姆三世（Selim Ⅲ）与俄国签订和平协议，派遣了一支舰队驶入达达尼尔海峡，直接对君士坦丁堡构成威胁。

---

[1] 切什梅海战也称为切什梅湾海战，于 1770 年 7 月 5 日至 7 日之间在爱琴海的切什梅湾（Çeşme Bay）附近进行，是第六次俄土战争（1768—1774 年）中的关键战役之一，作战双方为沙皇俄国和奥斯曼帝国。最终俄国取得决定性胜利，极大地削弱了奥斯曼帝国的海上力量，增强了俄国在黑海及地中海的军事影响力。——译者注

1807 年，一个令双方都感到困惑的军事事件发生了。英国虽与俄国和奥斯曼帝国结盟，但这两个盟友却相互交战。在法国的怂恿下，奥斯曼帝国被推向了对抗俄国的前线。同时，俄国的爱琴海舰队也表态愿加入英国的远征。英国为了促使其与奥斯曼盟友和解并共同围攻拿破仑统治的法兰西第一帝国（the French Empire），派出地中海舰队的一支分遣队，由约翰·达克沃思爵士（Sir John Duckworth）率领前往达达尼尔海峡。达克沃思通过高超的航海技术，成功带领舰队穿越了被两岸堡垒的炮火猛烈轰击的海峡，进入了马尔马拉海，并最终抵达君士坦丁堡附近水域。然而，正当达克沃思准备采取进一步行动时，遇到了英国驻奥斯曼帝国大使阿巴斯诺特（Arbuthnot）的阻挠。阿巴斯诺特在奥斯曼帝国的威胁下逃离了君士坦丁堡，后在达达尼尔海峡入口被达克沃思的舰队救起。这一突发事件打乱了英国的计划，同时为奥斯曼帝国赢得了宝贵的准备时间。奥斯曼帝国迅速动员起据说多达 20 万人的武装力量，加固了海峡沿岸的防御。同时，强烈的海流和不利的南风也阻碍了英国舰队的进一步行动。在这多重因素的影响下，达克沃思被迫决定撤离马尔马拉海。一些英国水手显然不清楚当下的政治形势，急切希望达克沃思将炮口对准君士坦丁堡。可以想见，如果真的发动攻击，英国短炮将对托普卡匹宫、蓝色清真寺（the Blue Mosque）和阿亚索菲亚清真寺等标志性建筑进行轰击。事实上，对英军来说，这并非没有先例；同年，一支英国舰队炮轰哥本哈根，几乎毁灭了半个城市；而在南美，英军在攻占布宜诺斯艾利斯后，一度考虑将整个城市夷为平地。然而，实际上，驻扎在马尔马拉海的英国舰队很难对这座城市造成实质性破坏。任何炮轰都必将激怒奥斯曼人，令他们更加紧密地与法国结盟，而苏丹与法国的关系本已非常密切。达克沃思撤退的真正原因是远征目标从未明确，随着时间的拖延，行动越发显得无意义。不久后，俄国舰队占领了忒涅多斯岛，并在达达尼尔海峡口设立封锁，成功击退了土耳其舰队的两次试探性进攻。封锁持续至 1808 年。尽管达达尼尔海峡的堡垒未能阻止英国人的进攻，但成功抵抗了俄国的来犯。

对于奥斯曼帝国而言，俄国才是真正的敌人。在过去一个世纪里，两国已经交战了六次，而在接下来的一个世纪里，还将进行至少五次战争。在这种情况下，奥斯曼帝国的注意力自然集中在北方，将达克沃思的舰队视为微不足道的威胁。相比之下，庞大的俄国才是他们需要全力应对的对手。

230

奥斯曼帝国的实力不断衰落，周边国家的干预更是加剧了其困境。1829 年，希腊爆发大规模叛乱，奥斯曼帝国深陷战争的困境。趁乱进犯的俄国，派兵占领了埃迪尔内，进一步向伊斯坦布尔推进。虽最终通过和平协议暂缓战事，奥斯曼的脆弱已无法遁形。19 世纪 30 年代初，埃及赫迪夫（khedive）穆罕默德·阿里（Mehmet Ali）派遣其子易卜拉欣（Ibrahim）率领军队进攻叙利亚和安纳托利亚。易卜拉欣势如破竹，一路攻克中亚细亚科尼亚的奥斯曼军队，攻势凶

猛，一路北上至屈塔希亚（Kutahya），距离伊斯坦布尔仅
一步之遥。无奈之下，奥斯曼帝国求助于老对手俄国。俄军
据守博斯普鲁斯海峡，支援奥斯曼军抵抗埃及的侵袭。虽然
这场战争非埃及或俄国所发起，两国的介入却对奥斯曼构成
了巨大威胁。俄军的存在遭到伊斯坦布尔民众的强烈反感。
易卜拉欣同意和解后，俄军撤离，但随之而来的土俄和约
（Turkish-Russian treaty）却使奥斯曼帝国进一步深陷对俄国
的依赖中，难以自拔。

此时的伊斯坦布尔处于风暴的中心，敌友难分的风云变
幻，随时都可能卷起攻城浪潮。过去两个世纪，奥斯曼帝国
一直处于被侵略的边缘，从博斯普鲁斯海峡和达达尼尔海峡
的堡垒，到距离不过百余里的埃迪尔内和屈塔希亚，再到达
克沃思舰队的直逼城门，奥斯曼的陆军与海军实力已历经重
大逆转。通过灵活变换盟友的外交策略，奥斯曼成功地拉拢
了俄国以对抗易卜拉欣帕夏的侵袭，并最终迫使埃及军队从
叙利亚撤退。然而，不久之后，当苏丹再次与俄国交战，即
著名的"克里米亚战争"（the Crimean War）爆发时，英国和
法国竟转身成为奥斯曼的新盟友。尽管战争初期，俄国在安
纳托利亚北部的锡诺普（Sinope）猛烈攻击了奥斯曼舰队，但
伊斯坦布尔本身未受直接威胁。然而，这座城市却成了英法
联军远征克里米亚的集结点，这些武装基督徒的到来并未得
到城内民众的欢迎。

到了 19 世纪 70 年代的俄土战争爆发时，奥斯曼帝国已

重新积蓄了足够的军事力量，在多瑙河边缘勇敢地抵抗俄国的侵略，这一举动终于吸引了英国的目光。1877 年寒冬，当俄军攻克普列文（Plevna）要塞并丌始向前推进时，英国已经在爱琴海部署了一支舰队。伦敦内阁经过一番犹豫后，将这支舰队派往马尔马拉海。此时的俄军已筋疲力尽，英国还警告他们不得占领君士坦丁堡。同时，英国准备派遣新的舰队前往波罗的海，威胁俄国首都圣彼得堡，仿佛重现克里米亚战争的场景。于是俄国不得不停火，在靠近君士坦丁堡的圣斯特凡诺（San Stefano），双方签订了和平条约，这便是俄军推进的最终战线。然而，随后在柏林举行的国际会议，对该条约的多项条款作出重大修改，修改后的条约对奥斯曼帝国极为有利。

19 世纪，奥斯曼帝国经历了一系列危机、叛乱、战争和入侵，其衰败之势越发明显。昔日的盟友和敌人纷纷蚕食其领土，英国占领了埃及和塞浦路斯，法国吞并了突尼斯和阿尔及利亚，俄国则夺取了克里米亚和黑海沿岸直至多瑙河的地域。希腊、罗马尼亚、塞尔维亚、保加利亚和黑山（Montenegro）等国家也相继获得独立。在这风雨飘摇的年代里，奥斯曼帝国的首都伊斯坦布尔两度被昔日盟友占领，而俄国对巴尔干半岛的每一次入侵都接近于对这座城市展开武装攻击。明眼人早已预见，奥斯曼帝国将不可避免地遭受直接攻击。1879 年后，巴尔干山脉成为其最近的敌军边界线，距离伊斯坦布尔仅百余里之遥。然而，谁也料想不到，最终的攻击竟来自意大利和保加利亚这两个对手。

1911 年，在欧洲民族主义的大潮影响下，意大利发起了一场侵略战争，企图将利比亚从奥斯曼帝国的控制中分割出去，以建立自己的海外帝国。为了阻断奥斯曼帝国对利比亚的军援，意大利封锁了达达尼尔海峡。奥斯曼帝国对此作出强硬回应，关闭了黑海海峡，禁止所有船只通行，这一举措对依赖此海峡航线作为主要出口通道的俄国经济造成了严重打击。奥斯曼军队在战争中的软弱表现，激励了其欧洲邻国——巴尔干各国——仿效意大利的行动，以追求自身利益的最大化。希腊、塞尔维亚、黑山和保加利亚四国结成巴尔干同盟（Balkan League）①，目标是通过武力夺取奥斯曼帝国的领土。尽管这与其他欧洲殖民帝国的行径无异，但巴尔干同盟的目标更为激进，他们计划彻底瓦解奥斯曼帝国，特别是希腊和保加利亚，他们的主要目标是占领君士坦丁堡。这场战争由黑山首先开战，拉开了第一次巴尔干战争（the First Balkan War）②的序幕。希腊军队北上，塞尔维亚军队南下，而保加利亚则向南和东南方向推进，这场战争意外地成了同盟国的一次军事胜利。

232

① 巴尔干同盟是保加利亚、塞尔维亚、希腊和黑山四个巴尔干国家于 1912 年 3 月至 5 月间结成的军事同盟，该同盟的目的是联合对抗奥斯曼帝国在巴尔干半岛的统治。——译者注

② 1912 年 10 月，巴尔干同盟向奥斯曼帝国宣战，第一次巴尔干战争爆发。1913 年 5 月，奥斯曼帝国被迫与巴尔干同盟签订《伦敦和约》，承认保加利亚、塞尔维亚、希腊和黑山的独立。第一次巴尔干战争以巴尔干同盟的胜利而告终。——译者注

　　保加利亚的战争目标是夺取南部边界巴尔干山脉和爱琴海之间的领土，其中包括萨洛尼卡（Salonica，即塞萨洛尼基）和君士坦丁堡两座重要城市。然而，保加利亚的野心最终落空。萨洛尼卡率先被希腊占领，而奥斯曼帝国则顽强抵抗，成功保卫了君士坦丁堡。

　　虽然未能直接攻占君士坦丁堡，但保加利亚军队仍推进到色雷斯腹地，在远处对这座城市形成了包围。在柯克基利塞（Kirkkilesse）战役 [1] 和吕莱布尔加兹（Luleburgas）战役 [2] 中，保加利亚军队两度重创土耳其东部军队（Turkish Eastern Army）。土耳其军队在吕莱布尔加兹战役中惨败，被迫退向恰塔尔贾防线（Chatalja Lines）——这条防线自1878年俄土战争时期便已建立，当时俄军突破多瑙河防线，兵临君士坦丁堡城下，就像现在的保加利亚军队一样，是这道防线阻止了俄国大军。1912年，面对保加利亚的铁蹄，土耳其方面重新整修了恰塔尔贾防线，并部署重兵防守。保加利亚军队确实受阻于此防线无法继续推进。实际上，恰塔尔贾防线就在色雷斯长城外围。色雷斯长城是5世纪或6世纪左右的拜占庭帝国时期修建的防御工事，但自建成以来，在历次

---

[1]　柯克基利塞战役是第二次巴尔干战争中的一场关键战役，发生于1913年7月，交战双方为保加利亚和奥斯曼帝国，最终奥斯曼帝国在战役中的失败使其丧失了对东色雷斯的控制权。——译者注

[2]　吕莱布尔加兹战役是第二次巴尔干战争中的一场战役，发生于1913年7月18日，交战双方为保加利亚和奥斯曼帝国，最终保加利亚战胜了奥斯曼帝国。——译者注

围城战中鲜有关于它的记录。当保加利亚军队在其周边筑营以加强对君士坦丁堡的封锁时，军官中恰好有两名考古学家，他们对色雷斯长城的城墙进行了首次勘测，并撰写了相关报告。

恰塔尔贾防线与色雷斯长城的防御结构存在根本的差异。色雷斯长城作为一种线性防御体系，由坚固的石墙和护城河构成，沿线还建有多座塔楼，这些设施曾能有效阻挡步兵和骑兵的进攻。然而，随着火药时代的到来，这样的防御体系的局限性日渐明显。其主要问题在于，这座壮观的长城覆盖了一片广阔的地域，使得守军难以充分地控制和保卫整个长城。因此，敌军只需集中力量攻击长城的某个薄弱环节，便可能在分散的守军尚未来得及增援之前实现突破。

恰塔尔贾防线，得名于位于色雷斯长城和防线之间的恰塔尔贾村庄，是为抵御现代化战争威胁而精心设计的防御工事。与色雷斯长城不同，恰塔尔贾防线针对的是装备了现代火炮和步枪的敌人，他们能够在远距离进行精确射击。防线由一系列依托山脊构筑的坚固阵地组成，面向开阔的平原地带。得益于地形优势，即使数公里外发起的攻击也能尽收眼底。高耸的山脊不仅是自然的屏障，迫使敌军在重火力压制下艰难攀爬，还有效阻止了敌军的前进。此外，壕沟阵地为防守方提供了充分的掩护，不仅能抵御敌方炮火，还能在敌人试图越过山脊时给予其致命打击。

恰塔尔贾防线坐落于山脊顶部，依托黑海和马尔马拉海两座海湾的天然屏障，将色雷斯长城的 45 公里防线缩短为约 30 公里。山脊前方的平原上，河流纵横交错，靠近海边则是一片广阔的沼泽地，这使得敌军难以接近防线。防线上设有一系列依托山脊构筑的坚固阵地，绵延数公里，并配备了坚固的防御工事，其中部分工事可追溯至 1878 年。这些工事由德国军事工程师冯·布鲁姆（Von Blum）设计建造，另一些则由当时著名的比利时军事工程师布里阿尔蒙特（Brialmont）设计，并根据后期德国工程师的建议进行了改进。炮兵阵地藏匿在近处，随时可将炮口对准平原上的预定目标，一旦开炮便能精准打击。防线两端的海湾处驻有土耳其战舰，配备有重型火炮，战火燃起时，令敌军难以逾越。正如保加利亚军队很快就发现的那样，即使从远处望去，恰塔尔贾防线也是一座坚不可摧的堡垒。而当他们靠近到足以发起攻击的距离时，更遭遇了其他意想不到的困难。

奥斯曼军队在西线战场的失利迫使他们匆忙修复恰塔尔贾防线。过去 30 年来，防线一直处于荒废状态，火炮和驻军也被调往其他战场。不过此时，保加利亚军队渴望攻占君士坦丁堡，却因围攻埃迪尔内而分身乏术。埃迪尔内当时被土耳其军队控制，阻断了保加利亚军队的补给线。最终，保加利亚军队集结了 17.6 万人进攻恰塔尔贾防线。而土耳其军队则拥有 14 万名驻军，并部署了 300 多门火炮和两翼的战舰支援，弹药供应充足。相比之下，保加利亚军队虽然拥有 460 门火炮，但补给困难，难以维持火力支持。这场战役的规模

234

可谓空前绝后。保加利亚军队饥肠辘辘，疲惫不堪，还饱受霍乱和伤寒的侵袭。他们在 11 月上旬分批抵达前线，并于 17 日发动进攻。然而，在穿越平原并进入土耳其军队的精准炮火打击范围后，保加利亚军队遭遇了重重阻碍：纠缠在一起的带刺铁丝网、密集的机枪火力、埋伏的步枪手以及两翼战舰的交叉炮火。保加利亚军队的进攻以惨败告终，伤亡超过 2 万人。这场战役成为美国内战、布尔战争（Boer War）① 及日俄战争（Russo–Japanese campaign）② 之后，对未来西线战场（the Western Front）③ 残酷现实的再次预演。

激烈的炮火声响彻伊斯坦布尔城，居民们甚至可以清晰地分辨出海军的炮火和陆军的炮火。保加利亚军队的逼近再次点燃城内各民族之间的旧怨，穆斯林和基督徒、土耳其人和希腊人的紧张局势日益加剧，甚至土耳其人与亚美尼亚人之间也开始对抗，因为此时，奥斯曼帝国与亚美尼亚在东部也爆发了冲突。为了保护城内的基督徒居民，在得到土耳其政府的许可后，欧洲列强联合派遣了一支舰队进入博斯普鲁斯海峡和金角湾。这支舰队由来自英国、法国、奥地利、德国和俄国的海军舰只组成，于 11 月 12 日抵达伊斯坦布尔，

① 布尔战争，是 1899 年至 1902 年间英国与南非两个布尔人共和国（即德兰士瓦尔共和国和奥兰治自由邦）之间的一场战争。这场战争以英国的胜利而告终，导致了布尔人共和国的灭亡和南非联邦的建立。——译者注
② 日俄战争是 1904 年至 1905 年间日本与俄国之间的一场战争，以日本的胜利而告终，是 20 世纪第一次大规模的现代化战争。——译者注
③ 西线战场是第一次世界大战的主要战场之一，从比利时北部延伸到法国东北部，以壕沟战、长期僵持和巨量的人员伤亡而闻名。——译者注

恰逢保加利亚军队准备发起进攻。18 日，各舰只派出配备步枪和机枪的水兵分遣队登陆，实际控制了佩拉区。

保加利亚人在恰塔尔贾战役的失利缓解了战场上的紧张局势。在俄国的斡旋下，奥斯曼帝国提出停战，并得到保加利亚人的同意。保加利亚军队已经从惨败和伤亡中清醒过来，但仍然需要继续围攻埃迪尔内。保加利亚和俄国之间的停战协定于 12 月 3 日生效，但仅限于恰塔尔贾战线，并未波及其他战场。因此，埃迪尔内依然处于保加利亚军队的包围之中。与此同时，奥斯曼帝国内部也发生了剧变。青年土耳其党（Young Turks）①发动政变，夺取了政权，苏丹被剥夺了所有权力。恩维尔帕夏（Enver Pasha）成为新政权的领袖。他声称发动政变的原因之一是解救埃迪尔内，但后来却改变主意，将目标改为在埃迪尔内失守后再重新夺回这座城市。在恰塔尔贾战线，小规模战斗偶尔爆发，直到 3 月下旬，保加利亚军队才完全占领了埃迪尔内。

235

停战协议最终扩展到其他战线，但战胜国之间却暗藏着重重矛盾和猜忌。保加利亚、塞尔维亚和希腊对萨洛尼卡的控制权争执不休，而保加利亚夺取君士坦丁堡的野心则令俄国感到恼火并出手阻止。80 年前，埃及军队向君士坦丁堡的

---

① 青年土耳其党，或称青年土耳其运动，起源于 19 世纪末，由一群主要在欧洲受教育的奥斯曼学生和军官组成，他们受到了民族主义、宪政主义和现代化思想的影响，是奥斯曼帝国末期的一个重要政治改革运动和组织。青年土耳其党在第一次世界大战中掌握政权，选择与德国和其他同盟国结盟。战争结束后，奥斯曼帝国的失败导致了帝国的进一步瓦解和土耳其共和国的成立。——译者注

推进曾引发俄国的强烈反对，如今保加利亚人的行动也同样引起了俄方的警惕。俄国自身也觊觎着这座城市，绝不允许其落入他人之手。因此，他们主动提出帮助土耳其守卫君士坦丁堡，并派遣军队进驻。这与他们过去的做法如出一辙，目的显然是趁机夺取这座战略要地，也许在他们的计划中，待保加利亚人突破恰塔尔贾防线后，他们便可以援助之名实施自己的计划。俄国的意图令英国人感到不安。他们绝不允许俄国舰队轻易从黑海进入地中海，这将严重威胁英国在该地区的利益。正是出于这种担忧，英国积极参与了博斯普鲁斯海峡的国际干预行动，同时也拉拢其他列强加入，以遏制俄国的扩张野心。当然，其他参与者也各怀心思，都想从奥斯曼帝国的衰落中分一杯羹。

由英国主导，和平会议缓缓拉开序幕，目的在于终结这场持久的战争。然而，君士坦丁堡的紧张局势一时尚未缓解，因为埃迪尔内等多座仍由土耳其控制的城市继续遭受围困。只有这些城市陷落后，方能安排更广泛的停火协议，届时和平会议方可正式开始。埃迪尔内的陷落令奥斯曼帝国痛心疾首。这座城市不仅是奥斯曼帝国在欧洲征服的第一个城市，也是其早期的首都，更安葬着历代苏丹。保加利亚军队的胜利为他们进一步攻占君士坦丁堡打开了大门。然而，尽管如此，保加利亚指挥官表现出极大的冒险精神，频繁使用他们的农民士兵，对停战协议视若无睹——这一行为并非他们独有，战时各方偶尔也会违反协议。在这片被战争笼罩的巴尔干半岛上，和平仍显遥远。

　　土耳其军队在君士坦丁堡的顽强抵抗取得了阶段性胜利。1913 年 6 月 9 日签署的《伦敦条约》结束了第一次巴尔干战争，但也为两国划定了新的政治边界。根据条约，土耳其保留了恰塔尔贾防线以西的领土，包括加里波利半岛和马尔马拉海岸的一小部分地区。然而，保加利亚军队并未就此罢休，他们仍然对君士坦丁堡虎视眈眈，事实上，这座城市依然处于保加利亚军队的包围之中。

236

　　奥斯曼海军依托加里波利和恰纳卡莱的堡垒控制着达达尼尔海峡，然而奥斯曼舰只在试图出击时却屡遭希腊舰队的痛击。与此同时，希腊海军忙于占领爱琴海岛屿，未能全力打通海峡。因此，奥斯曼舰队依然牢牢掌握着马尔马拉海和黑海海峡的制海权，使得他们能够从亚洲安全地运送增援部队。奥斯曼的海上优势还扩展至黑海，使得保加利亚沿海地带处于威胁之中，并确保了奥斯曼陆军的物资补给线畅通无阻。陆地作战面临的一个主要难题是后勤补给的艰难，特别是物资的陆上运输，这使得穿过埃迪尔内的铁路显得格外关键。希腊此时则实际上从爱琴海方向对达达尼尔海峡实施了封锁，奥斯曼帝国以禁止希腊船只进入作为反制。自火药时代以来，达达尼尔海峡就像博斯普鲁斯海峡和恰塔尔贾防线的堡垒一样，始终是君士坦丁堡的前沿防御线。

　　和平条约签署仅仅三周后，保加利亚将军萨沃夫（Savov）突然对希腊和塞尔维亚发动了进攻，此举不仅令他的敌人措

手不及，其余人，包括他的上级和保加利亚政府也对此十分
震惊。保加利亚声称其边界线存在诸多不合理，并认为对某
些领土提出主张十分正当。面对共同的威胁，希腊、塞尔维
亚结成了新的巴尔干同盟，并成功击退了保加利亚的进攻。
保加利亚军队的目标是占领萨洛尼卡，但塞尔维亚和希腊军
队顽强抵抗，令其寸步难行。与此同时，罗马尼亚也趁机加
入战团，声称需要"补偿"以应对周边国家实力的增强。他
们入侵保加利亚，直逼其首都索非亚（Sofia），而此时索非
亚几乎没有任何防御力量。另外，土耳其人也因失去埃迪尔
内而心有不甘，从恰塔尔贾防线发起反击，并成功夺回了这
座城市。

　　1912 年的君士坦丁堡围城战是这座城市自 1453 年被奥斯
曼帝国征服以来所面临的最严峻挑战。隆隆炮声清晰可闻，
保加利亚军队集结了所有火炮，对恰塔尔贾防线发起猛烈攻
击。这场战役再次凸显了守卫加里波利半岛的重要性。从更
深一层的意义来看，如果未来的交战方能够认识到，像保加
利亚军队那样的大规模轰炸对工事坚固的军队造成的杀伤力
远低于预期，这将是一个宝贵的教训。然而，欧洲士兵往往
轻视这类经验教训，不屑于小规模战争所展现出的战争本质。

　　实际上，这场战争并非连续进行，而是一场长达数月的
围城战，其间穿插着漫长的休战期。历史仿佛在重演，俄国
再次提出派遣海军驻守博斯普鲁斯海峡，以及派出陆军保卫
君士坦丁堡的建议。然而，这一提议再一次遭到英国的阻挠，

237

他们始终对俄国的野心心存戒备。当然，在接下来的几年里，战争局势又发生了戏剧性的逆转。

　　尽管保加利亚军队未能近距离接近君士坦丁堡或以传统的方式攻破城墙，但这一事实无法掩盖君士坦丁堡在此次冲突中实际上已处于被围困的状态。战争的形态早已悄然改变，体现在双方使用的武器种类上，特别是远距离精确打击能力的显著提升。如今，任何城市都可能遭到数公里之外的炮火轰击。到了1912年，君士坦丁堡的防御重心已经不再是古老的城墙，而是转移到了海峡入口和恰塔尔贾防线，这种布局自1453年的围城以来一直延续。如果保加利亚军队能够突破防线，或者希腊舰队能够突破达达尼尔海峡，那么君士坦丁堡的陷落将不可避免。相比一个世纪前英国达克沃思爵士所展现的克制，保加利亚或希腊军队绝不会轻易放过这样的机会。他们必定会毫不犹豫地将炮火倾泻在这座饱经沧桑的古城之上。238

第二十四章　敌自海上来 —— 一战同盟军

1914—1923 年之围

经历了意大利战争（Italian War）[①] 和两次巴尔干战争（1911—1913）的洗礼，奥斯曼帝国最终被卷入了第一次世界大战（the Great War）的烽火之中。巴尔干战争的影响之一，便是使奥斯曼帝国与德意志帝国的（the German Empire）关系日益紧密。多年来，德国军官一直为奥斯曼帝国在防线和军事训练方面充当顾问。同时期，英国也一直提供着类似的帮助。1914 年 8 月，在第一次世界大战的第一次海战中，德国格本号（Goeben）战列巡洋舰和布雷斯劳号（Breslau）巡洋舰在逃避英国地中海舰队的追击时，奔赴伊斯坦布尔寻

[①] 指的是 1911 年到 1912 年间发生的意大利—土耳其战争。在这场战争中，意大利与奥斯曼帝国发生了军事冲突，主要是为争夺北非的利比亚地区。1912 年奥斯曼帝国被迫签订了《洛桑条约》，正式将利比亚及邻近群岛割让给意大利。——译者注

求庇护。① 奥斯曼帝国同意了这一请求，最终这两艘战舰以"转让"的名义被纳入奥斯曼帝国海军，舰上的德国船员亦换上了土耳其水手的制服。为了回应奥斯曼帝国的这一举动，英国紧锣密鼓地对达达尼尔海峡实施封锁，并明言不承认此次"交易"的合法性。这一事件进一步加深了奥斯曼帝国倒向德国的政治倾向。面对德国的慷慨援助——黄金作为介入战争的激励——以及与俄罗斯这一传统敌国的紧张关系，经过一番拖延和犹豫，最终两艘奥斯曼军舰驶入黑海，炮击了几个俄罗斯港口。然而，英国对此早有防备，他们迅速采取行动，控制了幼发拉底河（the Euphrates）河口和阿巴丹（Abadan）炼油厂，并在未正式宣战的情况下，于11月3日炮轰了达达尼尔海峡口的堡垒。两天后，英国正式对奥斯曼帝国宣战，开启了一场新的战争。

　　当然，这实际上等于双向封锁了黑海海峡：俄罗斯海军封锁了博斯普鲁斯海峡，英国和法国则封锁了达达尼尔海峡。 239 几乎就在同时，不止一位英国海军上将萌生了率领海军力量穿越达达尼尔海峡，直逼伊斯坦布尔的念头。土耳其人亦预见到了这一点，早在奥斯曼帝国宣战前两个月，即9月8日，德国工程师和水手便已进驻位于两海峡的堡垒；时任格本号战列巡洋舰舰长的德国海军上将苏雄（Admiral Souchon）被任命为土耳其海军司令，接替了英国海军上将林普斯（Admiral

――――――

① 之后，格本号巡洋舰改名为严君苏丹塞利姆（Yavuz Sultan Selim），布雷斯劳号巡洋舰改名为米迪利号（Midilli）。

Limpus）。

11 月初对达达尼尔海峡入口的轰炸，既是对奥斯曼帝国发出的严厉警告，预示着一旦宣战可能带来的深远后果，更是土耳其敌国企图利用海峡的脆弱性发动攻势的明确信号。早在 8 月 27 日，时任英国第一海军大臣（First Lord of the Admiralty）的温斯顿·丘吉尔（Winston Churchill）就下达了明确指令：一旦那两艘名义上已转归土耳其旗下的德国战舰敢于驶出达达尼尔海峡，便必须将其击沉。毕竟，尽管舰上的德国船员已换上了土耳其传统的毯帽（fez），试图以土耳其水手的身份掩人耳目，但他们的真实身份仍难以遮掩。

随着正式宣战，英国的战略调整为更直接的军事侵略，达达尼尔海峡自然成为战略目标。强行突破海峡并不难想见，但陆军和海军也都清楚地意识到其中的巨大挑战。制订一个切实可行的计划需要极大的想象力和创造力，然而，海军部的决策者们却似乎对此缺乏必要的洞察力。事后看来，显然从一开始就需要一场规模宏大的联合海陆行动。陆军负责占领海岸线及其要塞，尤其是战略要地加里波利半岛，而海军则负责将舰队驶入马尔马拉海。然而，过于自信的英国皇家海军却认为，他们能够独立完成第二阶段的任务，无须陆军支援。当然，陆军当时在其他战场上疲于奔命，无暇分身。因此，最初参与计划的陆军大臣基奇纳伯爵（Lord Kitchener），最终还是撤回了向战场派遣部队的承诺。此前，土耳其在与意大利和巴尔干国家的战争中连连失利，这给人们造成了土耳其军队实力孱弱的错误印象。因此，许多人都轻率地认为，任何针对土耳其的军事行动都将轻而易举地取得胜利，并最终迫使其退出战争。

最终确定的计划是，由海军以压倒性的优势进军达达尼尔海峡。首先，对土耳其堡垒进行集中轰炸，然后派遣扫雷拖网渔船清除现有的雷区。之后，18 艘来自英国和法国的战列舰——尽管生产年代各异，但气势恢宏——将以每天一公里的速度稳步推进。法国海军陆战队将占领库姆卡莱（Kum Kale），但摧毁那里的堡垒后便撤离。计划的制订者们坚信，这种强大的实力展示和不可阻挡的战事推进将会彻底瓦解土耳其军队的士气，使他们不战而屈服。然而，令人遗憾的是，他们始终低估了土耳其军队的战斗力，这种低估贯穿了这次海军行动，甚至在整个战争过程中都未有改变。计划中并未忽视土耳其炮兵的存在，为了以防万一，调遣了两个师的陆军和海军陆战队待命。此前，一支先遣部队已经占领了希腊的利姆诺斯岛，将其作为盟军的基地。为了避免英国在奥斯曼帝国的核心地区站稳脚跟，法国也派出了一支舰队和一个师的部队参战。此外，俄罗斯还派遣了一支部队在黑海活动，以防止法国或英国控制伊斯坦布尔。3 月 28 日，俄罗斯军队袭击了博斯普鲁斯海峡的北部入口，但并未取得任何实质性战果。当然，即将对达达尼尔海峡发起的攻势已无法掩饰。只要登上加里波利半岛南部的任何一座山丘，向东或向南望去，整个盟军舰队便会映入眼帘；其位于利姆诺斯岛的基地

240

也尽收眼底，只需用望远镜即可清晰观察；盟军各师的营地更是清晰可见。

进攻伊斯坦布尔的序幕以数日毫无成效的炮轰拉开，轰炸目标是海峡入口处的堡垒，同时还夹杂着清除水雷的尝试，但均以失败告终。第一批驶入海峡的船只是由平民志愿者操控的扫雷拖网渔船，然而，这些看似不起眼的船只却很快就成为土耳其炮火的活靶子。几艘船只被击沉或击伤后，其余船只只能仓皇掉头撤退。3月18日，大型战列舰开始进军，却遭遇了同样的命运。尽管大部分雷区都已经成功定位，但一个隐藏的雷区却造成了毁灭性的打击，三艘战列舰就此沉入海底。面对如此惨重的损失，进攻行动被迫中止。

一个月后，战局发生了重大转变，盟军决定改弦更张，以武装登陆的方式夺取加里波利半岛。如果计划成功，盟军将能够掌控土耳其在亚洲一侧的阵地，进而为舰队通过海峡打开通道。值得注意的是，这实际上就是最初的作战计划，当时因海军的过于自大而被放弃。然而，这一计划也以失败告终。原因在于，登陆行动兵力不足，增援部队又迟迟不到，再加上指挥官决策失误，最终导致了惨败。更重要的是，土耳其军队的顽强抵抗也给盟军造成了巨大阻碍。不过，这场半岛上的战斗整整持续了八个月，而之前海军的进攻只持续了一天。

厘清这些行动的目的至关重要。也许夺取伊斯坦布尔是最终目标，但海军行动的具体意图是实施针对性轰炸，集中打击该市的军事设施，包括造船厂、军火库以及任何其他武器库或工厂。这样的行动无疑会给土耳其造成伤害，却不足以迫使他们退出战争。1807 年，在约翰 达克沃思将军指挥的一次军事行动中，海军上将悉尼·史密斯爵士（Sir Sydney Smith）也提出过类似的设想。从之前的海战中可以看出，陆基炮兵能够轻易压制并驱赶大型战舰，因此盟军对该市的攻击必然会导致盟军舰队与城内土耳其火炮之间的激烈交锋，并招致土耳其海军的防御反击。战舰，只需一发炮弹就能击沉，但火炮，尤其是高射榴弹炮，却不易受到攻击，并且能够轻松快速地移动到隐蔽处或射程之外。这些从 3 月份的海战中已清晰可见。如果城市遭到攻击，土耳其火炮可以藏匿于房屋内，从隐蔽处进行射击。如果在达达尼尔海峡开战，炮兵们只需停止射击并躲避即可，因为战舰会转向其他目标。而之后炮兵可以重新装填弹药或机动部署，并再次开火。因此，保卫城市将相对容易，而进攻方的海军则将承受巨大的伤亡。

黑海海峡两端都被土耳其人和盟军牢牢封锁。土耳其人占据了海峡沿岸的堡垒，而盟军则严密封锁了海峡的入口。战争一开始，俄国就在黑海布设了雷区，封锁了博斯普鲁斯海峡，虽然土耳其人可以小心翼翼地通过，但雷区会定期更新。在达达尼尔海峡，随着土耳其和德国采取了一系列反制措施，特别是使用潜艇袭击盟军舰只，封锁变得愈加困难和昂贵，也需要不断地进行调整和完善。盟军也派出潜艇小心翼翼地穿过达达尼尔海峡，进入马尔马拉海，在那里击沉了所有遇到的土耳其船只。到战争结束时，马尔马拉海里的土耳其船只所剩无几，但对于土耳其人来说，这只是一些小麻烦，因为他们可以通过陆路运输来满足物资需求，尽管速度较慢。

242

简言之，伊斯坦布尔再次面临围困，作为城市前哨的博斯普鲁斯和达达尼尔的堡垒从 1453 年起就不断加固，历来便是这座城市不断遭受威胁的象征。这些防御工事在保加利亚战争中曾发挥了显著作用，并继续证明其价值。土耳其政府和居民都深知，一旦加里波利战役告负，伊斯坦布尔将成为接下来的目标——实际上，它才是终极目标。堡垒成功阻止了敌军从海上靠近城市，尽管无法阻拦潜艇的靠近。而由陆路抵达的唯一路径则是通过色雷斯，完全复制了 1912 年和 1913 年的情形。不过此次，保加利亚的中立从某种意义上来说为城市提供了保护，到了 1915 年年末，保加利亚更是与土耳其、德国和奥地利组成了联盟。这一新的战略布局使得来自德国和奥地利工厂的供给——无论是食物还是弹药——得以通过多瑙河的内河驳船和铁路送达伊斯坦布尔。从军事角度看，这场由盟军发动的战事并未构成严密的围攻，相较 1912 年至 1913 年的保加利亚围攻，对市民的压力也显得较轻，但将其称为围攻，是为表明这座城市所面临的严峻挑战。

君士坦丁堡，这座历史悠久的城市，自古以来便是众多帝国争夺的焦点。1915 年，随着俄国在 1 月煽动盟军发动达达尼尔海峡战役，以分散敌人注意力，这座城市的命运再次成为国际博弈的核心。俄国通过外交谈判达成了一项极为有利的条约，条约规定，　且战事胜利，他们将获得君士坦丁堡及土耳其色雷斯的大片土地，并掌控马尔马拉海与达达尼尔海峡。与此同时，作为土耳其的盟友参战的保加利亚国王，并未放弃对这座城市的渴望。他密切关注着战局的变化，希望在土耳其可能的崩溃中找到机会，将君士坦丁堡纳入领土——这在他眼中，将是 1912 年和 1913 年色雷斯战役的完美收官。希腊则怀揣着重建拜占庭帝国的宏伟梦想，觊觎着这座城市及其周边广袤的安纳托利亚地区。法国对君士坦丁堡的兴趣也不亚于其他国家，强调其在战前对该地区的重大金融投资。英国则对俄罗斯的野心抱有深切的疑虑，对所有参与者的意图均持保留态度。德国，凭借其在当地工业和铁路领域的投资以及对奥斯曼提供的军事和财政支持，虽贪婪如其他国家，但其野心可能更为全面，意图控制整个奥斯曼帝国而不仅仅是君士坦丁堡。君士坦丁堡的魅力与复杂性，在这场大战的阴影下越发显现。尽管成为国际纷争的焦点，这座城市的神秘与力量依旧让所有敌对力量感到困惑与着迷。

243

　　尽管除潜艇外，围攻部队实际上没有接近君士坦丁堡，但军事压力已深刻影响了城内居民。这种紧张局势加剧了穆斯林与基督徒、市民与外国人之间的矛盾。1915 年，随着安纳托利亚东部发生的大规模驱逐与屠杀，伊斯坦布尔的许多亚美尼亚人也遭到了驱逐，有些人更是被暴徒处以私刑。物

资短缺引发了广泛的饥饿，有的人甚至饿死，面包店里不时
爆发斗殴，偶尔还会有骚乱发生。巴格达陷落的消息更是激
起了暴徒洗劫外国资产的行动。德国人在城中日益增多，其
过分傲慢的行为甚至比其他外国人更甚，引发了居民不啻对
1831 年"保护"期间的俄罗斯人，以及克里米亚战争中的英
法军人的反感，至战争末期，德国人在城中已广受厌恶。城
内的卫生状况日益恶化，疾病横行——伤寒、痢疾和霍乱，
这些由贫困、肮脏和围城引起的疾病随处可见。虽然敌军还
未真正进犯城池，但君士坦丁堡所面临的饥饿和疫病状况，
与任何被围困城市的情形无异。盟军的策略是——或许无意
中采用了传统的围城战术——试图通过饥荒达到目的。无疑，
对于生活在君士坦丁堡的人来说，这是一段极为痛苦的岁月。
到了 1918 年，这座城市已历经了近八年的苦难。

第一次世界大战爆发时，君士坦丁堡早已挤满了来自
欧洲的失地难民，还有一些来自利比亚。随着海峡地区局势
日益紧张和俄军入侵帝国东部，更多难民拥入这座饱经沧桑
的古城。安纳托利亚农村地区的壮丁被征召入伍，导致农田
荒芜，饥荒蔓延。在城市里，市民和难民们能够听到加里波
利的炮火声，特别是在南风或西风吹拂时；有时，马尔马拉
海上的船只沉没的景象甚至在城中就能看到。另一支盟军驻
扎在萨洛尼卡，虽然暂时没有行动，但仍然对君士坦丁堡构
成威胁。1917 年，一场巨大的爆炸摧毁了位于亚洲一侧的
海德帕夏车站（the Haydarpasha station），这是通往巴格达铁

路的终点站，也是奥斯曼帝国军队和物资的集散地。有传言称这是盟军特工的破坏行动，但也可能是弹药储存疏忽造成的。居民与政府都清晰地意识到，君士坦丁堡一直处于盟军的威胁之下，他们随时可能突破防线，对这座城市实施更严密的围困。

1918 年 10 月，四年奥斯曼战争的浪潮终于汹涌至此，这一威胁变成了铁一般的现实。9 月，盟军在叙利亚和美索不达米亚的连番败仗后，英国军队已逼近安纳托利亚南部；同样在 9 月，保加利亚的突然崩溃使其退出战场，并断绝了奥斯曼帝国至德国的运输线；随后，盟军从长期沉寂的萨洛尼卡占领地发动，沿色雷斯的爱琴海海岸线推进，终于迫使土耳其政府请求停战。和平条款在英国战列舰阿伽门农号（Agamemnon）上由一名新近晋升的英国海军上将（意在使他的官阶压在场的法国海军上将一头）谈判定下。萨洛尼卡的法国指挥官急于率部队抵达君士坦丁堡，盟军内部的裂痕已然显露。而最早煽动达达尼尔海峡战役的俄国，已从战争的旋涡中被迫退出，无奈地看着曾经的盟友夺走了自己几世纪以来梦寐以求的战利品。英国的鲨鱼号（HMS Shark）驱逐舰接到命令，穿越达达尼尔海峡，进入马尔马拉海，若其不被击沉，即可验证航道的安全性。俄国深陷革命风暴，[①]这意味着英法两国在此地无人争锋，不过他们为意大利和希腊的

---

① 指的是俄国在 1917 年由于十月革命退出了第一次世界大战。——译者注

部队留出了一席之地；而未曾与奥斯曼帝国交战的美国也强行介入。

停战条款本意排斥盟军对君士坦丁堡的占领，但盟军却对此置若罔闻。英、法、意、希四国军队随即进驻伊斯坦布尔，俨然以征服者自居，占领宫殿，对土耳其政府和人民颐指气使。萨洛尼卡的法国将军骑着白马进入这座城市，仿佛一位凯旋的征服者。这当然只是土耳其在"一战"中失利的投射，但由于君士坦丁堡并未被实际攻陷，双方对此心知肚明，因此这样的占领更加令其居民憎恨。

占领持续了四年，其间盟国政客们争吵不休，钩心斗角，土耳其人对占领者也越来越怨恨。早期的混乱和抵抗迹象最终导致盟军实施全面军事占领，并任命佐治·米恩将军（General George Milne）为军事总督。安纳托利亚内陆并未被占领，但其爱琴海和地中海沿岸以及叙利亚边境地区则处于盟军的控制之下。正是在安纳托利亚中部未被占领的高地地区，一场由穆斯塔法·凯末尔（Mustafa Kemal）将军领导的共和革命拉开了国家复兴的序幕，此前他曾在加里波利大捷中担任指挥官。

城内局势混乱的一大原因就是新生的共和政权与苏丹统治下的奥斯曼帝国旧政权之间的政治争端。此时，苏丹穆罕默德六世（Mehmet Ⅵ，1918—1922 年在位）和阿卜杜勒－迈吉德二世（Abd- al-Majid Ⅱ，1922—1924 年在位）已完全处于盟军控制之下，这最终导致了苏丹国和后来哈里发国的废除。于是，

245

城内战火纷飞：土耳其人与英国人、土耳其人与亚美尼亚人、土耳其人与希腊人，甚至土耳其人与土耳其人之间的战斗此起彼伏。法国人曾试图向北进军安纳托利亚，但遭到失败，最终对在叙利亚得到的领土份额感到满意，于是在该地区达成了非官方的休战。意大利对南部海岸的占领因土耳其的对抗而进展甚微，这从他们驻扎在伊斯坦布尔的兵力便可见一斑。城市里，紧张局势日益加剧，英国和盟军的军队经常遭到骚扰。

　　而这一切，因同时期发生在俄罗斯的革命而日趋复杂，鲨鱼号驱逐舰再次发动，用来与克里米亚的白俄势力进行联络。君士坦丁堡城内本已遍布帝国内部的难民，很快又有成千上万的俄罗斯难民从黑海北岸城市——白俄人的最后堡垒——源源不断拥来。一时间，英国舰队不得不与俄国的布尔什维克（Bolsheviks）和土耳其共和国军队同时开战，并在黑海海峡执行巡逻任务，阻止武器从亚洲输送至君士坦丁堡，然而，这一行动的成功率并不高，因为小船载着步枪可以悄无声息地穿越博斯普鲁斯海峡，往往难以被察觉。俄罗斯难民不久便迅速移居法国和美国，对抗最终简化为英国军队（作为主要的占领力量）与土耳其共和派的直接对峙。而在土耳其内陆，希腊夺取安纳托利亚大片土地的企图在 1922 年遭到了血腥的挫败，这场冲突以士麦那（今称伊兹密尔）的悲剧

386 | 君士坦丁堡的 40 次围城

246　性大屠杀和城市被焚毁 [①] 而结束。

最终的对抗终于到来，土耳其共和军从内陆推进至达达尼尔海峡，与驻守在恰纳卡莱的英军对峙。恰纳卡莱堡垒，这一君士坦丁堡的远程防御要塞，其失守将意味着英国失去对达达尼尔海峡的控制权，这是英方无法接受的损失。讽刺的是，正是这座堡垒在 1915 年成功抵御了盟军的攻击。然而，再次爆发大规模土耳其战争的可能性，让包括土耳其在内的各方均感到不安。澳大利亚和新西兰政府表态，坚决不支持再次发生冲突，英国国内舆论沸腾，这一消息迅速引发了政治震动，导致劳合·乔治（Lloyd George）政府的垮台。当时，英国需面对帝国内部的裂痕，如爱尔兰的分离、加拿大的独立，以及与伊斯兰国家作战可能给帝国中穆斯林地区带来的影响。在如此多重压力下，推翻一个不受欢迎的政府，显然只是很小的代价。

这场对英帝国的胜利极大提升了土耳其共和国领导人穆斯塔法·凯末尔的声誉。他此前已因指挥加里波利防御战彰显英勇，在 1918 年年底在叙利亚挫败英国进一步的行动而闻名遐迩，如今又因领导的革命政府在战场上连获胜利而声名更盛。在这一关键时刻，驻伊斯坦布尔的英国指挥官查尔

---

① 指的是 1922 年希腊与土耳其之间的冲突。在第一次世界大战后，希腊在大国的支持下试图将领土扩展到安纳托利亚半岛，这里有大量希腊人口定居。1999 年，希腊军队在士麦那登陆，迅速攻占安纳托利亚内陆地区。1922 年夏，土耳其民族主义者在穆斯塔法·凯末尔的领导下发动了大规模反攻，迫使希腊撤军。希腊撤军后，土耳其军队进入士麦那，进行了大规模屠杀和纵火，大量希腊人和亚美尼亚人丧生，城市遭受严重破坏。——译者注

斯·哈林顿爵士（Sir Charles Harington）展现了非凡的沉着冷静。他未盲从伦敦发来的指令，而是成功说服共和党人同意停战，从而有效避免了进一步的战斗。

此时一切已成定局，由于英国缺乏支持，其对伊斯坦布尔的占领将不得不结束。土耳其在安纳托利亚对希腊人（以及法国人和意大利人）的连番胜利，导致 1920 年签署的《塞夫尔条约》（Treaty of Sevres）^①进行了重大修订。在中立国瑞士的洛桑，各方达成了一项新的条约，与之前在巴黎谈判达成的和平条约相比，新条约中胜利者居高临下之姿已大为弱化。现在盟军尚留在城中的力量几乎主要都是英国军队，不过已开始撤离。最后一位苏丹，现仅为哈里发，不久后也离开了权力的宝座。

君士坦丁堡再次历经围城，虽然鲜少有人这么说。一座城市，在封锁中挨饿，防线遭受轰炸（先是潜艇，后是飞机），最终不可避免地陷入敌手，这无疑符合被围困之城的定义。其所受的威胁与 1878 年、1912 年、1913 年，甚至更早年间的困境相仿。历史上，在火药和大炮发明之前，狄奥多西城墙曾保护这座城市免受侵袭（有一次除外）。1453 年之后，海峡上的堡垒：如梅利堡垒、安纳托利亚堡垒、加里

247

---

① 《塞夫尔条约》是在 1920 年签署的一份和平协议，旨在结束"一战"并解决奥斯曼帝国的领土问题。这份条约在法国塞夫尔（Sèvres）签署，因此得名。该条约在土耳其国内引起了极大的不满和反对，因国家主权和领土完整遭受巨大损失，它激发了土耳其民族主义的高涨，最终导致了土耳其独立战争。——译者注

波利堡垒与恰纳卡莱堡垒，则构筑了这座城市的外围防御线。这次围城对城市居民而言，可能是历史上最为严酷的一次，因为封锁从 1911 年到 1918 年持续了八年之久，间或短暂中断，随后在 1918 年到 1923 年又被外国士兵占领四年。这些外国士兵普遍对居民及其城市持蔑视态度。奥斯曼政府最终辜负了其臣民的期望，未能免于这种凌辱。最终，共和党人接过显然已被奥斯曼政府放弃的权力，开启了新的篇章。